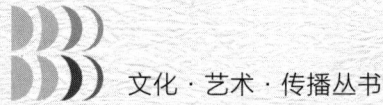
文化·艺术·传播丛书

艺术俄罗斯
Art Russia

刘秀文 谢飞 主编
成锦艳 顾世一 副主编

中国传媒大学出版社
·北京·

本书为中国传媒大学亚洲传媒研究中心项目
"民族文化自信:俄罗斯艺术文化与东正教经纬之探究"
(项目编号:AMRC2017－6)成果

序　言

俄罗斯同中国一样，是个幅员辽阔、文化繁盛的国家，尤其是俄罗斯的艺术文化，堪称世界艺术史、文化史上的瑰宝。中国作为俄罗斯的友好邻邦，对俄罗斯艺术文化有不少的研究，此前也出版过一些关于俄罗斯艺术文化的书籍，但我很高兴地向你们介绍这本新的关于俄罗斯艺术文化的书籍——《艺术俄罗斯》。它是中国首本全面系统地介绍俄罗斯艺术文化史的书籍，涵盖了俄罗斯绘画、戏剧、电影、音乐与芭蕾舞的各个历史发展阶段，以人物为线索把俄罗斯艺术文化史串联起来，从个人的历史来反映整个俄罗斯艺术文化的变迁，由小及大，从浅入深，生动活泼。值得一提的是，书中对于一些艺术家及其作品的介绍填补了很多方面资料的空白。此外，书中用心地为每位艺术家及其作品配了相应的图片，让读者的阅读感受更加直观，每位艺术家都有一个"文化驿站"的部分，这部分内容为这本书增添了趣味性，使艺术家们从死板的文字变成了鲜活的人物。

随着中俄战略合作伙伴关系日益紧密，在"一带一路"建设和欧亚经济联盟建设对接合作框架下，两国各领域务实合作已经全面铺开。我希望,这本书可以成为一座连通中俄艺术文化界的桥梁,让更多的中国人了解俄罗斯的艺术文化,激起大家探究俄罗斯艺术、俄罗斯文化、俄罗斯历史的兴趣,促进中俄文化交流,互通互利,共繁共荣!

2021.4.22

目 录

前言　俄罗斯文化概观　　/ 1

第一章　绘画　　/ 12
 概　述　　/ 12
 第一节　11—17 世纪绘画　　/ 20
 第二节　18 世纪的绘画　　/ 26
 第三节　19 世纪的绘画　　/ 33
 第四节　20 世纪和 21 世纪的俄罗斯绘画　　/ 80

第二章　戏剧　　/ 107
 概　述　　/ 107
 第一节　18 世纪的戏剧艺术　　/ 112
 第二节　19 世纪的戏剧艺术　　/ 120
 第三节　20 世纪的戏剧艺术　　/ 138

第三章　电影　　/ 151
 概　述　　/ 151
 第一节　帝俄时期的电影　　/ 154
 第二节　苏联及当代俄罗斯电影　　/ 157

第四章　音乐　　/ 184
 概　述　　/ 184
 第一节　19 世纪俄罗斯音乐　　/ 188

第二节　20世纪俄罗斯音乐　　／214

第五章　芭蕾舞　／246
　　概　述　／246
　　第一节　19世纪芭蕾舞　／249
　　第一节　20世纪芭蕾舞　／254

附　录　／277
参考文献　／280
后　记　／282

前言　俄罗斯文化概观

> 俄罗斯无法凭理智理解，
> 也不能用一般尺度衡量，
> 俄罗斯有一种独特气质——
> 对俄罗斯只能去信仰。
>
> ——丘特切夫,《凭理智无法理解俄罗斯》

这是19世纪俄罗斯著名的诗人丘特切夫对自己祖国的评价与定义。俄罗斯,世界舞台上的奇迹！这个充满战斗与神奇的、年轻的后起之国,其国土面积多达1709万

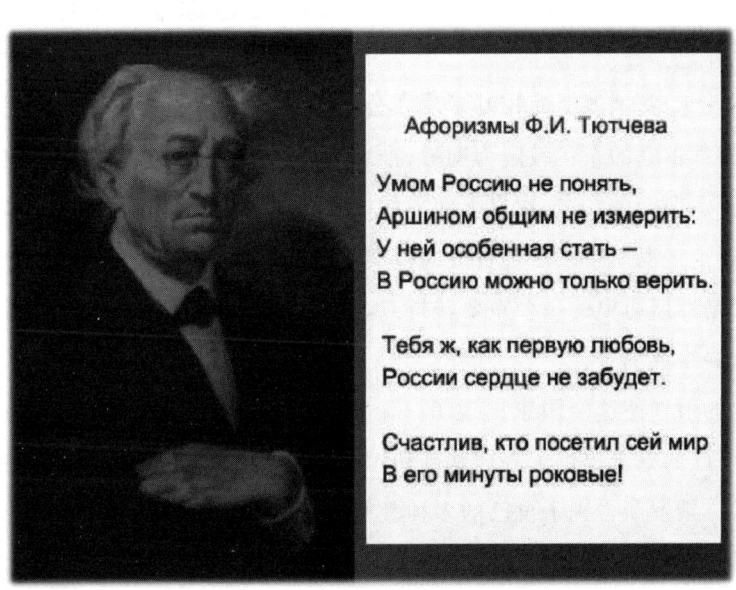

费·伊·丘特切夫(1803—1873)

平方千米,从东至西横跨11个自然时区(2010年3月28日,俄罗斯政府将其整合为9个),地跨欧、亚两个大陆板块,正如它的地貌一样,东西矗立的双头鹰是它的国徽。在世界文化体系里,它既不是西方文化,也不是东方文化,它是欧亚两种文化的混合——独特的斯拉夫文化,这种文化孕育出的艺术独具特色,是世界艺术花环中的一颗耀眼璀璨的明珠。在俄罗斯千年的历史里,俄罗斯民族为增强本民族自信,捍卫民族文化中的"斯拉夫性",仁人志士前仆后继,用生命和鲜血铺就一条通往光明与未来之路。

俄罗斯文明其实是亚欧大陆的拜占庭文明、西欧文明及蒙古游牧文明融合产生的一种文明。俄罗斯文明的异军突起是中世纪世界格局变化的产物,它是东西方文明交融的典型。俄罗斯文明在基督教文化方面主要继承东罗马帝国的脉络,被蒙古—鞑靼族侵略占领的二百多年内又受到亚洲文化的影响,于是就有了如今在欧洲其他国家无法看到的混合文化样貌,这种文化背景极大地影响了俄罗斯的艺术。俄罗斯作为一个文学、绘画、音乐、建筑等艺术文化层次丰富的大国,其文化发展之核深植于东正教信仰,对俄罗斯艺术文化的理解如若没有透过东正教的滤镜,则始终是雾里看花,难以洞见其根。正如奥兰多·费吉斯在《娜塔莎之舞:俄罗斯文化史》中所说:"我的目的,是要通过一种特殊方式来探索俄罗斯文化:将其视为一系列的特殊经历或具创造性的社会活动,能以许多不同方式展现和理解。"①

一、东正教——俄罗斯民族艺术文化的源泉与动力

公元988年,基辅罗斯弗拉基米尔大公迎娶拜占庭公主安娜为妻,接受了基督教的洗礼,并将拜占庭的东正教定为国教,推翻了之前俄罗斯民众信仰的多神教,这便是举世闻名的"罗斯受洗"。这次自上而下的宗教改革不仅缩小了俄罗斯文明与欧洲文明的差距,还给俄罗斯带来了宝贵的精神文化财富——文字、绘画、音乐和建筑艺术。接受基督教是罗斯历史的一个重要转折点,因为基督教不仅是一种宗教价值标准,还是文明的重要组成部分。

东正教的引进使这个国家出现了一个统一的、具有欧洲先进文化理念的意识形态,为罗斯民族的整合提供了心理基础和理性信仰的依据,也成为维系罗斯大家庭的纽带和桥梁。俄罗斯告别了自己的多神教文化,获得了新的思想、内容、形式和维度,开始了一个全新的发展时代。

---

① 费吉斯.娜塔莎之舞:俄罗斯文化史[M].曾小楚,郭丹杰,译.成都:四川人民出版社,2018:868.

罗斯语言文字的发明与创建、采用统一的文字与接受基督教密不可分。罗斯文字的创建者西里尔和梅迪福都是希腊人，是教堂的神职人员。由于自幼精通斯拉夫语，他们奉拜占庭皇帝和君士坦丁堡牧首之命，于9世纪中叶开始在斯拉夫人中传教。在传教过程中，兄弟二人意识到，在没有书面资料的情况下对那些不识字的人传教，收效甚微。于是，他们在希腊文的基础上创造了一套新的斯拉夫字母表，借助这个字母表把《福音书》译成了斯拉夫文字。俄罗斯是世界上第一个用自己民族的语言书写、念诵《圣经》的国家。

二、东西方文化交融——拜占庭文化与蒙古鞑靼文化的影响

俄罗斯的历史起伏跌宕，徘徊于东西方文明之间，拥有两个灵魂，一个来自西方，理性而先进；另一个来自东方，混沌而古老。俄罗斯民族始终有一种文化上无所归属的困惑，或者说，在文化身份的定位上，它一直面对着艰难的选择和取舍。东方与西方两种历史文化在俄罗斯发生碰撞，在东方与西方、民族文化与外来文化的植入、交融、发展与改良的过程中，以民族文化为核心的熠熠生辉的俄罗斯文化形成了。

公元988年，弗拉基米尔大公将基督教定为国教，由拜占庭引入基辅罗斯，从那时起，"教育得到了广泛传播，人们开始大量兴建学校，用金银所作的画装饰教堂。弗拉基米尔大公广受爱戴，民众热烈地称呼他为'红太阳弗拉基米尔'"[1]。这位统帅不仅巩固了古罗斯公国，培养了新一代民众，还为他们带来了基督教信仰与文化。

在基督教传入俄罗斯之前，斯拉夫人信仰多神教，在后来的艺术文化中也保留了多神教元素，如在每年三月初的俄罗斯传统节日谢肉节（又名送冬节）期间，俄罗斯人多食用烤薄饼，便是对远古太阳神的信仰崇拜所遗留下的习俗。斯拉夫人的异教信仰包括大自然崇拜、一般的泛神论以及对祖先灵魂的崇拜。不过，如美国学者梁赞诺夫所说，"斯拉夫的多神教缺少精致的组织和制度上的发展"[2]。对基督教的皈依才是斯拉夫艺术文化的真正开端。而对此持有不同意见的历史学家认为："几个世纪以来，基督教只是表面上赢得了民众，而在日常生活中，斯拉夫人依然保有多神教信仰。"学者们甚至提到"双重信仰"，意指古斯拉夫人信仰上的矛盾与抵抗。但是从现代俄罗斯艺术文化的延展来看，东正教信仰或许潜移默化地，又或许是从第一时刻便已被古斯拉夫人所接纳。

---

[1] Антонов Б.Русские цари[M]. Мос：Медный всадник，2018：32.
[2] 梁赞诺夫斯基，斯坦伯格.俄罗斯史[M].7版.杨烨，等译.上海：上海人民出版社，2007：152.

拜占庭基督文明首先在建筑上给了基辅罗斯新的理念，石砌教堂取代了古罗斯木质教堂，拜占庭的石刻雕花技术也令其增色不少。如今，俄罗斯金环城市群（指俄罗斯东北部古老的小镇群）还保留着古罗斯早期的石质建筑，如罗斯托夫的克里姆林宫、救世主——雅科夫列夫斯基修道院、阿夫拉米耶夫修道院和五顶的圣母安息大教堂，雅罗斯拉夫尔的救世主易圣容大教堂、先知伊利亚教堂和基督圣诞教堂，以及弗拉基米尔市中心那座装饰着安德烈·鲁布廖夫壁画作品的圣母安息大教堂。[①]可以说，无论是建筑风格还是装饰概念，当时的俄罗斯都在学习和模仿拜占庭，在艺术文化上的"拜占庭化"代表着先进、美观、结实和忠诚，虽然古斯拉夫的多神教传统还保留在斯拉夫居民无意识的观念、日常行为中，但已逐渐被东正教信仰的习俗（如居民房屋内的"红角"占据关键地位，供奉圣母、耶稣等）所取代。

1223年，蒙古骑兵两度入侵基辅罗斯，并于1235年瓦解了罗斯公国，蒙古长达240年的统治由此开启了。在此期间，蒙古文化与多神教、拜占庭文化在罗斯公国并驾齐驱。但是在某种程度上，"蒙古对南部草原的占领切断了罗斯与拜占庭的联系，也切断了它与西方的联系，加重了那一时期罗斯的相对独立"[②]。值得庆幸的是，北方的诺夫哥罗德这座城市不仅保留了独立的地位，还保持和发扬了罗斯传统文化，使之得以传承和发展。

蒙古统治的13—14世纪对罗斯社会和文化的发展产生了极为深远的影响，改变了罗斯发展的方向。自988年基督教被定为国教以来，罗斯与西方基督教国家关系日益紧密，罗斯文化基本上沿着西方化的方向发展，拜占庭的精神、艺术和知识大量传入罗斯。蒙古征服罗斯后，以征服者的姿态在罗斯强行推行自己的一套制度，给罗斯的内部秩序和整个生活打上了深刻的烙印。罗斯人民在外族统治下需要集中一切力量争取生存空间和进行独立斗争，这种需要加强了政治上的集权化趋势。伴随摆脱蒙古统治和建立统一国家的过程，中央集权国家和经济高度集中的专制制度逐步成为罗斯唯一的选择。在莫斯科公国旧址基础上新建并不断扩展克里姆林宫，就是专制国家形成和发展的标志。[③]

无论是由于蒙古的入侵造成罗斯公国文化的衰退，还是由于文化在基辅罗斯自始至终呈现杂糅的状态，内敛性和独特性成为俄罗斯艺术文化的标签。有学者认为，这源自某种带有民族主义成分的怀疑和抗拒，这种思想方向的内流漩涡使得俄罗斯的艺

---

① 任光宣.俄罗斯文化十五讲[M].北京:北京大学出版社,2007:62.
② 卡林内斯库.现代性的五副面孔:现代主义、先锋派、颓废、媚俗艺术、后现代主义[M].顾爱彬,李瑞华,译.南京:译林出版社,2015:65.
③ 杨潇.抵抗意识下的民族书写:《四世同堂》与《不屈的人们》比较[D].重庆:重庆师范大学,2016.

术文化从莫斯科公国到沙皇帝国,从苏维埃政权到今日的俄罗斯都带有一种与众不同的气质,即便在全球化时代,俄罗斯在人文艺术方面依然固执地保有某种"自我"的特性。一定程度上来讲,这不是刻意为之,而是历史在这片土地延传千年所留下的必须被继承的遗产。

三、十二月党人的民族认识与巡回展览画派的意识觉醒

17—18世纪是俄罗斯文化史上最重要的转折时期。罗曼诺夫王朝建立之后,尤其是在17世纪下半叶沙皇阿列克谢统治时期,俄国从西方引进先进科学知识和生产技术,与西方贸易的规模迅速扩大,西方的上流社会生活方式和社会政治思想也随之渗入俄罗斯。如果说阿列克谢揭开了俄罗斯欧化的序幕,那么,彼得一世则上演了一出高潮迭起的全面欧化改革。18世纪初的改革为俄罗斯打开了面向欧洲的大门,西方文化全面冲击着传统的俄罗斯生活。俄国开始按照西欧的方式组织工业生产、改革行政管理、建立科学院和大学。启蒙思想迅速传播,并发展为一场声势颇大的运动。教会垄断精神和文化生活的局面被打破,世俗化的趋势日益加强。教育、科学、文学、艺术以及风俗习惯、婚姻家庭关系都取得了长足进步。俄罗斯开始摆脱中世纪状态。①

18世纪中后期,叶卡捷琳娜二世在俄国推行"开明专制",西方资产阶级政治学说进入俄罗斯。19世纪初,俄罗斯的知识分子阶层诞生,自由主义精神促使贵族与知识分子联合成一股强有力的政治力量进入政治舞台,开始全面影响俄国社会,俄国社会摆脱了此前只有贵族与农民两大阶层的状况。

1825年12月14日,十二月党人起义爆发,从某种程度上来说,这是由1812年拿破仑战争中催生的战友情义(贵族出身的知识分子军官与农民共赴战场)与极强的同理心所共同缔造的伟大事件,并非仅仅代表俄国内部由知识分子引领的自由主义斗争,也是全人类共同拥有的伟大精神财富。十二月党人受到启蒙运动和欧洲自由主义思潮的影响,试图将先进的宪政思想、共和国体制引入俄国,废除落后腐朽的农奴制。在博罗季诺战役中,军官带领士兵讨论废除农奴制等问题时,一名军官挂在脖子上的一块圣像牌为他抵挡了子弹,那是农民朋友送给他的礼物。在许多受过良好教育的知识分子军官眼中,农奴并不像他们从小接受的教育中所描绘的那样无知、蒙昧、懦弱、

---

① 尚多尔拉多.1917年革命前的俄国是什么样的国家?[EB/OL].(2021-07-04)[2021-09-05]. https://zhuanlan.zhihu.com/p/386549486.

愚蠢,反而具有更伟岸、更传统的道德观念,这是否得益于他们更为虔诚的宗教信仰,人们不得而知,不过他们的淳朴和见多识广与知识分子的纸上谈兵形成鲜明对比,令无数投身战役的贵族知识分子开始更多地思索人道主义问题,这也是俄国知识分子阶层民族认识的觉醒期。

  俄国这场自由主义思潮的兴起如果要与中国历史上的某一时期进行对比的话,那么,它与中国魏晋时期知识分子的精神追求有相似之处。十二月党人中的年轻人践踏公共行为准则,但是彼此间以温厚、深刻的礼义相待,这与竹林七贤崇尚的放诞(思想超脱,行事不羁)、狂狷(狂放自任,守礼自重)相类似。这样一来,年轻军官从国家僵化的等级制度中逃出,不再效忠于权力中心,甚至可以说不再效忠于国家,而更坚定地选择了"民族"这个饱含热爱、情义和道德感的概念。民族意识是十二月党人所持有的政治思想的基石,他们被自由主义和人本主义思想所影响,试图说服掌权者进行自上而下的改革,维护贵族与农民共同拥有的"民族",而在意识到无法撼动权力中心后,他们决定发动暴力革命。与此相似,魏晋时期知识分子离经叛道的行事方式则是"面对复杂的外部局势做出无奈抗争的外化表现"①。从本质上讲,两者有政治立场上的主动、被动之别,而在艺术文化角度,二者都对后世产生了重要影响。

  如若从宗教思想方面来分析十二月党人与魏晋名士所作出的不同政治选择,则可从东正教与佛道玄学思想的分歧点来一探究竟。东正教崇尚隐修主义、民族主义与平等主义,中国的佛道玄学思想亦崇尚隐修,而在民族主义与平等主义方面,东正教的观点与佛道的观点相悖。佛法博爱,讲求众生平等,并不局限在国家、民族之内,也反对任何形式的斗争,包括民族斗争和阶级斗争。而道家更反对"有为之治",认为一切概念对立都是自然形成、彼此依附的,"大道废,有仁义。智慧出,有大伪",否定无视自然规律的行为,认为任何极端立场的伸张都会破坏平衡。而俄国东正教平等主义思想的根本点立足于贵族与农奴阶层间的矛盾,属入世思想,本质目的是对现世有所作为,与佛道所崇尚的"无为"和"随顺"不同。

  巡回展览画派于19世纪主导了一场艺术领域的非暴力革命,他们放弃了西方的"舶来艺术思想",选择将艺术深深植根于本民族文化,在"取西精华"的过程中生成自己的艺术思想。

  巡回展览画派的艺术精神与十二月党人的革命精神类似,都将视角投到社会底层。如果说十二月党人是在为底层民众争取人身自由和物质享受权,那么,巡回展览画派的理念就是为其提升思想空间、扩展艺术见识和增强精神领域的力量。姑且不论

---

① 苏静.知中:竹林七贤[M].北京:中信出版社,2017:28.

艺术到底是束之高阁以彰显其神位更高尚,还是走向大众以完成其使命更有益,就人道主义思想来说,巡回展览画派的成员有着极强的责任意识和民族精神,他们力主艺术为人民服务,植根于现实主义和民族主义,将高贵、认真、不可亵玩的艺术带入人民当中,描绘理想,表达立场,鼓舞人心,弘扬精神。与此同时,彼得堡音乐界的强力集团也主张创作有别于西方的具有俄罗斯民族风格的浪漫主义音乐,他们不仅选用俄罗斯传统民歌中的小调和弦进行创作,使用传统乐器演奏,还将俄罗斯的勇士颂歌、民俗童话等特色文化元素作为主题,营造充满俄罗斯广阔、忧郁、深邃与波澜壮阔的独特气质的艺术氛围。学术界普遍认为,19世纪是俄罗斯民族主义觉醒的关键时期,各个领域的知识分子都在推崇将"舶来艺术文化"染上本民族的色调,并将其作为思想传播武器来推动俄罗斯民族文化的发展,甚至影响上层内政决策和外交。

四、"斯拉夫派"与"西方派"之争,以及"欧亚主义派"的诞生

19世纪30年代的莫斯科知识精英把祖国的命运和前途作为重点考量的问题,开始探索和研究俄国历史发展的道路,试图从中找到未来的方向。1836年,在第15期《望远镜》杂志上,"第一位俄国历史哲人"、参加过1812年的卫国战争、加入过十二月党人秘密组织的恰达耶夫发表了《哲学书简(第一封信)》,引起了知识分子的强烈反响,并使他们形成了两大流派——"斯拉夫派"和"西方派"。

"斯拉夫派"与"西方派"之争,从某种角度上来说只有两个分歧点,一是"文化认同",二是"身份认同"。在我们看来,文化认同是身份认同的一个附属点,后者对俄罗斯来讲才是关键问题,毋庸置疑,身份认同是俄罗斯人民的民族创伤,具有一定程度的矛盾性与不可调和性。自彼得大帝试图率领俄罗斯走上"西化"道路以来,古罗斯传统的多神教文化、公元988年以来的拜占庭文化、1223年侵入罗斯公国的蒙古—鞑靼族文化,被"欧化"改革造成的剧烈冲击所震动,由此产生了艺术上的断层(传统的俄罗斯圣像画、木版画、民歌被欧洲油画、意大利歌剧所取代)、知识分子阶层的分裂(上流社会的通用语言变为法语和德语,知识分子一方面必须以欧洲贵族的风格生活,另一方面又受俄罗斯根深蒂固的民族情感影响)与底层民众的迷茫(彼得大帝试图打造的理想国似乎只属于贵族阶层)。由古罗斯起一以贯之的"本土"艺术文化被打上"非文明"的烙印,与"欧化"俄罗斯所代表的"文明"气质产生了激烈对立。

追本溯源,从基辅罗斯轻而易举放弃多神教信仰、改立基督教以来,这个横跨欧亚的大国就陷入了不可调和的矛盾中,如果说当时农民们不愿抛弃的古罗斯多神教信仰占二分之一,东方拜占庭文化占二分之一,那么直至蒙古入侵,这一形势变成三足鼎

立,即蒙古所代表的东方文化也渗入其中,从彼得大帝改革至叶卡捷琳娜开明专制,西欧哲学、自由主义、人本思想进入俄罗斯文化界,再度加剧了其分裂。至此,多神教、拜占庭文化和蒙古所代表的东方思想与激进的西欧文化尖锐对立,而数次文化入侵产生的怀疑主义造成了俄罗斯的某种排他性。

20世纪,当西欧资本主义蓬勃发展,开始以武力从意识形态领域入侵别国时,中国和俄国的思想界同时展开辩论。俄国保守主义者组成的"斯拉夫派"力主维护东正教传统文化及其所代表的道德意识、集体意识和民族主义,而"西欧派"则主张学习西方的先进哲学思想和政治制度,彻底抛弃落后腐朽的俄罗斯文化。而中国知识分子则提出"中体西用"的观点,试图在维系东方精神肌理的基础上将西欧先进的思想、科学、制度为己所用,这种思想后期也在俄罗斯形成,并被称为"欧亚主义派",指的是在不抛弃斯拉夫文化的前提下学习西欧,也在不排斥西方先进思想的前提下维护斯拉夫文化。但是东西方文化从根源到肌理上都存在尖锐的矛盾,纵观历史,在遭到西方侵略而力图革新的国家中,只有日本在短时间内达到了预想的效果,如果我们对明治维新有所了解,就会知道这是一场"全盘西化"的改革运动,是从上至下、从下至上的一场全民参与的彻底翻新,前期的思想斗争十分短暂,在改革行动上也追求立竿见影,基本上没有遇到阻力。如果以现在的眼光来看,我们或许可以说日本文化自始至终没有自己的根基,在崇拜并复制中国唐宋文化后,转而信仰西方资本主义文明。这可以说是日本的优势,在日新月异的时代变革中永远能够迅速适应,但也可以说是一种劣势,本民族文化根基的缺失会造成一种空中楼阁的不安定感。如张爱玲在《论日本》中所评:"譬如说山上有一层银白的雾,雾是美的,然而雾的后面还是有个山在那里,山是真实,日本的雾后面没有山。日本对于自己不熟悉的东西没有感情,对于熟悉的东西,每一样他们都有一个规定的感情——'应当怎样想'。而他们的画,在那圆熟悯丽之中,我总觉得还有更多更多的意思,使人虚心地等待着。可是现在我知道,一眼看到的,就全在那里了。"[①]在对自己的文化和精神文明的守护上,中俄持有同样的态度和立场,这与两国人民的文化信仰密不可分。如果说中国在儒家思想的引导下不肯放弃绵延千年的精神之源,那么,俄国也为东正教传统思想所影响,在利己主义的诱惑和驱使下依然保有自身的正统、道义和民族性。从这种意义上来讲,俄国文化更贴近东方,若说创造力同样意味着善变,那么,西方文明的先进和发达建立在简单而易碎的基础上,而东方文明对传统、根基的守护则是高超的、伟岸的。

---

① 张爱玲.流言[M].北京:北京十月文艺出版社,2009:61.

五、俄罗斯"本土"孕育的先锋派艺术

俄罗斯先锋派是在俄罗斯帝国时期和苏维埃时期繁荣兴起的现代艺术浪潮,大致时间为19世纪末兴起,20世纪30年代结束。这个时期出现了很多独立的艺术形式,例如至上主义、未来主义、构成主义、立体未来主义、新原始主义等,其中的未来主义为俄国先锋艺术的主要形式,而各先锋艺术之间有着千丝万缕的联系,它们共同促进了俄罗斯先锋派艺术的蓬勃发展。

俄罗斯艺术文化从本质上更贴近东方,是沉静、传统的,而这样的文化为何会催生出现代艺术和先锋艺术呢?卡林内斯库在《现代性的五副面孔》中对先锋艺术做了如下描述,先锋艺术中的"先锋"一词颇富战斗意义,具有军事内涵,而"这一概念恰好指明了先锋派得自于较广义现代性意识的某些态度和倾向:强烈的战斗意识,对不顺从的颂扬,勇往直前的探索,以及在更一般的层面上对于时间与内在性必然战胜传统的坚定信念——这些传统试图成为永恒、不可更改和先验地确定了的东西"[①]。由此可见,即便先锋派的外在表现是离经叛道的、不可理解的,但从本质上说,它依然"起源于浪漫乌托邦主义及其救世主式的狂热"。卡林内斯库对先锋艺术产生基础的判断十分符合俄国20世纪的国情,在战斗立场与理想主义热诚方面,俄国一直为先锋艺术提供强有力的基础。

而在俄罗斯先锋艺术形式中,民族色彩最鲜明的是新原始主义艺术,新的运动与大众、民俗的文化关系更加密切,集中在非经典的元素上,比如民俗版画、圣像画、古代的流行艺术等,试图用虚幻的色彩、分解与透视表现对传统审美观念的艺术抗议。由此可见,与十二月党人和巡回展览画派一样,在离经叛道的表象下,先锋艺术依然根植于最原始的俄罗斯土壤,并未完全脱离民族主义倾向,所选用的元素和概念也同东正教密不可分。

俄罗斯艺术文化与俄罗斯历史一般波澜壮阔,经历跌宕起伏的入侵、守护、改革、内化过程,逐渐独树一帜,始终未丢弃斯拉夫文明的基底,又于后期保证了东正教一脉相承的传统。如若没有以斯拉夫-东正教文明的民族性为核心,在东西方文化的入侵过程中,俄国不会以色彩鲜明的民族艺术文化屹立于世界文化之林。

本书集中讨论了绘画、戏剧、电影、音乐、芭蕾舞等在俄罗斯历史文化演进过程中

---

① 卡林内斯库.现代性的五副面孔:现代主义、先锋派、颓废、媚俗艺术、后现代主义[M].顾爱彬,李瑞华,译.南京:译林出版社,2015:65.

的发展与变革,以艺术人物为主角,将纷繁复杂的艺术文化史清晰地展现。作为中国的东欧研究者,我们要从艺术文化等细微角度展现俄罗斯的建立和发展过程,并从文明发展的角度厘清东西方两大文明,以及世界四大文化区的相互关系,在艺术文化比较分析中达成学术研究与文化普及的目标。

文化驿站

1. 基辅罗斯

据俄罗斯《编年纪事》记载,公元8—9世纪,东斯拉夫人社会阶级分化加剧,各部落间互相攻伐,战争不断。840—862年,诺曼人留里克受斯拉夫人邀请,来到东欧平原解决斯拉夫人内乱。他率领亲兵队在诺夫哥罗德登上王公宝座,建立了第一个罗斯王国,即留里克王朝。882年,留里克的族亲奥列格占领第聂伯河中游的基辅城,把罗斯国的首都迁到基辅,基辅罗斯公国时期开始了。虽然留里克王朝由诺曼人统治,但终被斯拉夫文化同化,此后诸王公皆用斯拉夫名。882—911年,奥列格又征服了周围的斯拉夫人各部落公国和非斯拉夫人部落,以东斯拉夫人为主体的国家逐渐形成。

2. 罗斯受洗

罗斯受洗即罗斯接受基督教信仰。988年,当时的基辅大公弗拉基米尔接受了传自拜占庭帝国(东罗马帝国)的基督教作为国教,使得罗斯人告别了多神教信仰。这一年就是罗斯受洗元年。东正教使东斯拉夫-俄罗斯、乌克兰和白俄罗斯拥有了共同的文化、价值观与文明基础,是东斯拉夫民族共同的精神遗产和思想根基。这次自上而下的宗教改革不仅缩小了罗斯文明与欧洲文明的差距,还给罗斯带来了宝贵的精神文化财富——文字、绘画、音乐和建筑艺术,促进了民族的高速发展。罗斯受洗对基辅罗斯公国及现代俄罗斯、乌克兰、白俄罗斯的发展意义重大。当代俄罗斯东正教会非常重视基辅罗斯接受东正教这一重大历史事件。2010年,俄罗斯确定每年7月28日为"罗斯受洗日",并将其定为全国性节日。

3. 俄罗斯名称的由来

1236年,成吉思汗的孙子拔都远征欧洲,征服了罗斯全境和波兰、匈牙利,建立"金帐汗国"。1240年到1480年,蒙古人统治罗斯各国达240年之久。由于蒙古语的第一个字母大多发元音,"罗斯"逐渐变成了"俄罗斯"。蒙古人的入侵和统治使俄罗斯民族在形成时期就被注入了东方文化的血液。

4. 东斯拉夫民族和国家

蒙古鞑靼人统治期间,基辅罗斯逐渐分裂为大俄罗斯(俄罗斯)、白俄罗斯、乌克兰三部分,这就是今天所谓的东斯拉夫民族和国家,它们曾同属于沙俄和苏联。1991年苏联解体后,俄罗斯、白俄罗斯、乌克兰又变为三个独立的国家。

5. 东正教

东正教,原意为"基督教正统派","东"是基督信仰诞生的地理方向,又象征着东正教所代表的东方基督教与教会体系。东正教与天主教、新教并称基督教三大教派。东正教是基于正统派神学的宗徒继承教会。

第一章 绘 画

概 述

一、俄罗斯绘画发展简史

俄罗斯绘画主要经历了五个发展阶段。第一个阶段是古俄罗斯时期,也就是从基辅公国形成至彼得大帝改革前的这段时间。这是古罗斯社会初期移植拜占庭文化与古俄罗斯民族艺术的形成时期。在俄罗斯文化中可以看到拜占庭文化的深刻影响。第二个阶段是彼得大帝到叶卡捷琳娜女皇统治的整个18世纪,这是俄国的改革和"欧化"时期。俄国文化在意大利和法国古典艺术的影响下迅速发展,俄国艺术开始纳入欧洲文艺发展的进程,这时欧洲流行的古典主义也在俄国被效法和模仿。第三个阶段是19世纪上半叶,这是俄国民族艺术的发展奠定时期。18世纪中期成立的皇家美术学院,在半个多世纪的时间中逐步培养了一批本民族的艺术家,他们吸收民族文化的养料,具有俄国特色的文艺开始在世界舞台上崭露头角。第四个阶段是19世纪中期至20世纪初,俄国的文艺创作中出现了从批判现实主义到含有形式主义和唯美主义因素的新流派,其中批判现实主义的作品最为辉煌。俄国的批判现实主义文艺创作在关注本民族现实的同时,加强与西欧的交流,以题材、体裁、风格和手法的多样性与独创性,在世界艺坛占据重要地位。第五个阶段是20世纪20年代至90年代的苏联时期,主流绘画是社会主义现实主义创作,与之前的批判现实主义一脉相承,以表现爱国主义、歌颂和平生活、描绘自然风光为主题,其创作对该时期的社会主义国家有很大的影响。受现代艺术思潮影响而发展起来的抽象派绘画作为同时期的另一种艺术风格，引领了欧洲先锋派艺术的蓬勃发展，对欧洲和美国现代艺术产生了巨大的影响。

二、传统绘画的美学特征和欣赏

绘画是造型艺术的一种，是一门用色彩、线条在二维空间再现图像、传达审美感受的艺术，或者说，绘画是在平面上画出经过画家创造性想象改造过的现实世界的一种艺术。欣赏绘画艺术时，把它作为一种独立的艺术形式十分重要。19世纪中后期，伴随着现代主义艺术的兴起，绘画艺术在形式、手法、观念与审美标准等方面都发生了一系列深刻的变革。为了更清晰地把握绘画艺术的发展脉络，艺术史研究者通常将绘画区分为传统绘画与现代绘画两类分别进行研究。本节首先对传统绘画艺术的美学特征进行研究。

(一) 绘画是通过视觉形象直接反映现实生活的艺术

绘画与音乐、文学等其他艺术形式不同。其他艺术形式多是运用联想的方法来塑造形象，而绘画则是直接产生视觉形象。通过视觉形象直接反映现实生活的这一特点，决定了绘画艺术的形象远比其他种类的艺术形象更为具体、确定，更具视觉精确性，这种艺术借助的物质材料、表达的内容和表现的方式也都有别于其他艺术。譬如，要刻画一个人物的性格，就必须通过眼神、面部特征和神情、姿态和动作等可见因素来表达，不然就构不成视觉形象。当然，这不等于说，绘画可以复制自然。绘画不是摄影，不是单纯的外形模仿，还要强调神似，即中国古代绘画理论中所说的"以形写神"。

绘画还有一个特征便是固定性。绘画要想表现现实世界的生活就必须截取事物、事件的某个特定瞬间，这使得它在再现连续的过程方面受到很大限制。就这一点而言，绘画无法与文学等艺术形式相比，但相应的是，任何语言艺术也不能像绘画这样把瞬间的视觉形象直接呈现在人们面前。

(二) 绘画是反映现实美的艺术

纵观全部艺术史，我们可以发现，艺术作品都是对现实生活的反映。绘画亦是如此。车尔尼雪夫斯基总结了俄国美学的现实主义发展特点，作出了"美是生活"的论断，具有很大的现实意义。但生活美还不是艺术美，只是艺术美的源泉。绘画反映现实生活绝非简单、机械地照搬，而是辩证地、积极地反映，其中有艺术家对生活的概括，有他要强调的东西，也有虚构的部分。绘画作品如何反映现实生活，决定于画家本人的艺术价值取向和艺术思维方式。

(三) 绘画是表达人的审美感受的艺术

绘画虽然受到表达形式的客观限制,不能像诗那样自由地表现艺术家更内在的对美的感受,但这种差别仅仅是相对的。任何一种艺术作品,无论是文学作品,还是绘画,抑或是雕塑作品,总要表现艺术家自己对现实生活的审美感受。这种审美感受既包括审美认识,又包括审美感情,是这两者的统一;同时还包括相关的审美态度和审美评价。可见,艺术家不仅要认识事物的美丑,还要在创作过程中对它作出反应。也就是说,艺术家的审美感受必须融入作品之中,赋予它一种诗情,从而对欣赏者产生潜移默化的影响,使其感受到艺术家的情怀和锐利的目光。这正是艺术美的力量所在。

我们在欣赏绘画时,必须与艺术家进行感情交流,这样才能产生共鸣。欣赏的过程中同样需要形象思维,需要幻想和联想。所以,欣赏者体验一幅画作也是一个再创作的过程:从画面描绘的人物瞬间形象中联想到他的一生、他的整个面貌和品格;从某一事物的刹那特征联想到它恒久的全貌,等等。总之,要调动观者形象思维的能动性,绝不要以看清楚了和听明白了为满足。艺术作品不能一览无余,把什么都表现出来反而没有价值。留有余地才能促使人思考,激发更多的对内在艺术美的感受。

三、现代绘画的美学特征和欣赏

进入19世纪后半叶,西方的绘画艺术发生了急剧而复杂的变化,这与一系列社会历史因素有关。技术的进步——摄影技术的发展和电影的发明,现代人认识世界的方式的多样性,人们的智能和心理世界的变化等,所有这一切都对绘画艺术的创作产生了重要影响。因此,绘画艺术就使人产生了以电影的观察方式,从变化和活动的角度全面观察事物的需求。照相术的出现给绘画提出了新的课题。在现代主义画家看来,留下客体的形象只能是摄影的任务。在20世纪的现代主义绘画艺术中,画家主观因素的作用大为增强,个人的印象、个人对生活的感受都具有突出的、主导的意义。

现代主义绘画的美学特征不像古典绘画的那么易于把握,它的流派很多,要欣赏现代主义绘画,必须对各种流派的发展脉络与概况有基本了解。

(一) 印象派

一般认为,现代派的开始,即写实绘画的最后一个流派是印象派。印象派的代表人物有莫奈、马奈、毕沙罗、雷诺阿等。印象派画家画得相当写实,绝不潦草,他们将被画物体的颜色关系而非线条轮廓作为绘画作品审美含义的主要标志。在印象派的绘画中，构图本身成为一种色调关系，能够表现光线最细微的闪变规律。古典派画家画固有色，而印象派却不是这样，他们使用的颜色很丰富，擅长把光源变化引起的颜色改变也画出来，而且把它表现得很强烈。在造型方面，印象派虽然是写实的，但与古典派的技法不同，印象派是一种画团块的感觉，在造型上有松动。如画人，画的是浑然的整体，大概的形。细节都融合在印象派绘画中，也都起作用，但画家不强调细节。印象派经常在对比色中画人，像浮雕一样。这是由画家内心的感受和追求决定的。他们追求的是在看起来普通稳定的物象中寻找变幻不定的、流动的和不稳定的东西。

（二）后印象派

后印象派是对注重偶然和瞬间现象的印象派的反动。它产生于19世纪末、20世纪初。这一画派继承了印象派的用色自然和表现力强的特点，但它又不同于印象派。后印象派追求永恒存在的要素，探索用绘画概括物质和精神本质的途径。后印象派综合各种绘画手段，强调哲理和装饰性，注重象征的表现手法。

（三）野兽派

野兽派出现在后印象派之后，从后印象派的创作中得到启示，认为绘画的目的不是说明事实，而是表现主观意志。因此，这个流派的画家不重视形，只注重表现画家对客观事物的主观认识。所以在他们的画面上，事物的轮廓和细节被省略，形象被夸张了，线条粗犷不羁，色彩对比强烈，野兽派画家甚至直接用原色涂抹，以达到鲜明、刺激的效果。

野兽派画家热衷于运用鲜艳、浓重的色彩，往往用直接从颜料管中挤出颜料，以直率、粗放的笔法创造强烈的画面效果，充分显示出追求情感表达的表现主义倾向。

（四）表现主义

表现主义于20世纪初首先在德国形成，运动的发起人是1905年在德累斯顿成立绘画小组"桥社"的一些建筑系大学生。小组的成员并无绘画经验，用他们自己的话来说，他们的习作纯属"意志和信念的爆发"。表现主义这个名称是评论界按照这些画家在创作中突出情感表现这一特征而取的。所有的艺术都表现情感，但表现主义所表现的不是审慎的、经过过滤的情感，而是直接的感受。他们不太注重绘画的规律和法则，强调的是内心的直觉而不是视觉的直觉。这种潮流是对凡·高的后印象派的总结和发展，为现代艺术确定了一种法则，所有现代艺术家的艺术观都带有这种痕迹。表现主义在绘画技法方面的突出特征是简化形式，运用新的节奏，喜欢采用重色表现夸张的激烈情感。这一绘画流派的美学和艺术的主要范畴是隔绝。他们所表现的是那些被世界的混乱弄得惊惶不安、不会建立和谐关系的个性，这与现实主义艺术所塑造的完整个性是截然不同的。

（五）立体派

立体派也是一个大型的现代主义流派，对于现代主义绘画有相当大的影响。立体派运动起始于1907年，至第一次世界大战开始时终结。在美术史上，人们一般认为毕加索的《亚威农的少女》标志着立体派的出现。这个流派的理念深受后印象派画家塞尚的影响。塞尚认为，自然物体的形体千差万别，但大体上可归为三类：球体、柱体和锥体。由这种观点出发，塞尚在绘画中刻意追求平面化、几何化、多点透视等的运用。毕加索和布拉克等画家十分赞赏塞尚的主张，大胆地借鉴并发展了这些原则。他们的创作探索导致了具有立体主义倾向的流派的诞生。这个流派的创作的突出特征是改变了构图的空间关系，在三维空间的基础上加上了时间维度，即画作所表现的不是人在特定时间、特定地点所看到的东西，而是综合了多个时空所看到的东西，包含运动着的因素。与之相关，立体派绘画打破了焦点透视的传统绘画规则，采用多点透视的方法，消除了传统绘画在空间深度上的限制。毕加索把立体派艺术诠释为"主要是描绘形式的一种艺术。当形式实现后，艺术便在形式中生存下去"。立体派要描绘被前人忽视了的东西。他们的画法增加了一些雕塑的效果，但它是一种碎片组成的雕塑，就像镜子里映出的镶嵌画。在立体派的后期，乐器的零件、印刷品的碎片和木头的纹理等都成为被描绘的对象，这些对象尤其在拼贴画中更加常见。

立体派的影响十分长久，对第一次世界大战以后及整个20世纪的建筑和装饰艺术都有一定的影响。

（六）超现实主义

超现实主义是20世纪60年代后期在美国兴起的一种新艺术流派。这个流派是对抽象艺术和表现主义艺术的反叛。它反对把艺术作为艺术家的潜意识情感和基本经验来直接表现，不赞成把艺术造型变为不受外物的具象约束，而仅凭内心冲动的自由发挥。超现实主义认为艺术的要素只应当是"逼真"和"酷似"，极力主张在创作中排除任何的主观意念，要求务必做到纯客观地、照相机般百分之百真实地再现现实。因此，有人称超现实主义为"照相现实主义"。

(七)抽象派

抽象派的代表人物是康定斯基、蒙德里安、塔特林和马列维奇等。这一流派形成于 1912—1913 年间。它反对艺术反映现实,也反对艺术承担认识任务。抽象派绘画是用颜色描摹的幻想,是靠自发冲动所作的自我表现。它描绘艺术家对世界的感受,更多地表现逻辑思维和空间关系。抽象主义非常注意画面本身的逻辑探索,力求在视觉上建立一种独特的东西。此外,抽象派还注重表现智能,抽象派画家经常画一些几何形式的抽象作品,想以此揭示美的规律。总的来说,抽象派画家为 20 世纪的艺术文化留下了一定的印迹。他们丰富了绘画的技法,增强了绘画的动态节奏表现力,他们还预想到现代建筑中立体空间设计的重要原理,对工业设计、实用美术和舞台布景艺术的发展产生了相当大的影响。

现代主义艺术种类繁多,还有一些我们没有提到,如未来派、结构主义、达达主义等。这些流派都源于西方,与西方的文化意识、现代哲学思潮关系密切。对于现代主义绘画,很多人常常感到难以把握与欣赏。本文在此提供两条基本的思路:其一,现代主义绘画的核心观念并非表现客观世界,而是表现主观的情绪、思想与观念,因此,欣赏传统绘画时的诸如"像不像"、是否富于美感等习惯性的欣赏标准并不适用于现代主义绘画;其二,现代主义绘画只是一个笼统的称谓,其中流派思潮众多,各个流派在审美理念、创作方法等方面往往相去甚远。与欣赏传统绘画一样,欣赏现代主义绘画,同样需要学习和了解每个流派所处的时代背景,它的思想源流、发展脉络、重要特点,以及主要的画家、作品和画家的艺术活动,等等。

四、俄罗斯绘画史上的代表性画家

俄罗斯地跨欧亚大陆,从文化体系来看,属于欧洲范畴,但它也吸收了亚洲文化的营养,并把两种文化的长处融合在一起,创造了有鲜明民族特色和民族气质的艺术。俄罗斯绘画受欧洲的影响更大。

古罗斯由许多分裂的公国组成,如基辅、诺夫哥罗德、普斯科夫、弗拉基米尔、苏兹达尔等。公元 9 世纪时,以基辅为中心的早期封建国家形成了,称为基辅罗斯,即基辅公国。公元 988 年,基辅大公弗拉基米尔接受了来自拜占庭帝国的东正教,并以之作为国教。东正教将基督教信仰、教堂装饰及圣像画传入罗斯。于是,圣像画成为 11—16 世纪俄罗斯最具代表性的艺术形态,这是俄罗斯绘画艺术的起源与基础,代表画家有安·鲁勃廖夫和西·乌沙科夫。圣像画传入俄罗斯后有了自己的特征,它没有发展出马赛克的宗教装饰,而是利用俄罗斯最丰富的自然资源——木板作为绘画的材质。基辅城内索菲亚教堂内部的壁画和镶嵌画是俄罗斯圣像画的典范。

16世纪,俄罗斯逐渐成为中央集权国家。从伊凡雷帝(1533—1584)开始,到1712年彼得大帝(1672—1725)迁都彼得堡,莫斯科成为俄国的政治经济中心。从彼得大帝到叶卡捷琳娜二世统治的整个18世纪,是俄罗斯文化和西欧文化相融合,也是俄罗斯文化成为欧洲文化不可分割的有机部分的时期。肖像画是这个时期俄罗斯绘画艺术的主要形式,代表画家有伊·尼基京(约1690—1742)、弗·博罗维科夫斯基(1757—1825)、基普林斯基(1782—1836)等。伊·尼基京是宫廷画家,是俄罗斯18世纪肖像画派奠基人。他的作品深得彼得大帝的尊重和喜爱。弗·博罗维科夫斯基一生创作了约500幅肖像画,为皇室成员、大臣、将军、贵族以及来自俄罗斯艺术和文学界的名人作画。基普林斯基是俄国19世纪上半叶最杰出的肖像画家之一。

19世纪的俄国社会发生了几个推动社会民主进程的重大历史事件:1812年卫国战争胜利、十二月党人起义、1861年废除农奴制改革。民族和社会的解放运动唤醒了艺术家的良知,批判现实主义成为艺术创作的主流。其中,绘画领域出现的"巡回展览画派"是最有代表性的团体。他们的创作以现实生活为内容,强调艺术作品的思想性、民族主体性。19世纪70年代至80年代是"巡回展览画派"创作最繁荣、最活跃的时期,列宾、苏里科夫、瓦斯涅佐夫、萨维茨基、谢罗夫、列维坦、卡萨特金等创作出许多优秀作品。这一时期也是俄国绘画的极盛时期。其代表人物伊·叶·列宾(1844—1930)在绘画技法和成就上创造了俄罗斯现实主义绘画艺术的顶峰。代表作品有《睚鲁女儿的复活》(1872)、《伏尔加河上的纤夫》(1871—1873)、《伊凡雷帝与他的儿子伊凡》(1885)、《意外归来》(1883—1888)、《列夫·托尔斯泰肖像》(1887)等。这是一个思想活跃、创作繁盛的时代,画家苏里科夫的《近卫军临刑的早晨》(1878—1881)、《女贵族莫罗佐娃》(1887),专画森林风景画的希什金的《松树林的早晨》(1889),风景画家列维坦的《索科尔尼基的秋天》(1879)、《桦树林》(1885—1889)等都是19世纪俄罗斯绘画艺术的杰出作品。

1917年,俄国发生了伟大的十月革命,罗曼诺夫王朝被推翻。1922年12月,苏维埃联邦共和国成立,历史掀开了新的一页。20世纪的俄罗斯绘画受"先锋派"和"巡回展览画派"的影响,走向了抽象和写实两个不同的方向。

俄罗斯的先锋派艺术产生于俄国历史的转折时代,在各种新思想的冲击下,呈现"百花齐放,百家争鸣"的景象。诞生于1913年的抽象派绘画,形成了两个主要的流派——"热抽象"与"冷抽象",其代表人物分别是康定斯基和马列维奇,他们的创作发展出两个截然不同的风格："即兴构图"与"至上主义"。在康定斯基的作品里，丰富的色彩由物体移到变化的结构上，再移到具有流动性的线条上，画面中纯色的"斑点"及其组合点缀在无物体的空间中，形成某种难以辨认的造型，这种组合往往让人产生一些刺激性的感觉和想法。康定斯基在美术领域的贡献不仅仅体现在创作上，还体现在艺术理论上，他的《论艺术的精神》《论形式问题》《点、线、面》《论具体艺术》都是抽象艺术的经典著作。"至上主义"奠基人马列维奇以其作品《黑色方块》对绘画界产生了颠覆性的影响。他用简单的黑色方块代替复杂的艺术哲学思想，使空洞变得丰富，平面变得深邃。抽象派绘画艺术主张通过把各种彩色的、简单的几何图像拼凑后产生形而上的哲学思想，后来又发展到把各种立体形体堆砌到平面上的立体派画风。受立体派、超现实主义的影响，夏加尔的作品中充满了梦幻色彩。他的作品多以日常生活为题材，描绘的不是物体的外观形象，而是心理感受的世界，他突破时空的限制，让多种形象同时出现于画面上。[①]

十月革命后，一部分先锋派艺术家，如康定斯基、夏加尔、康恰洛娃等，离开了苏联，移居西欧，他们引领了欧洲先锋派艺术的蓬勃发展，对欧洲和美国的现代艺术产生了巨大的影响。

十月革命将俄国的绘画艺术带入了一个新的时期，画家们确立了社会主义现实主义的创作方法。此时的俄罗斯绘画继承了19世纪俄国巡回展览画派的现实主义传统，同时又表现了革命的内容、苏维埃生活的新貌。以约甘松、普拉斯托夫、格拉西莫夫、杰伊涅卡、谢罗夫等为代表的一批画家创作出许多优秀的现实主义作品。这些作品多以表现爱国主义、歌颂战后的和平生活和劳动、描绘大自然风光为主题。

1991年12月21日，苏联的11个加盟共和国签署"阿拉木图宣言"，苏联解体。原俄罗斯苏维埃联邦社会主义共和国成为独立的俄罗斯联邦。俄罗斯的绘画艺术也进入了新的时代。

---

① 俄罗斯绘画艺术流派评述 最终[EB/OL].(2016-01-25)[2016-08-15].https://www.doc88.com/p-7038917314187.html.

第一节　11—17世纪绘画

安·鲁勃廖夫

人物生平

安·鲁勃廖夫

安·鲁勃廖夫（Андрей Рублёв，1360—1430），俄罗斯中央集权形成时期莫斯科公国的圣像画家，莫斯科近郊安德罗尼科夫修道院的修道士。他早年曾跟随来自希腊的狄奥法内斯和拜占庭的费奥凡·格列克，他们合作为莫斯科克里姆林宫的天使报喜大教堂作画。费奥凡·格列克准确的笔触和豪放的画风对年轻的鲁勃廖夫有过影响。狄奥法内斯则被认为是影响、教育鲁勃廖夫的老师。

鲁勃廖夫参与绘制了莫斯科天使报喜大教堂、弗拉基米尔圣母升天大教堂等教堂的壁画，成就最高的是圣母升天大教堂的《最后的审判》这幅巨型组画中的几个部分。这几部分的画与旧式壁画不同，表现的主要不是审判者的正义感或愤怒，而是调解的倾向，希望公正仁慈的审判者赐恩，体现了虔诚的教徒对永恒幸福的期待。鲁勃廖夫的壁画充满了欢乐和抚慰的精神。他所描绘的人物简明、温和而富有人性，令人感到亲切。

对于鲁勃廖夫的生平，今人知之甚少，难以确知他为什么创作这幅圣像画，他绘制壁画时又有何想法，不过我们也许能从他所身处的时代做一些推测。请想象一下，那还是俄国历史上的黑暗时期：鞑靼人入侵、国家分裂、没完没了的内战……导演塔可夫斯基的史诗巨作《安德烈·鲁勃廖夫》中提到，当时鲁勃廖夫在这种境遇下完全无法创作，他知道，不顾人世间发生的苦难，反而去创作一幅静谧而神圣的圣像画实在是一种欺骗。但是一旦社会情况改善，国家秩序重建，他就立刻投入工作，完成了他的作品。我们也许可以从天使的眼睛里有一些新的发现：那是坚定的希望和信念，相信和平必将降临，相信上帝必将拯救我们，人类的生活必将变得更好。这也许只是导演的臆想，但是他多多少少解释了这幅圣像画;也许鲁勃廖夫在作品中的确想要表现他的信念,他的疑惑,以及他对于艺术家的责任和艺术的本质的思考。①

代表作品

《最后的审判》《三圣像》等。

作品赏析

《三圣像》

《三圣像》

这幅作品是俄罗斯 15 世纪圣像画的杰出代表,也是鲁勃廖夫最成熟、最完美的创作。1408—1425 年间,鲁勃廖夫为谢尔吉圣三一修道院的三位一体堂绘制了他最著名的圣像画《三圣像》。《三圣像》描绘的是《圣经》故事"好客的亚伯拉罕"。据《旧约·创世纪》第 18 章所述,在幔利橡树那里,耶和华出现在亚伯拉罕面前。亚伯拉罕坐在帐篷门口,举目观看,见有三个人在对面站着。随后,亚伯拉罕俯伏在地,求主蒙恩,容他拿水给主洗脚,并招呼妻子撒拉做饼,又预备好的食物招待主。在《三圣像》中,鲁勃廖夫删繁就简,去掉了亚伯拉罕和撒拉的形象,使主题集中于三个青年天使——耶和华神秘的三位一体。三位一体的上帝,端坐在桌边。历代对圣像造型的诠释各有不同。一种解释认为,左边的天使是圣父,右边的天使是圣灵,而中间的天使是基督,因为他穿着耶稣的服装——金色肩带、樱桃色希腊长套衫、蓝色希腊长袍。《三圣像》中的每一个细节都充满复杂的神学寓意——桌子中央的器皿为圣杯,表示基督是神给人类做赎罪祭的供品;圣父身后的宫殿,象征神的智慧,也象征教堂;画面中央倾斜的树木,象征生命之树;三个天使构成一个三角形,暗示三位一体;整个构图呈圆形,是最高永恒和谐的标志……整幅画色彩明丽优雅、柔和轻盈,中间色统帅画面,象征仁爱祥和。

这幅画作的价值十分突出,它甚至使鲁勃廖夫在 19 世纪获得了"俄国的拉斐尔"

---

① 杨雷.安德烈·塔可夫斯基:用电影雕刻时光的宗教圣徒[J].世界文化,2015(1):12-14.

这一美名。他的创作风格吸收了古罗斯、拜占庭和西欧早期文艺复兴时期的伟大成就,但他的作品更加柔和、抒情,以更富有人性和更能表达人物心理状态而有别于古罗斯和希腊前辈的艺术作品。《三圣像》回应了时代的呼唤,反映了分崩离析的国家归于完整统一的必要性和迫切性。三位天使的平等与统一昭示着俄罗斯必将走向团结和统一。①

文化驿站

电影《安德烈·鲁勃廖夫》

《安德烈·鲁勃廖夫》是1966年由安德烈·塔可夫斯基导演的一部讲述安德烈·鲁勃廖夫生平的电影。

从类型上看,《安德烈·鲁勃廖夫》是一部历史片,讲述的是遥远的过去,但从影片的叙事风格上看,它又是一部极具时代感的作品。这部电影由一连串独立事件衔接而成,安德烈·鲁勃廖夫穿梭其中,是画家,也是僧侣,有时充满好奇心,有时满心欢喜,有时在恐惧中畏缩不前,有时与他人一起承担痛苦。

故事情节的发展延续了24年之久,电影包含8个事件,每一个事件都标明了独立的标题和时间,第一段落题为"艺人",事件发生在1400年,最后一段"钟"发生于1423年。鲁勃廖夫所处的不仅是一个诸侯王公之间相互残杀的年代,同时也是一个饱受鞑靼人劫掠蹂躏和遭受其他不幸灾难的悲惨时代。15世纪初,鞑靼人的铁蹄践踏着大公割据的俄罗斯大地,百姓过着水深火热的生活。在大公的邀请下,圣像画家鲁勃廖夫前往莫斯科为教堂作画。但在创作过程中,他却对圣像内容产生了巨大的质疑,这种矛盾的心态使他联想到当时俄罗斯民众经受的磨难与自己为贵族服务的事实,最终,他毅然离开教堂回到了原先的修道院。

不久,鲁勃廖夫被迫再度回到莫斯科创作圣像画,这一次,他亲历了所有俄罗斯人的苦难。大公的弟弟勾结鞑靼人篡位谋反,弗拉基米尔城的居民被残杀,教堂在战火中被摧毁,画家的眼中全是地狱的景象……鲁勃廖夫再次陷入艺术与现实反差巨大的困境,他又回到安德洛尼科夫修道院,将自己完全封闭,拒绝继续作画。经过多年的反抗斗争,鞑靼人的军队终于被赶出俄罗斯的大地。1423年,大公第三次邀请鲁勃廖夫到莫斯科作画,在一位铸钟少年的感染下,鲁勃廖夫最终完成了《三圣像》这幅传世

---

① 祝凤鸣.圣像画折射的俄罗斯灵魂:安德烈·鲁勃廖夫与《三圣像》[EB/OL].(2012-03-07)[2012-12-31]. https://www.douban.com/group/topic/28108140/?type=rec&_i=4849869R-osdRm.

名作。①

《安德烈·鲁勃廖夫》是电影大师塔可夫斯基的第二部长片作品,影片以"塔式"特有的诗化电影语言描绘出伟大的俄罗斯画家安德烈·鲁勃廖夫的一生。导演本人对影片的阐述是这样的:"我想拍摄一部历史片,但它同时又是具有现实意义的。我想使15世纪人们的精神与今天人们的精神接近起来,或者说得更确切一些,就是要赋予那个时候的人和时代以生命,使他们更接近我们,使他们的英雄气概成为我们所共有的。"②

这部历时两年才拍摄完成的鸿篇巨制,曾因政治原因长期无法公映。直到1969年初,电影《安德烈·鲁勃廖夫》才在莫斯科进行小规模的放映,当年的戛纳电影节也不顾苏联当局的抗议,授予了影片国际影评联合会奖。

西·乌沙科夫

人物生平

西·乌沙科夫(Симон Ушаков,1626—1686),俄罗斯画家,1626年生于莫斯科工商业主家庭,很早便开始为自己的事业做准备。他22岁时加入了给沙皇制作武器的团队,负责制作各式宫廷或教会物品的图纸,主要包括金、银、搪瓷制品和横幅等。乌沙科夫回忆,为宫廷、教堂和个人画图纸这些具体的工作让他成了一位更好的莫斯科圣像画画家。1686年6月25日,乌沙科夫在莫斯科逝世。

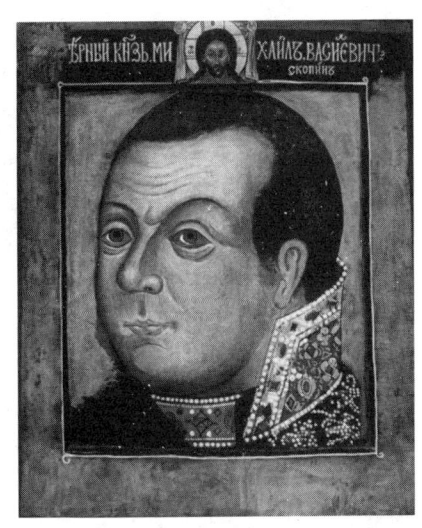

西·乌沙科夫

17世纪的下半叶是相当有趣而充实的时代,在这个时代,悠久的古罗斯文化逐渐走向终结,新时代的艺术逐渐形成。西·乌沙科夫是这个时期最著名的大师,在当时的俄罗斯画坛中有着重要的地位,这与他对艺术的贡

---

① 百度文库.前苏联电影相关资料汇集教学提纲[EB/OL].[2013-12-31].https://wenku.baidu.com/view/32b4815059cfa1c7aa00b52acfc789eb162d9e7b.html.
② 他一生都在用电影雕刻时光:塔可夫斯基[EB/OL].(2016-07-19)[2022-05-12].https://www.sohu.com/a/106410657_424338.

献和他的成就分不开。乌沙科夫一生创作了很多作品,这些作品现今被收藏于世界各大博物馆,供参观者欣赏。人们在享受艺术熏陶的同时,会惊叹这位艺术大师怎么可以达到如此出神入化的地步!

遗憾的是,我们无法得知西·乌沙科夫是在怎样的环境中成长的,又是跟随哪位艺术家学习,才有了如此辉煌的成就,但无可否认的是,乌沙科夫以他高超的技巧留名画史。

代表作品

《莫斯科大公国之树(赞美弗拉基米尔圣母像)》《奎果山的慈悲诞神女》《基督－以马内利》《最后的晚餐》《信仰的信条》等。

作品赏析

《莫斯科大公国之树(赞美弗拉基米尔圣母像)》

圣像《莫斯科大公国之树(赞美弗拉基米尔圣母像)》是西·乌沙科夫为莫斯科尼基特尼科夫巷的三位一体教堂创作的。画面的中央是弗拉基米尔圣母像。这一充满灵性的形象被从莫斯科克里姆林宫的圣母升天大教堂生长出的具有象征性的枝条所包围。树根旁边则是莫斯科大公国的奠基人——都主教彼得和伊凡钱袋大公。树枝的圆形框里画着诸沙皇、主教、圣人和痴愚修士,这些人物中有涅瓦河的亚历山大、沙皇费奥多尔·约安诺维奇、德米特里王子、拉多涅日的谢尔吉、圣愚瓦西里和其他圣徒,他们用自己的功勋和虔诚确立了莫斯科作为全罗斯宗教和政治中心的权威。画面上还有沙皇阿列克谢·米哈伊洛维奇以及他的第一任妻子玛利亚·以利亚尼奇娜和两个儿子阿列克谢和费奥多尔的肖像。尽管画中的现实空间和象征空间仿佛结为一体,但总的来说,圣像的结构还是传统的、遵守常规的。

《莫斯科大公国之树(赞美弗拉基米尔圣母像)》

文化驿站

俄罗斯圣像画发展史[①]

圣像画是11—16世纪俄罗斯最具代表性的艺术形态,是俄罗斯古典艺术的起源与基础,对俄罗斯艺术的发展有决定性影响。了解圣像画的历史,可以重建俄罗斯中世纪文化、宗教等精神生活的轨迹,俄罗斯的圣像画完全消化吸收了拜占庭文化的精髓,这在别的地方是罕见的现象。

基辅公国时期俄罗斯模仿拜占庭风格,教堂装饰注重奢华,圣像画强调圣人的头部,注重眼睛所透露的威严。12世纪,大部分俄罗斯圣像仍然带有拜占庭美学的倾向,然而到了13世纪,俄罗斯圣像画开始出现自己的特征——一种对基督教本质新的解读。最明显的是,俄罗斯摆脱了马赛克的宗教装饰,利用俄罗斯最丰富的自然资源——木板,来作为圣像画的材质,马赛克镶嵌艺术善用阳光折射的效果增加画面的亮度,而俄罗斯圣像画则用金色的背景取得相同效果。

13世纪,鞑靼人的压迫掠夺促成俄罗斯人思想的凝聚。教会更为壮大,圣像画艺术的门派也逐渐形成。圣像的凝聚力加上精神领袖的号召,帮助俄罗斯击退了鞑靼人,使得圣像画的地位在14世纪大幅提升。这个时期的圣像画充满了率真与自由的气氛、纯洁的色调、明亮的色彩,表现出愉悦与自信,具有不同寻常的表现力。

14世纪下半叶,由于希腊教士费奥方在圣像画中加入了禁欲主义的哲学思想,俄罗斯人开始认真思考精神层面的问题,这奠定了俄罗斯圣像画强调内心状态与自我省察的特性,这一特性成为东正教最深沉的基础。由于地域的分隔,各地在拜占庭式的规范下发展出地方性特色,但圣像画的规范并没有限制艺术家的创作自由。他们在画的结构上遵从规范,但在内容、细节方面充分表现地方特色、风俗习惯和历史经验。15世纪初,圣像画大师安德烈·鲁勃廖夫的作品保留了圣像画规范的精神,但同时也有所革新。他在许多圣像画里对传统主题做了全新的描绘,极其鲜明地表达了他对人与神、自然界与超自然界的关系的看法。

在鲁勃廖夫杰出技巧的影响下,俄国圣像画出现了本土化的特征,与拜占庭模式的密切关系正式告终,以鲁勃廖夫为中心的"莫斯科画派"不知不觉建构起来。此时,俄罗斯的圣像画已完全摆脱拜占庭镶嵌艺术的影响。镶嵌强调利用绚丽的色彩刺激视觉神经,产生震撼的感觉,使人不禁向往天国的美好;俄罗斯的圣像画则表现出用色

[①] 百度文库.俄罗斯的圣像画[EB/OL].[2013-12-15].https://wenku.baidu.com/view/66a3d3fa4693daef5ef73d17.html.

的局限性,主题人物多是悲苦、受折磨、威严的圣人,或是代人祈福消灾的圣者。其强烈的悲剧性,使人产生警惕、检讨和同情之心。圣像让人记起教条的训示、悔改、向善的劝谕及舍身护教的责任。

15世纪末,季奥尼西的作品为俄罗斯圣像画添加了轻快的音乐性和愉快的节日气氛,强化了基督拯救世界带给芸芸众生的快乐。圣像画上明亮的色彩显现出俄罗斯教会救世的任务及追求这个目标的喜悦。

圣像画是东正教令人印象深刻的表征。它是东正教会独创的文化传统,是传播东正教最有效的工具。圣像画以明确、深刻的形象结合色彩的力量,为每个想了解东正教的人提供了最直接、便利的渠道。

第二节 18世纪的绘画

伊·尼·尼基京

人物生平

伊·尼·尼基京

伊·尼·尼基京(Иван Никитич Никитин,约1690—1742),肖像画家,俄罗斯18世纪肖像画奠基人,出生于莫斯科。尼基京曾经在莫斯科最古老的博物馆之一莫斯科军械库博物馆(亦称"克里姆林宫兵器馆")学习,也曾在雕刻作坊里跟一名荷兰画师学习。1711年,他来到圣彼得堡,师从德国画家约翰·塔纳乌埃尔。约翰·塔纳乌埃尔是彼得一世邀请到圣彼得堡的写生画画家。尼基京在皇宫中很快就获得了声望。

1716—1720年期间,尼基京和哥哥拉曼及其他20人一起到意大利的威尼斯、佛罗伦萨学习西方古典绘画,是俄国最早去国外学习的画家之一。归国后,尼基京就成了宫廷画家,他倡导建立了俄罗斯现实主义学派,建立了肖像画的初步原则——表达人们不可重复的、有个性的外在面貌。他的作品深得彼得大帝喜爱。1820年,尼基京为彼得大帝创作了《彼得大帝肖像》。在这幅圆形构图的肖像中,艺术家成功刻画了统治者威严、果敢、自信和不屈的意志。这幅画画面朴实、简约,充分展示了彼得大帝的性格特点，体现了尼基京在刻画人物性格上的风格。彼得大帝去世后，1732年，尼基京和同为画家的哥哥因传播诽谤大主教费奥凡·普罗科波维奇的谣言而被捕。尼基京在彼得罗巴甫洛夫斯科要塞被拘禁了5年，曾被鞭打，之后被终生流放到西伯利亚托博尔斯克。1741年，安娜一世女皇去世后，尼基京被允许回到圣彼得堡。1742年，尼基京在回圣彼得堡途中逝世。

代表作品

《彼得大帝肖像》《灵床上的彼得》《哥萨克首领盖特曼》《外交官戈洛普金》等。

作品赏析

《哥萨克首领盖特曼》

《哥萨克首领盖特曼》是尼基京最好的作品之一。这幅画作带有浓厚的18世纪20年代特色，表现了一位曾在战争中叱咤风云，退役后仍然充满活力的哥萨克领袖的形象。

这幅画的特色在于，画中人的脸部深邃且细节丰富，以至于虽然我们不知道他具体是谁，也能了解这位首领的性格的经历。很多人想查明画中人到底是谁，但把这幅美丽的画作与历史人物相联系的尝试却一直没有成功。人们可以得知的是：盖特曼是野战部队的一员，曾参加过多次战役，日晒风吹在他的脸上留下了痕迹。他的眼睛因习惯于注视草原远方而红肿。眉头紧锁，头发不经意地散在额头，浓密的灰色胡子

《哥萨克首领盖特曼》

围着嘴巴。画中人的整体外貌让人感觉其单纯而刚毅，勇敢又坚强。智慧和忧愁清楚地显示在他的脸上。他站在我们的面前，没有戴夸张的假发和闪光的宝石，也没有穿华丽的衣裳，他仅凭内在的坚毅勇敢征服了世人。

这幅画之所以成为著名画作，不仅仅在于尼基京对首领盖特曼性格的生动刻画，还在于整幅画创作过程中对技巧的注重。光线大面积地照在首领的脸部和胸部，使盖特曼整个人置身于光亮中。即使背景是黑色的，他的衣服也是深色的，但盖特曼的形象却是明亮的。

《哥萨克首领盖特曼》完全证明了在18世纪初俄罗斯的肖像画开始向更深入表现人物内心的方向发展。肖像画成了一种真正的人文表达。

文化驿站

彼得大帝①

彼得大帝

彼得一世·阿列克谢耶维奇（Пётр I Алексеевич，1672—1725），被后世尊称彼得大帝，沙皇阿列克谢一世之子，俄罗斯罗曼诺夫王朝第四位沙皇，俄罗斯历史上仅有的两位"大帝"之一。

彼得于1682年与其兄伊凡五世同时被立为沙皇，1689年发动政变掌握实权，1697年派遣使团前往西欧学习先进技术，本人化名随团出访，先后在荷兰的萨尔丹、阿姆斯特丹及英国的伦敦等地学习造船和航海技术，并聘请大批科技人员到俄罗斯工作。

彼得回国后于1698年开始全面推行欧化改革。经济方面，鼓励发展工场手工业，振兴国内外贸易，凿运河，开商埠，扩大出口，为俄国近代工业奠定了基础；政治方面，取消领主杜马，废除大教长，设立枢密院，打击保守势力，甚至不惜处死皇太子，以加强中央集权；社会文化方面，建学校，办报纸，剃胡须，剪长服，革除陈规陋习，注重培养和选拔人才，主张唯才是举；军事方面，实行征兵制，统一编制，建立由步兵、骑兵、炮兵和工兵组成的正规陆军，并扩建海军舰队，封建专制的中央集权由此大大加强。

在进行全面改革的同时，1700年8月，彼得一世发动了与瑞典争夺波罗的海出海口的北方战争。这场持续了21年的战争于1721年9月以俄国取胜结束，俄罗斯与瑞典签订了《尼斯塔特和约》，获得了拉脱维亚、爱沙尼亚、印格利亚和卡累利阿等波罗的海地区的领土，夺得了梦寐以求的波罗的海东岸、芬兰湾、里加湾，成功获取波罗的海出海口，确立了"西方之窗"的地位。1921年10月，为了纪念这一重大胜利，俄国改国

---

① 百度百科.彼得一世［EB/OL］.［2012-12-31］.https://wenku.baidu.com/view/06e977175f0e7cd1842536fd.html.

号为俄罗斯帝国,俄国议会为彼得加冕,授予他"彼得大帝"和"祖国之父"的称号。

1722—1723年,彼得一世发动侵略波斯的战争,夺取里海西岸和南岸部分地区,同时继续向远东扩张,侵占堪察加半岛和千岛群岛。

1724年秋,彼得一世因援救落水士兵而感染风寒。1725年2月8日去世,享年52岁。

彼得大帝被认为是俄罗斯最杰出的皇帝,为俄罗斯的强盛打下了基础。他在政治、经济、军事和科技等领域进行西化改革,使俄罗斯跻身欧洲大国之列。近代俄罗斯的政治、经济、文化、教育、科技等方面的发展无不源于彼得一世时代。

弗·卢·博罗维科夫斯基

人物生平

弗·卢·博罗维科夫斯基(Владимир Лукич Боровиковский,1757—1825),俄罗斯著名肖像画家,其作品在19世纪初的俄国肖像画领域占主导地位。1757年7月24日,弗·卢·博罗维科夫斯基出生于乌克兰中部米尔哥罗德的一个哥萨克家庭。他的爸爸、舅舅和兄弟都是圣像画画家。博罗维科夫斯基从小就跟着父亲学习圣像画。

1774年,博罗维科夫斯基服役于哥萨克军队,同时也在坚持作画。18世纪80年代,他以中尉军衔退伍,开始全身心投入绘画当中,并为本地的教会画圣像画。

18世纪70年代,博罗维科夫斯基与卡

弗·卢·博罗维科夫斯基

普尼斯特相识,在其邀请下到圣彼得堡完成为接待女王而准备的室内装饰工作。叶卡捷琳娜二世注意到了博罗维科夫斯基的工作,并命他迁居圣彼得堡。1788年,博罗维科夫斯基落户圣彼得堡。起初,他住在著名诗人、建筑家尼·亚·利沃夫家里,并同利沃夫的朋友们相识,其中包括他后来的老师列维茨基。博罗维科夫斯基师从肖像画画家列维茨基和生于奥地利的肖像画画家拉姆彼。1795年,博罗维科夫斯基凭借为大公康斯坦丁·洛维奇所作的肖像画荣获"绘画院士"称号,成为受欢迎的肖像画画家。1803年,博罗维科夫斯基就任美术学院顾问。

博罗维科夫斯基一生中创作了约500幅肖像画,其中的约400幅保存了下来。他的肖像画对象包括皇室成员、大臣、将军、贵族和来自俄罗斯艺术和文学界的名人。他的画幅一般不大,只有一米见方,大部分画像中的人物以亲切的风格示人。他喜好将自己的主人公安排在自然风景中,让其处于冥想状态。在他的画中只有安静的和平世界,没有严酷的现实。他的晚年作品注重构图整体节奏,带有古典主义特有的严谨风格。

18世纪末,在法国和英国文学的影响下,俄罗斯出现了感伤主义散文和诗歌,进而影响了当时的美术创作。艺术家和其作品对大自然和人本身的崇拜以及对理性和美德的崇拜接踵而至。如果说启蒙古典主义期望营造一种受过良好教育的感觉,那么,感伤主义则期望营造一种与生俱来的感觉。博罗维科夫斯基的作品,尤其是作品中的女性形象的感伤主义特点尤为明显。

1825年4月6日,博罗维科夫斯基去世,葬于圣彼得堡斯摩棱斯克东正教公墓。

代表作品

《乔姆金娜肖像》《安·加与瓦·加·加加林娜公爵小姐姐妹像》《丽莎和塔莎》《娜雷什金像》《海军中尉古兰金公爵像》等。

作品赏析

《乔姆金娜肖像》(又译为《罗普基娜像》)

《乔姆金娜肖像》

博罗维科夫斯基用柔和的色彩描绘了一位穿白色纱裙、佩戴珍珠等名贵饰品的年轻贵族女子,人物有一种娴静而柔美的内在气质。画中人是俄罗斯帝国历史上两位大帝之一——叶卡捷琳娜二世和情人独眼将军格里高利·波将金的私生女。画家40岁时画的这幅肖像是18世纪俄国肖像画的名作。画中,乔姆金娜轻松悠闲地沉浸在自我的深思之中。画家有意将她置于自然环境中,这更增加了画面气氛的幽静感。浓重的背景中有一块透亮的天空,与沐浴在阳光下人物的美丽优雅相呼应。画家以古典主义的表现技巧细腻地描绘人物的相貌，画面柔和的色调与人物温柔的形象和谐一致。有人说，博罗维科夫斯基的肖像画没有华丽的帷幕和华美的服饰，却能用自然环境和简朴仪表揭示人物内在的高贵气质。该画作现藏于莫斯科特列恰科夫美术馆。

文化驿站

叶卡捷琳娜大帝[①]

叶卡捷琳娜二世·阿列克谢耶芙娜（Екатерина Ⅱ Алексеевна，1729—1796），史称叶卡捷琳娜二世，被后世尊称为叶卡捷琳娜大帝，是俄罗斯罗曼诺夫王朝第十二位沙皇，俄罗斯帝国第八位皇帝（1762—1796年在位），也是俄罗斯历史上唯一一位被冠以"大帝"之名的女皇。

叶卡捷琳娜二世1729年5月2日出生于普鲁士斯特丁，是德国安哈尔特-采尔布斯特公爵的女儿，1744年被俄罗斯女皇伊丽莎白一世挑选为皇位继承人彼得三世的未婚妻，1745年与彼得结婚并皈依东正教，改名叶卡捷琳娜。彼得三世费奥多罗维奇是个身体羸弱、意

叶卡捷琳娜大帝

志薄弱而又乖戾的人，经常羞辱叶卡捷琳娜。在此期间，叶卡捷琳娜通过读书积累知识，寻找精神寄托。同时，她偷偷组织了一支以情夫格里哥利·奥尔洛夫五兄弟为首的近卫军青年军队，成为支持她的铁腕力量。1762年7月，支持叶卡捷琳娜的近卫军发动政变，她登上沙皇宝座，自此大刀阔斧地力行革新，掌控与操纵这个以男性为主的世界长达三十多年。她治国有方、功绩显赫，其才干与名气闻名海内外，成为俄国人心目中仅次于彼得大帝的一代英主。

进入叶卡捷琳娜时代，俄罗斯跨进了世界列强之列，并因积极干预欧洲事务而被称作"欧洲宪兵"。俄罗斯在19世纪的强势，很大程度上得益于叶卡捷琳娜时代奠定的基础。其后来者，包括她的儿子保罗一世、孙子亚历山大一世，此后的亚历山大二世、尼古拉一世、亚历山大三世和末代沙皇尼古拉二世等六位皇帝，在治国方面无人能出其右。

[①] 慈孝坊1011.历史人物：叶卡捷琳娜[EB/OL].（2022-03-26）[2022-06-28].https://zhuanlan.zhihu.com/p/487752524.

叶卡捷琳娜二世推行了一系列改革措施,主张开明专制,强化了国家政权,将农奴制推上了发展顶峰。在其统治期间,俄罗斯帝国向南、向西扩张,从奥斯曼帝国和波兰立陶宛联邦手中将新俄罗斯、克里米亚、北高加索、右岸乌克兰、白俄罗斯、立陶宛和库尔兰在内的大片领土收入囊中。俄罗斯不断扩张领土,参与俄普奥三次瓜分波兰,对土耳其作战取得黑海沿岸地区,吞并克里米亚汗国,帝国的疆域跨过了高加索山。

叶卡捷琳娜执政期间,俄罗斯人口由1763年的2320万人增至3740万人,无论领土面积还是人口数量,都是欧洲第一大国。据历史学家克留切夫斯基记载,俄罗斯军队人数也从16万人增至31万人,海军战列舰数量由21艘增至67艘,巡洋舰数量由6艘增至40艘,国库收入由最初的1600万卢布上升至6900万卢布,对外贸易额和俄罗斯货币周转总量也有了成倍增长。

在政变中,有一位名叫波将金的年轻军官表现突出,受到了叶卡捷琳娜的注意。政变成功后,叶卡捷琳娜重赏所有参与政变的人员,在请功表上,她亲手把原来拟定授予波将金的骑兵少尉军衔改为上尉军衔。

波将金一直在前线作战,直到1774年,他接到叶卡捷琳娜召唤他回圣彼得堡的亲笔信。回到圣彼得堡后,波将金成为叶卡捷琳娜最著名、权势最大的情人。波将金几乎成了叶卡捷琳娜的左右手,所有军国大政几乎全部出自二人之手。伊丽莎白·波将金娜就是叶卡捷琳娜与波将金所生。直至1791年逝世,波将金一直是俄罗斯帝国的二号人物,他对叶卡捷琳娜也始终一往情深。

1792年起,叶卡捷琳娜的健康状况急剧恶化。波将金逝世对她的打击很大,此外,第三次瓜分波兰和对土耳其的战争使她消耗了大量精力。1796年11月17日,叶卡捷琳娜病逝。

古典主义[①]

古典一词源出拉丁文"Classicus",有"典范"的意思。美术史上的古典主义产生于意大利学院,17世纪时却在法国得到了极大发展。17世纪,法国的古典主义文学艺术特别发达,涌现了一大批代表人物。美术领域的代表人物有普桑、洛兰、乌埃、勒布伦等人。古典主义绘画偏重理性,注意形式的完美,重视线条的清晰和严整。古典主义在法国著名画家普桑的领导下达到顶峰。

17世纪至19世纪,古典主义流行于欧洲各国。它先后有三种不同的艺术风格。一是主要对古希腊、古罗马古典作品艺术风格的怀旧与模仿之风,以普桑为代表的崇

---

① 百度百科.古典主义[EB/OL].(2014-04-06)[2022-03-18].https://baike.baidu.com/item/%E5%8F%A4%E5%85%B8%E4%B8%BB%E4%B9%89/202936?fr=aladdin.

尚永恒和自然理性的古典主义，代表作《阿卡迪亚的牧人》《所罗门的判决》《四季》等。二是以达维特（也译为"大卫"）为代表的宣扬革命和斗争精神的新古典主义，他是法国大革命时期的杰出画家，创作了《网球厅宣誓》《马拉之死》《列弗列蒂埃》《少年巴拉》等一系列讴歌法国大革命的优秀作品。三是以安格尔为代表的追求完美形式和典范风格的学院古典主义，代表作有《泉》《大宫女》《瓦平松的浴女》《土耳其浴室》等。

古典主义作为一种艺术思潮，它的美学原则是用古代的艺术理想与规范来表现现实的道德观念，以典型的历史事件表现当代的思想主题，也就是借古喻今。古典主义绘画以此精神为内涵，提倡典雅崇高的题材、庄重单纯的形式，强调理性而轻视情感，强调素描与严谨的外表，贬低色彩与笔触的表现，追求构图的均衡与完整，努力使作品产生一种古代的静穆而严峻的美。在技巧上，古典主义绘画强调精确的素描技术和柔妙的明暗色调，并注重让形象造型呈现雕塑般的简练和概括，追求一种宏大的构图方式和庄重的风格与气魄。

新古典主义绘画产生于法国大革命前夕，由于与大革命关系密切，古典主义被赋予了新的内容，许多艺术家突破古典主义的程式束缚，创作出具有现实意义的作品。因此，新古典主义又常被称为"革命的古典主义"。

从彼得大帝到叶卡捷琳娜女皇统治的整个18世纪，是俄国的改革和"欧化"时期。俄国文化在意大利和法国古典艺术的影响下迅速发展，俄国艺术开始融入欧洲文艺发展的进程，欧洲流行的古典主义这时也被俄国效法和模仿。安东·罗辛珂（Антон Павлович Лосенко，1737—1773）被认为是俄国历史上第一位重要的古典主义画家，是俄罗斯历史题材画的创始人，于1762年创作了大型福音历史题材画《神奇的捕获》。

第三节 19世纪的绘画

奥·阿·基普林斯基

人物生平

奥·阿·基普林斯基（Орéст Адáмович Кипрéнский，1782—1836）是俄国19世纪上半叶最杰出的肖像画家，他出身农奴家庭，毕业于圣彼得堡美术学院。1812年，卫国战争爆发，他未能如期赴意大利留学。他早期的肖像画中已体现出豪放的笔触和熟练的油画技法。他力图刻画人物的精神世界并揭示人物个性及其社会地位，具有一定

奥·阿·基普林斯基

的浪漫情调。他注重光和色彩的处理,画面明暗对比强烈,使得所画对象处于兴奋和昂扬的精神状态中。他的肖像画构图不重复,人物头部的动态、眼神的方向、姿势和情绪都因人而异,甚至连服饰的色彩、质地、花纹都很讲究变化。1816年,34岁的基普林斯基圆了去意大利留学的梦。他在罗马一度倾心于古典主义,追求柔和的轮廓线和富有表现力的外形。因此,他后期的画逐渐失去了前期作品的光辉,但基普林斯基仍不失为一位伟大的俄罗斯肖像画家。

代表作品

《小园丁》《奥都莉娜像》《头戴罂粟花环手拿一支康乃馨的小女孩》《苦命的丽莎》《近卫军骠骑兵上校叶·弗·达维多夫肖像》《普希金像》等。

作品赏析

《普希金像》

《普希金像》

这是基普林斯基从意大利留学归来后于1827年所作的肖像画,也是他最著名的作品。

画中,一双明亮的大眼睛镶嵌在普希金睿智的面孔上,深沉地注视着这个世界,紧闭的双唇隐含着将要发出的诗句,有力的双手交叉在胸前,他独特的面容在蓬乱的短发、胡须及深色大衣的衬托下显得格外鲜明。这幅画作表现了这位天才自由独立的精神。背景处隐现一尊手持五弦琴的雕像,更增加了这幅诗人肖像的艺术氛围。基普林斯基的绘画与普希金的诗有着共同之处,追求自由的灵魂将这两位艺术家结合在一起。①

---

① 百度百科.普希金像[EB/OL].(2018-05-13)[2022-03-26].https://baike.baidu.com/item/%E6%99%AE%E5%B8%8C%E9%87%91%E5%83%8F/6759887?fr=aladdin.

《苦命的丽莎》

肖像画《苦命的丽莎》作于 1827 年,是基普林斯基为卡拉姆津的同名小说画的插图。基普林斯基把一位俄罗斯农村少女描绘得如此生动,令人叹为观止。

2007 年 3 月 2 日,为纪念基普林斯基诞辰 225 周年,俄罗斯邮政发行了一套两枚的"画家基普林斯基诞辰 225 周年"纪念绘画邮票,一枚选用了他 1828 年创作的《自画像》,另一枚就是他的《苦命的丽莎》。

《苦命的丽莎》

文化驿站

中篇小说《苦命的丽莎》

《苦命的丽莎》(又译为《可怜的丽莎》),俄国感伤主义作家、历史学家 H.M.卡拉姆津的代表作,发表于 1792 年,是俄罗斯第一部具有创新价值和深远影响的感伤主义小说,确立了俄国感伤主义文学倾向,是俄罗斯小说创作的一个新高潮。主人公丽莎成为俄罗斯感伤主义文学的经典人物。小说讲述了农村少女丽莎与贵族少爷厄拉斯特相爱的故事。这是贵族子弟和社会底层姑娘的一曲恋爱悲歌。故事发生在莫斯科城郊。丽莎出身于勤劳朴实的农民家庭,年轻貌美,父亲早亡,和母亲相依为命。母亲终日以泪洗面,丽莎不得不独自挑起支撑家庭的担子。在莫斯科卖花时,她碰到了年轻漂亮的贵族子弟厄拉斯特,他们一见钟情。在炽烈的爱情中,丽莎向厄拉斯特献出了一切。在得到丽莎最宝贵的贞操以后,厄拉斯特厌倦了。后来,他在赌博中输光了所有领地,只得入赘到一个上了年纪的富孀家。被遗弃了的丽莎在羞辱与绝望中投湖自尽。丽莎的母亲得知这个消息后也悲痛而死。厄拉斯特闻讯后无法宽慰自己,觉得自己是害死丽莎的罪人。这部小说充满人道主义精神,同时具有浓厚的感伤色彩。[1]

---

① 王春力.浅析卡拉姆津《苦命的丽莎》中丽莎的人物形象[J].金田,2015(7):26.

卡·巴·布留洛夫

人物生平

卡·巴·布留洛夫(《自画像》)

卡·巴·布留洛夫(Карл Павлович Брюллов,1799—1852),俄国画家,俄国19世纪上半叶学院派的代表大师,1799年12月12日生于圣彼得堡,1852年6月11日卒于意大利罗马。布留洛夫的父亲是画家兼装饰雕刻家,布留洛夫10岁时就被送进圣彼得堡美术学院幼儿班学画,后师从叶戈洛夫和伊凡诺夫,学习学院派绘画。1822年,布留洛夫赴意大利学习。意大利古代艺术和文艺复兴时期大师们的光辉成就影响了他一生的创作活动,但他并不满足于对大师作品的模仿,一直在探索自己的新画风。布留洛夫追求理想化的美,力求接近古典美的标准。他摆脱了古典主义中枯涩的背景和死板的色调,追求对明亮阳光和清新空气的表现。

布留洛夫1827年赴庞贝古城遗址考察,于1833年完成了《庞贝的末日》,这幅画作为他和俄国画坛赢得了声誉。1836年,他载誉回到故乡圣彼得堡,被皇家美术学院聘为教授,不得不开始接受官方和教会的订件,但他仍坚持自己的艺术主张。

布留洛夫回国后创作上的成就主要表现在肖像画上。他的整个创作思想和方法是矛盾的,他的历史画和宗教画多为古典主义学院派的,而世俗的肖像画又有洛可可样式特征,但他优秀的肖像画又是现实主义的,甚至被阿·佐托夫评价为:"达到现实主义绘画的顶点,并给俄罗斯艺术指出前途。"布留洛夫的作品在19世纪上半叶俄罗斯绘画中的地位和意义可见一斑。[1]

代表作品

布留洛夫最杰出的画作为《意大利的晌午》《女骑手》《庞贝的末日》《巴奇萨拉喷

---

[1] 俄罗斯名画:布留洛夫《庞贝的末日》[EB/OL].(2014-05-06)[2022-09-12].https://blog.sina.com.cn/s/blog_48eb57670100kctn.html.

泉》《А. Н. 斯特鲁戈夫希科夫的肖像》《自画像》《所罗门之母拔士巴》《美少年纳克索斯》《晚会归来》《土耳其女人》《玛·阿·贝克和女儿像》等。

作品赏析

《庞贝的末日》——"俄罗斯画坛的初日"

《庞贝的末日》创作于1830—1833年,是画家的代表作。这幅木板油画长81厘米,宽58厘米,收藏于莫斯科特列恰科夫美术博物馆。1827年,布留洛夫在西欧学习时,曾随建筑考古队赴庞贝遗址考察。庞贝城是一座在公元79年维苏威火山爆发时被吞没的罗马古城。站在废墟上,庞贝城的景象使布留洛夫震惊不已。他的脑海中浮现出处于

《庞贝的末日》

动荡中的祖国俄罗斯。对这幅画的构思产生了——以真实的自然事件描绘历史变迁中人们经历的灾难,揭示人们在灾难面前的内心所想。画家意在通过对"末日"这种惊心动魄的主题的描绘,揭示人们在灾难降临时所表现出的人性和崇高的道德品质——互相帮助和关怀。画家从古典主义创作方法出发,吸收现实主义因素,将虚构的场景、理想化的人物造型自然地安排在一个真实可信的环境中。画中描绘了火山爆发的瞬间:天崩地裂,火山灰夹着岩浆如倾盆大雨一般从天而降,宏伟的建筑即将崩溃,雕像将从屋顶倾落,惊慌失措的人们忙于逃命,背景中的火山喷发着狰狞的火焰,吞食一切。这充满动势的构图、强烈的明暗光色对比、人物痉挛性的动作和他们惊恐的神态及绝望的表情,都加强了画作的悲剧性效果。画家表面上画的是庞贝末日,实际上暗示着自己祖国的历史变迁,为了表明这不是历史上的悲剧,而是俄国社会现实,他有意将自己的形象画在左侧亮区一组人物当中,头上顶着油画箱的年轻人正是画家自己,这表明祖国的社会动荡正是画家亲身经历的事件。[①]

这幅画基本按古典主义的格局构图,而在表现手法上则吸收了浪漫主义风格,可以看出,画家在创作中受到了拉斐尔和提香等人的影响。但画作表现更多的是画家本

---

① 俄罗斯名画:布留洛夫《庞贝的末日》[EB/OL].(2014-05-06)[2022-09-12].https://blog.sina.com.cn/s/blog_48eb57670100kctn.html.

人的丰富想象力和创新。画的调子是火热的，表现出既恐怖又悲壮的氛围，反映出画家对人性的描绘。这幅画所描绘的虽然是近似神话题材的古代历史事件，但是弥漫着浓郁的现实气氛。这幅作品没有主角，所有人物都是历史的参与者，都强烈地体验着不可避免的历史变迁和心灵震荡。其艺术成就在于把古典学派的精华、浪漫主义的精华和现实主义的因素融合到一起，成为19世纪前半叶的绘画艺术珍品。

《庞贝的末日》于1834年在意大利米兰展出时引发轰动，尔后赴巴黎展出获得了大金质奖章，震动画坛，最后回到彼得堡，标志着俄罗斯美术的凯旋。人们认为这幅画画的是庞贝城的末日，却是俄罗斯绘画的开端。

1968年12月，苏联发行了一套十枚的"俄罗斯博物馆馆藏俄罗斯和苏联绘画"邮票，其中第二枚就是《庞贝的末日》。

《自画像》

《自画像》(见"人物生平"附图)也是布留洛夫成就较高的一幅画作。画家在这幅画中出色地刻画出了人物的心理矛盾。从画面上展示出来的眼神和面部表情中，我们能够看出他的失望、疲倦以及内心的矛盾和痛苦。整个肖像刻画得极其精细。人物面庞消瘦，目光敏锐，表情忧郁；纤细的手和手指无力地下垂；服装和背景都是深色，更衬托出人物苍白的面色和心中的悲哀。这幅《自画像》是画家不平坦的生活道路及内心痛苦和绝望的真实写照。这幅画如同《庞贝的末日》一样既保留了古典主义、浪漫主义的一些长处，又在人物形象塑造方面融入了许多现实主义的因素。

《女骑手》

《女骑手》是一幅立足于学院派又吸收了洛可可画风的肖像画。布留洛夫基本上沿用意大利传统风格，以风俗画样式来描绘人物肖像，探求运用人物所处的环境来表现画中人物的性格与生活风尚。他的这种独特创造在俄国被称作"布留洛夫式"。画中人装腔作势地骑在烈马背上，看上去是位弱不禁风的贵族小姐，身着不适合骑马的长裙，静态的形象与奔跑急止的烈马形成动静的对比。画中主体肖像画得极为细腻，衣裙头饰表现极富质感，色彩配置华丽典雅。据说紧随奔马的小狗是有意加上去的，小狗的项圈下挂着一个标牌，上面写着"莎莫依洛"，标明了这

《女骑手》

幅画的所有者。画是受朱理亚·莎莫依洛娃伯爵夫人的委托而作,1893年被转赠给特列恰柯夫美术博物馆收藏。①

文化驿站

庞贝古城②

公元前8世纪,地中海边的天然良港、小渔村庞贝,逐渐发展为城市。几十年后,庞贝商贾云集,成为仅次于意大利古罗马的第二大城市。

它北距罗马300千米,西接西西里岛,南通希腊与北非。庞贝城内神奇的太阳神庙、巨大的斗兽场、恢宏的大剧院、灵验的巫师堂、新奇的蒸汽浴室和众多的商铺,以及娱乐场馆和地热温泉,吸引着地中海周边城邦众多的富商和贵族。

维苏威火山海拔1277米,据地质学家考证,它是一座典型的活火山,数千年来一直在不断喷发,庞贝城就建在远古时期维苏威火山爆发后变硬的熔岩上。公元1世纪,著名的地理学家斯特拉波根据维苏威火山的地形地貌特征断定它是一座死火山,当时的人们完全相信了这一论证。人们在火山两侧种上了庄稼、葡萄、柠檬林和橘子林等。但是,这座"死火山"正在酝酿着一场毁灭性的大灾难。

公元79年8月24日,维苏威火山爆发了。厚约5.6米的火山灰毫不留情地将庞贝从地球上抹掉。

16世纪时,人们偶然发现了庞贝的遗迹,并从18世纪中叶开始对庞贝古城进行有组织的考古发掘,庞贝城的神秘面纱逐步被揭开。出土后的庞贝城东西长1200米,南北宽700米,有城门7扇,大街4条,呈"井"字形纵横交错。主街宽7米,由石板铺就,沿街有排水沟。城内最宏伟的建筑都集中在西南部一座长方形的公共广场四周,广场周围设有神庙、公共市场、市政中心会堂等,这里是庞贝政治、经济和宗教的中心。广场的东南方是庞贝城官府的所在地,广场的东北方则是繁华的集贸市场。另外,城内还有公共浴池、体育馆和大小两座剧场,街市东边则有可容纳1万多名观众的圆形竞技场,比著名的罗马竞技场还要早建51年。庞贝被摧毁时,全城有2.5万人。

---

① 讲故事的翁老头.西方艺术介绍:俄罗斯肖像画大师布留洛夫[EB/OL].(2020-03-20)[2020-07-12].https://www.sohu.com/a/378147160_100028727.
② 360百科.庞贝古城:古罗马城市之一[EB/OL].(2014-06-07)[2022-03-18].https://upimg.baike.so.com/doc/3251698-3426208.html.

亚·安·伊万诺夫

人物生平

亚·安·伊万诺夫

亚·安·伊万诺夫（Александр Андреевич Иванов，1806—1858）是继布留洛夫之后的俄国伟大画家。1806年，他出生于圣彼得堡，父亲是著名的历史题材画画家、教授安德烈·伊万诺维奇·伊万诺夫。最初，他同父亲学画，1817—1828年到圣彼得堡美术学院学习，师从历史题材画画家叶果罗夫。毕业时因学习成绩优异，伊万诺夫获得了两枚金质奖章。1830年，伊万诺夫开始旅居西欧，经德累斯顿、维也纳，1831年到罗马，一直到去世前的一个半月才回到俄国。

伊万诺夫的世界观深受德国哲学，尤其是谢林哲学的影响，他认为艺术家在这个世界上背负的是预言家的使命。后来，他又受了宗教史家施特劳斯哲学的影响。他对宗教史兴趣极大，曾认真研读《圣经》。评论家认为，他是一个以"伦理浪漫主义"为原则作画的画家，在他的浪漫主义中，主调是由审美因素向伦理因素的过渡。伊万诺夫坚定不移地相信寻求自由和真理的人终将达至道德的完善。正是这种信念使他用20年的时间创作了闻名世界的杰作《基督向人民走来》。

伊万诺夫虽受古典画派影响很深，但他技法全面，善于创新，在许多方面都有突破。评论界称他为革新家，认为他是俄国绘画史上的一个重要里程碑。他的创作对俄罗斯民族画派的发展和19世纪中期以后的俄罗斯绘画产生了积极的影响。

代表作品

伊万诺夫主要创作大型历史题材画和宗教题材画，其代表作有早期作品《奏乐歌唱的阿波罗、雅辛托斯与库帕里索斯》、中期作品《基督向人民走来》和晚期作品《圣经画稿》等。

作品赏析

《基督向人民走来》

《基督向人民走来》是伊万诺夫一生中最重要的作品之一。可以说,塑造基督的形象是他毕生创作的重要课题。画家为创作这幅画做了长时间的准备,专门研究了乔托、威尼斯画派(主要有提香、委罗内塞、丁托列托和乔尔乔内等)的绘画,绘制了许多草图。画的题材是《圣经》中的一段故事:洗礼者约翰向群众指出,基督走过来了。基督是大家盼望已久的救世主,约翰的话使人们欣喜,大家都转过身去看基督。画的中、前景是约旦河河岸,处在前景中间的是洗礼者约翰,他是人群中最主要的人物,其他人都是犹太人。人群按古典构图技法布局,画中人物如浮雕一样分成几组。基督从远景深处走来,人物形象最小,却是整个画面的中心。这种画法是个创举,并且基督从后景向前景的移动又赋予画面一种动感,使空间显得更深远。值得注意的是,这幅画中基督形象的刻画有很大突破,古典派在画基督时经常在他头上画一个光轮,伊万诺夫则突破了这一传统,使基督的形象同普通人的接近。画家强调了圣子道成,肉身降临人间,兼具神性和人性的特点。画中的基督与其说是神,还不如说是有血有肉的人,是人们心目中能救苦救难的英雄。从这个意义上说,这幅画堪称典范。

《基督向人民走来》

画家既继承了古典画派在题材、构图等方面的传统,又吸收了现实主义的最新成就——表现人,尤其注重刻画人物的性格和心理。除基督外,画犹太人的形象都刻画得很逼真,这群人神态各异,人物形象丰富多彩。

《基督向人民走来》堪称伊万诺夫最具代表性的巨作。画家经过不倦的艺术探索,逐渐由对《圣经》故事的具体描绘发展为对纪念碑式史诗场面的创造。这幅画的深层思想意义在于表现了俄罗斯人一贯持有的弥赛亚学说,即期望救世主到来。因而,每个俄罗斯人看到这幅画都感到十分亲切。

文化驿站

巡回展览画派

巡回展览画派不是一个人,而是一个集体,14个人。他们挣脱了传统的禁锢,放弃了获取荣誉的机会,为追求现实主义和创作自由而斗争。巡回展览画派是随着俄国社会历史环境的发展变化而出现的。

19世纪,俄国社会发生了推动社会民主进程的几件重大历史事件:1812年卫国战争胜利和十二月党人起义、1861年农奴制改革。具有进步思想的贵族青年军官发动的十二月党人起义促进了俄国民主意识的觉醒。到19世纪中期,反对农奴制的运动日渐高涨,形成了一触即发的革命形势。在这种情况下,沙皇专制政府不得不作出取消农奴制的决定,这为俄国的资本主义发展提供了条件。然而,这种自上而下的官方改革并未改善俄国民众的处境。进一步觉醒的俄罗斯人开展了革命解放运动,具有民主主义意识的平民知识分子成为社会民主运动的新力量,其中的领袖人物之一便是车尔尼雪夫斯基。民族和社会的解放运动唤醒了艺术家的良知,促使他们冲破学院派的种种清规戒律,大胆地用艺术反映现实生活,抨击沙皇的暴政。这种富有解放意识和民主精神的文化力量对社会民主运动反过来又起了巨大的推动作用。在绘画领域,最有代表性的进步画家团体就是巡回展览画派。

1859年,圣彼得堡的美术学院进行改革,招收了许多非贵族知识分子家庭出身的学生。他们把民主主义的艺术趣味带到了学校里。美术学院以新设立的风俗画家部作为试验点,允许学生画人民生活的场面。这样一来,外省来的学生开学时就带回了描绘家乡农民和乡村风景的写生画。教师们对此很不以为然,他们说这样下去难免会发生大金质奖章不发给画裸体画的学生而发给画穿上皮袄的人体的学生的事,人们将不再画希腊、罗马的端庄的柱子,而去画东倒西歪的草房、篱笆和棚子。事情果真这样发生了。1860—1863年,美术学院的墙上真出现了描绘现实生活的获奖画作,诸如A.

沃尔科夫（А. Волков）的《中止了的订婚礼》、В. 雅科比（В. Якоби）的《囚犯的休息》、Н. 彼得罗夫（Н. Петров）的《官吏向裁缝的女儿求婚》等。每幅画都有鲜明的个性，充满了真挚的感情。这些作品一经出现，立刻引起了美术学院广大师生的注意。

在这些画中，雅科比的《囚犯的休息》，于1861年获金质奖章，内容格外大胆和出人意料。作者表现的是苦役犯的世界，画面上的大多数人不是恶棍，而是受压迫的苦命人。画家极其真实地刻画了形形色色的人物：听天由命的老农民、死于途中的不幸者、无所畏惧的好汉、窃贼、跟亲人赴流放地的带小孩的妇女，等等。可以说，平凡与真正的悲剧交织在画面上，正如生活本身。

这一时期还有其他一些青年画家，如 Н. 盖耶（Н. Ге）和普基列夫（В. Пукирев），他们也创作出引人注目的画作，如盖耶的《最后的晚餐》。这些画作于1863年9月13日在美术学院举行了一次画展。10月初，美术学院的14名毕业生向学院学术委员会提出请求，希望学院允许他们参加金奖竞赛时能自由选题。他们的请求被拒绝了。这些青年人并未就此罢休，他们走访各位教授，试图得到他们的支持。然后，他们又向学院再次提出同样的要求。1863年11月9日，竞赛正式举行，题目是符合美术学院传统教学内容的宗教题材，完全背离了学生们追求现实主义和创作自由的渴望。就这样，14位天才的青年艺术家（13位画家和1位雕塑家）拒绝参赛，离开了美术学院。他们不但失去了获取金质奖章及随之而来的其他待遇的机会，而且立刻失去了免费使用画室及利用美术学院提供的其他创作条件的可能性。美术学院还把他们置于秘密警察的监视之下，把他们视为"形迹可疑的人"。

美术学院青年学生为艺术创作自由而进行的斗争，对俄罗斯艺术的大众化有十分重要的意义，得到了革命民主派评论家的充分肯定。思想激进的批评家们号召艺术青年大胆地探索艺术创作题材，从现实生活中寻找创作素材。

1863年，车尔尼雪夫斯基的《怎么办》一书出版，书中倡导的劳动组合在平民知识分子中流行起来。年轻的画家们也接受了这种组织形式。在克拉姆斯科依和他的妻子的帮助下，他们在圣彼得堡创办了画家合作工场。这个组织实际上是在克拉姆斯科依的领导下进行创作的，他既是组织者，也是思想领袖。他坚持革命民主主义的创作原则，主张艺术创作的独立、自由和批判现实的方向。青年画家们通过合作工场尝试建立起具有进步艺术思想的创作中心。19世纪70年代，在民粹派"到民间去"（хождение в народ）的口号影响下，这些画家决定把绘画从贵族沙龙里解放出来，使艺术成为人民群众的共同精神财富。于是，他们决心组织绘画作品的巡回展览。1869—1870年，克拉姆斯科依把画家们组织起来，成立了"美术巡回展览协会"。他们草拟了会章，于1870年正式创建了这个组织。组织的成员有的来自苏兹达利，有的来自伏尔加河沿岸，还有的来自乌拉尔、西伯利亚及沃罗涅日省等，他们的创作思想和艺术追求体现了俄罗斯当时的进步青年的时代理想。巡回展览画派的诞生标志着俄罗斯民族绘画进入了发展的鼎盛时期。

从1870年开始，到1923年终止，巡回展览画派持续了53年，成为19世纪下半叶俄国绘画艺术的光辉篇章。

在巡回展览画派的14个成员中，除克拉姆斯科依外，有5位画家才能出众：Ф.茹拉夫廖夫（Ф. Журавлёв，1836—1901），代表作《婚礼前》；科尔祖欣（А. Корзухин，1835—1894），代表作《忏悔之前》；К.列莫赫（К. Лемох，1841—1910），代表作《新相识》；А.莫罗佐夫（А. Морозов，1835—1904），代表作《夏日》；К.马科夫斯基（К. Маковский，1839—1915），代表作《避雷雨的孩子》。

与此同时，巡回展览画派还吸收了许多莫斯科和圣彼得堡的大画家，如彼罗夫、米亚索耶陀夫、希什金、普里亚尼什尼科夫、萨普拉索夫、列宾、马克西莫夫、马科夫斯基、萨维茨基、亚罗申科等。可以说，19世纪下半叶的所有大画家几乎都参加了这个组织，有些评论家、美学家也曾加入其中，如斯塔索夫等。

1871年11月29日，巡回展览画派举办了首次画展，展出了16位画家的47幅画作，其中影响最大的有盖耶的《彼得大帝审问他的儿子》、萨甫拉索夫的《白嘴鸦飞来了》等。该画派的第一次画展引起了俄国社会的极大关注，因为它是一种全新的、可喜的现象。观众看到了第一个俄罗斯画家自由创作团体的作品展览，自然地把这些青年画家看作民主主义画家，报刊上也发表了赞颂他们作品的报道和评论，充分肯定了巡回展览画派作品中的启蒙精神和民主主义思想，肯定了画家深入生活、与解放运动紧密联系的创作活动。

1871年起，巡回展览画派每年在圣彼得堡和莫斯科举办一次画展，之后再到各大城市去展出，53年间共举办了48次展览。19世纪70年代至80年代是巡回展览画派最活跃的时期，也是创作的繁荣时期。列宾、苏里科夫、瓦斯涅佐夫、萨维茨基、谢罗夫、列维坦、卡萨特金等艺术家都创作出许多优秀的作品，这一时期成为俄国绘画的极盛时期。

巡回展览画派活动的后期，由于社会上的保守势力对他们施加巨大压力，美术学院也加大了对他们的压制，有些人开始动摇，创作的批判力量减弱了。但多数人依旧坚守着阵地，捍卫了俄国现实主义的创作方向和传统。

伊·叶·列宾

人物生平

伊·叶·列宾（Илья Ефимович Репин，1844—1930）是俄国美术界最高成就的体现。就技法的全面和高超而论，在俄国美术史上，无人能超过列宾。列宾使俄国绘画在各方面都达到了现实主义绘画艺术的顶峰，他的成就是19世纪俄国绘画艺术发展到极盛时期的标志。

列宾1844年出生在乌克兰丘古耶夫省的楚古耶夫镇。父亲是一名屯垦军官，退役后以贩马为生。少年时代，列宾当过学徒，学画圣像，此时就已显示出绘画天赋。1864—1871年，列宾就读于圣彼得堡美术学院。他的导师是克拉姆斯科依。在绘画的民族性和民主主义思想方面，他

伊·叶·列宾

受到导师的极大影响。1873—1876年，列宾受美术学院资助到法国工作，在此期间访问了德国和意大利。1876年，列宾获得了美术学院院士的称号。他既是巡回展览画派的成员，又是С.Н.马蒙托夫的阿勃拉姆采沃画家小组的成员。1894—1907年，列宾在圣彼得堡美术学院附属高等美术学校任教。

在绘画上，列宾的一生是卓越的。他的画笔触及绘画艺术的所有方面，凡有涉足的地方，都留下了不朽的杰作，取得了辉煌的成就。他的绘画格调热情奔放、气魄宏大，笔触刚劲有力、挥洒自如，列宾成为19世纪俄国绘画艺术顶峰的代表人物。

代表作品

《睚鲁女儿的复活》《伏尔加河上的纤夫》《库尔斯克省的礼拜行列》《1698年索菲娅公主在新圣女修道院》《伊凡雷帝与他的儿子伊凡》《查波罗什人给土耳其苏丹王回信》《被押的人》《逮捕宣传者》《拒绝忏悔》《意外归来》《穆索尔斯基肖像》《列夫·托尔斯泰肖像》，以及《庄严的国务委员会会议》等。

作品赏析

《睚鲁女儿的复活》

列宾最早获得成功的画作是他从美术学院毕业前创作的命题画《睚鲁女儿的复活》。这幅画获得了大金质奖章。睚鲁是犹太教会管会堂的长老,他的独生女儿死去了,而基督使她复活。创作这幅画时,画家冲破了学校里的一些清规戒律,参照现实生活中的真实事件,回忆起自己姐姐死去时家里的情景,当时,房间里和周围的一切都黯然失色了。他决定用画笔把这一切表现出来。经过一段时间的努力,列宾发现,他完全有能力利用现实生活中的感受来表达福音书的情节。诚然,这幅画中也有一些虚构的、并非画家独创的成分。房间的陈设及次要人物(死者的父母、基督的同行者)的形象没有一点历史真实性,也全无个性。克拉姆斯科依说,这些人物像是对别的画家的各种历史题材画的模仿。然而,由三支烛光照耀着的左面的一组主要人物,即死在装饰着鲜花的床上的姑娘和站在她旁边的庄严而平易近人的披着蓝斗篷的基督,都画得十分出色。这里有死的寂静和真正的悲痛。死者被夸张了的蜡黄的面孔,僵硬不动的四肢,为了使死者复活而触摸着死者的基督的干瘦有力的手,罩布上细腻的从暖黄到冷紫阴影色调的变化……这一切都是这幅毕业创作中真实、新颖和不平凡的地方。

《睚鲁女儿的复活》

1871年,这幅画在美术学院学生成绩展览会上展出,当时正逢巡回展览画派的第一次展览,而且两间展厅紧挨着。评论家斯塔索夫发表了一篇热情洋溢的评论文章,其中提到了这幅画,说应该去看看学生们的展览,那里出现了列宾的一幅绝妙的毕业创作《睚鲁女儿的复活》。通过这幅画,列宾不仅获得了公众和评论界的好评,也得到了美术学院权威的认可。

《伏尔加河上的纤夫》

1870—1873年,列宾完成了他早在美术学院就开始构思的一幅画《伏尔加河上的纤夫》。最初的构思是,有一次,列宾和萨维茨基沿涅瓦河往上游步行,画家看到郊外有许多豪华别墅,还有许多衣着华丽的小姐,一切都那么美好和生机勃发。忽然,列宾看到了另一幅景象:一队纤夫正拉着拖船沿涅瓦河逆流而上。这个场面使他深受震动。一边是悠闲散步的老爷和小姐,另一边则是被太阳晒焦皮肤、衣衫破烂的纤夫,他们如牛马般在做苦役。于是,他画下了第一批速写。但这还不够,他必须到伏尔加河上去进行长时间、大量的写生,进一步熟悉纤夫的生活。于是,由列宾的朋友瓦西利耶夫出钱,一个小小的艺术家集体(包括列宾、瓦西利耶夫和玛卡罗夫)出发前往伏尔加河沿岸开始了为期两个月的写生。在写生过程中,列宾从近处观察纤夫,发现他们之中有各种各样饱经风霜的人,他们健壮而善良,心中充满愤怒但很有耐性,是受尽折磨而不驯服的人。列宾对这些人产生了深切的同情,他决定用画笔来反映他们的情绪和愿望。后来,他又同瓦西利耶夫一起到伏尔加河去收集素材,画了上百张草图和人物形象底稿,于1873年完成终稿。这幅画一问世便以强烈的艺术效果轰动了当时的俄罗斯美术界,使列宾一举成名。

《伏尔加河上的纤夫》

《伏尔加河上的纤夫》是一幅风俗画、情节画,又像是一部庄严的叙事史诗。画面上是宽阔的伏尔加河,夏日灼热的阳光给人一种昏昏欲睡的感觉。远处是轮船,中景是一艘破旧的驳船,一群衣衫褴褛的纤夫穿着破旧的草鞋,艰难地行走在沙地上。这些人看上去经历各不相同,性格各异,是一群默然顺从天命、过着乞丐般生活的苦命人。画家通过对11个纤夫形象的刻画，反映了改革以后破产农民的生活状况和心理状态。

这幅画在构图和技法上既保留了古典学院派的一些特点，如把画中的人物分为三组构图，但也有创新，画家把这三组人紧凑地排列在一起，他们沿对角线的方向从观众面前一个一个地走过，构图上浑然一体，而且这一队人很像一个雕塑群，立体感颇强。三组纤夫之中，第一组人物形象最具感人的力量：四个身强力壮的汉子几乎从正面被展现出来，而且他们身体最强有力的部分——肩和胸——几乎没有透视缩小，突出了这个群体的劳动者的本色和力量。第二组纤夫也是四个人，但他们显得比第一组的人略微轻松一些，而且第四个人几乎被遮住了。最后一组的三个人分布得比较散。人物的这种排列使观者能够感受到纤夫的劳动是多么沉重费力，拉动沉甸甸的拖船是多么艰难。这些从现实生活中提取的情景和人物产生出十分强烈的震撼力。灿烂阳光照耀下的伏尔加河沿岸的风景与一群穷苦的纤夫形成对比，更突出了画家所表现的场面的重大意义。

《伏尔加河上的纤夫》这幅画开创了俄国绘画史上情节画的叙事传统，它成为巡回展览画派创作的主导倾向。没有这幅画，便不会有马克西莫夫的《巫师参加农村婚礼》和19世纪70年代末80年代初的那些画作。作家陀思妥耶夫斯基看了这幅画特别激动，说他"永远忘不了这群可爱的人"；著名的艺术评论家斯塔索夫这样评价这幅画："列宾是跟果戈理一样的现实主义者，而且也跟他一样，具有深刻的民族性。他以勇敢，无可比拟的勇敢一头扎进反映人民的生活、人民的利益、人民的痛苦的现实主义的最深处。就画的布局和表现而论，列宾是出色的、强有力的艺术家和思想家。"[①]

《库尔斯克省的礼拜行列》

列宾的另一幅宏大画作是《库尔斯克省的礼拜行列》。群众宗教游行的情节在巡回展览画派及其先驱之中非常流行，如彼罗夫的《复活节农村的礼拜行列》、米亚索耶陀夫的《田野上的求雨祈祷》以及萨维茨基的《迎接圣像》等都是这一类画作。巡回展览画派的画家喜欢画宗教游行，并不是因为他们对宗教本身感兴趣，而是因为这种题材能把绘画中的人物带到广阔的天地中来，在窄小的生活范围之外的社会联系中展示他们。不过，在彼罗夫的画中只有几个人物，在萨维茨基和米亚索陀夫的画中已经出现了一群人，而只有在列宾的《库尔斯克省的礼拜行列》中才展现出空前的人群洪流。画家在库尔斯克省看到礼拜行列，是因为南俄经常天旱，人们以此来求雨。经过反复

---

① CCTV.COM 环球频道.世界文化广场：圣彼得堡爱尔米塔什博物馆[EB/OL].(2003-07-29)[2020-01-10]. http://www.cctv.com/world/outlook/2003-07-29/5247_2.shtml.

构思,画家非常成功地完成了这幅举世闻名的画作。

《库尔斯克省的礼拜行列》

从表现现实的广度而言,《库尔斯克省的礼拜行列》是一部宏伟的造型性叙事诗。看到这幅画时,观者很容易联想到果戈理、列夫·托尔斯泰等文学巨匠的作品。在列宾之前,没有一位巡回展览画派画家能在一幅画中如此充分地继承和借鉴前人所取得的艺术成就。看得出来,列宾在创作中尤其受到了费陀托夫和伊万诺夫的影响,他还汲取了同派画家描绘多人物的构图经验。列宾对欧洲大师之作的研究,也在这幅画的创作中起了很大的作用。

在《库尔斯克省的礼拜行列》中,画家展现了19世纪80年代俄国社会各个阶层人物的代表,从地主、商人到贫穷的农民。宗教游行行列的构图原则使画家能够把俄国社会的宏大图景一览无余地描绘出来。位于画作中心的是一位手捧圣像的贵妇,她像一个亮点,在比较暗的背景上凸显出来。她的前景上没有人,画家以她为中心画出了上层社会的显贵:官吏、商贾、宪兵、僧侣等。贵妇意识到自己是这群人中的核心人物,十分自豪。她肥胖的下巴紧靠着圣像的上沿,陪在她身边的是一位富商,他显然是农奴制改革以后出现的新贵。这一伙人中还有一个宗教界人士——教会的助祭,他是此地与上层社会名流有密切联系的神职人员的代表。守护在贵妇身边的是村长,他手中挥舞着一根木棍,而他的旁边是一队骑在马上的护卫,他们时刻警惕着,怕民众做出什么有损显贵们的事来。

画家对贫苦农民形象的刻画完全怀有另一种感情,充满了温暖和同情。这些劳苦大众虽然比上流社会虚伪的人们更虔诚,但他们只能在礼拜行列的边上走。看得出,他们来自很远的地方,已经走了很远的路,风尘仆仆,脸被晒得通红。画左侧的几位女信徒十分疲惫,脸上流露出虔诚的神情。在这群人中,有一个人特别值得注意——左前方的驼背年轻人。他是个跛子,拄着拐杖。可以想象,他走路有多艰难。但他深信上帝面前人人平等,所以,他不顾一切地朝圣像的方向走去。然而,他被村警拦住了。这个人物的面部表情很复杂,混合了善良、虔诚,还有愤怒。这一切揭示出他真诚的信仰和心灵受到了极大的伤害。列宾的这个形象画得十分出色,被公认为俄国美术史上最有灵感和深度的普通人形象之一。这幅画告诉人们,在俄国改革之后的社会里,劳苦大众依然没有任何社会地位,宗教也是虚伪的,只为上层人士服务。

《库尔斯克省的礼拜行列》的构图技法高超,庞大的人流从画的后景往前涌,使画家有可能在动态的图景中一一展示不同身份和社会地位的人。画的景色也很有新意,山坡上到处是伐木后剩下的树墩,暗示出俄国在资本主义发展进程中发生的社会变化。与此相关,整幅画的空气感非常好。阳光照在圣像上发出反光,人群走过处有尘土飞扬的感觉。画作的色彩处理也无可挑剔,是一幅出色的外光画。《库尔斯克省的礼拜行列》无论就人物形象塑造的逼真程度、构图的宏伟程度,还是色彩的运用来说,都远超《伏尔加河上的纤夫》,被誉为"列宾生活的时代俄国生活的整部百科全书"。

《查波罗什人给土耳其苏丹王回信》

在列宾的历史题材画中,最受欢迎的是《查波罗什人给土耳其苏丹王回信》。这幅画完全是用特殊的方法画成的,是对善良、无畏而欢乐的强大的哥萨克人民的一曲颂歌。画作富有情节性和戏剧性。画家想在作品中再现果戈理小说中所描写的放荡不羁、自由自在而又乐观的哥萨克性格。画面上展现的是一众勇敢而善良、坚决捍卫自己祖国的"骑士"。他们在十分幽默地编写回答土耳其苏丹王要求他们加入土耳其国籍的信。从他们不同的笑的姿态,可以想象他们写的是什么。留着小胡子的头目赛尔柯在有节制地微笑,小老头在嘿嘿窃笑,戴白色高皮帽的人仿佛发出雷鸣般的笑声,往后仰靠在桶上的剃光头的哥萨克在哈哈大笑,长着黑胡子的人在心满意足地笑,忘情

《查波罗什人给土耳其苏丹王回信》

地用拳头敲击着旁边人的背。这一切都表现出查波罗什人酷爱自由的骑士精神。画家成功地表现了他们的友谊与团结、独立精神,以及开朗的、不可思议的儿童般的天真性格。为了作这幅画,列宾曾专程到哥萨克居住的地区去体验生活、搜集素材。画家整整用了14年才画到了这种完美的程度。这幅画突出地显示出列宾这位艺术大师的卓越才能。

《伊凡雷帝与他的儿子伊凡》

列宾还有一幅历史题材名作《伊凡雷帝与他的儿子伊凡》。伊凡四世是俄国第一任沙皇。他生性残暴,17岁时杀死握有实权的摄政王,自立为帝。他曾毫不留情地屠杀所有政敌,镇压叛乱、绞死主教,最终失手杀死自己的儿子。因为这个政权是建立在恐怖基础上的,所以后世称他为"伊凡雷帝"即"恐怖的伊凡"。但是从历史角度看,伊凡四世在统一国家和治理国家方面卓有功勋。列宾所处的时代是俄国历史上最恐怖和最黑暗的时代之一。19世纪80年代,俄国全境因沙皇亚历山大二世被刺而开始血腥屠杀,激起人民的愤怒和反抗,列宾打算表现这个时代的现实。他选择了这样一个情节:伊凡雷帝在一次与儿子争执时,将手中的笏杖猛掷过去,不幸击中儿子的头部,血流如注……这一偶然的暴躁冲动致使后者送命,伊凡立刻上前搂抱住垂死的儿子,睁大悔恨交加的双眼,他想求儿子饶恕但已无济于事,兽性和人性同时显示在伊凡身上。为了增强画面的恐怖感,画家有意采用了深重的红色调,并以阴暗的背景加强前景的恐怖气氛。红地毯映出这血腥的一幕。画家集中刻画伊凡的瘦脸上那两只惊恐万状的大眼睛,不可逆转的杀子之痛预示着他的统治濒临灭亡,也向世人展现残暴的沙皇注定失败。这幅画一问世就激怒了沙皇当局,刚展出就被撤去,并被严禁流行。此后,这幅画又多次遭受意外损毁。1913年2月16日,一个手持利刃的男子来到特列恰可夫画廊,在画上划了三刀,后来确认这个年轻人有精神疾病。这件事直接导致时任馆长自杀身亡。所幸列宾当时在世,他耗费12年修复了这一画作。随后,画廊为画作加装玻璃保护罩。2018年5月25日,一无业男子酒后在画廊快闭馆时冲入展厅,用一根金属防护杆猛戳,致保护罩破裂,画作再一次被严重损毁。

《意外归来》[①]

在列宾众多表现知识分子和革命者的画作中,最富有人情味又颇具魅力的作品当数《意外归来》。它体现了列宾构思的完善和多方面的技巧。画作的基本情节是:被流放的革命者突然出现在家中(可能是被放回来的,也可能是逃回来的)。他走进家门,而

---

① 刘文斌.伊里亚·叶菲莫维奇·列宾的现实主义绘画[J].新疆石油教育学院学报,1999(1):77-82.

家人都毫无思想准备。仆人十分吃惊,用好奇的、有点同情的目光望着他,由于激动而发抖的老母亲站起身来迎接儿子,中学生由于认出了进来的人是谁而十分欣喜,小姑娘则因见到"陌生人"走进家门而张皇失措,坐在钢琴旁的妻子露出了万分惊讶的神色。

《意外归来》

这幅画具有戏剧性的紧张气氛,情节安排得当,颇像一个激动人心的故事。在这幅画中,列宾利用油画技法刻画心理的功力更强了。母亲的轮廓非常有表现力,她年老体衰,背也驼了,但见到儿子归来十分激动。归来者的神情显示出极其复杂的心理活动。他的面容疲惫不堪,走进家门这一刻仿佛失去了信心,不知道家人会怎样对待他,他的神态、衣着又提示我们他来自另一个悲惨的世界,在那里,他饱受折磨。正因如此,他那神经质的、刚毅的脸上留下了深藏痛苦的印迹。

穿着农民厚呢大衣的归来者,恰好被摆在两个光源(一个是通向花园的门,另一个是隔壁房间)的交叉点上,在两个光源的对比之下,人显得更加憔悴。在色彩的运用方面,画家既善于运用对比,又很注意色调的统一,将各种颜色的层次处理得很仔细。画家尤其注意由光和复杂的反光引起的色彩变化,使每一个物体和人物的色彩都相得益彰。

总之,明快的、表现空气感的画法,具有真实生活效果的构图以及饱经风霜的人物形象,所有这一切使《意外归来》成为深受赞美的19世纪杰作,它将现代风俗画提高到了空前的水平。

文化驿站

列宾美术学院

圣彼得堡列宾美术学院是俄罗斯美术教育的最高学府,原俄罗斯皇家美术学院,全名是油画、雕塑与建筑艺术研究学院,培养出许多世界知名美术家。她与佛罗伦萨美术学院、巴黎美术学院、英国伦敦皇家美术学院齐名,是世界著名的美术学院之一。

学院始建于1757年,原名圣彼得堡艺术学院,叶卡捷琳娜大帝时更名帝国艺术学院,现存的学院主体建筑完工于1789年,位于大涅瓦河以北瓦西里岛南侧大学滨河路北,河边有著名的斯芬克斯像。1947年,学院更名列宾列宁格勒绘画雕塑建筑学院,1991年更名圣彼得堡绘画雕塑建筑学院。

列宾美术学院培养出一大批杰出的现实主义大师,包括列宾、苏里科夫、库因德日、希什金、波连诺夫、瓦斯涅佐夫、谢洛夫、列奥卡、伏鲁别里等。

2014年3月4日,列宾美术学院失火,古建筑系部分教室化为废墟,现已修复。

瓦·伊·苏里科夫

人物生平

瓦·伊·苏里科夫(Василий Иванович Суриков,1848—1916)是俄国美术史上与列宾地位相当的艺术大师,他们堪称俄国美术史上的两位巨人。就绘画技法和创作题材而论,苏里科夫没有列宾那么全面,但他的画分量很重,民族特色突出。

苏里科夫1848年出生在克拉斯诺亚尔斯克的哥萨克家庭,家境贫寒。他乘坐给省长送鱼的车抵达莫斯科,用他自己的话说,他是"坐在鲟鱼身上来到莫斯科的"。他于1869—1875年在圣彼得堡美术学院学习,师从著名画家契斯佳科夫(П.Чистяков)。苏里科夫一边做工,一边学画,但成绩优秀,在学习期间就得过大奖。从1877年起,他定居莫斯科。

瓦·伊·苏里科夫

苏里科夫从少年时代起就熟悉西伯利亚哥萨克所保留下来的古老习俗,热爱他们豪放、强悍和酷爱自由的性格,而且,他经受过西伯利亚严酷自然条件的锻炼。从美术学院毕业以后,为收集创作素材和体验生活,他先后到西伯利亚、顿河和伏尔加河流域、克里米亚地区游历。而后,他又于1883—1884年访问了德国、法国、意大利和奥地利,1897年访问了瑞士,1910年访问了西班牙。1895年,苏里科夫获得美术学院院士称号。他是巡回展览画派的成员,一生主要从事历史题材画的创作,也画过一些肖像画和风景画。1916年,苏里科夫病逝于莫斯科。

代表作品

《近卫军临刑的早晨》《缅希科夫在别廖佐夫》《罗马狂欢场景》《女贵族莫罗佐娃》《攻取雪域》《叶尔马克征服西伯利亚》《苏沃洛夫穿越阿尔卑斯山》《斯捷潘·拉辛》等。

作品赏析

《近卫军临刑的早晨》

在苏里科夫的所有作品中,成就最高、在世界上影响最大的是历史题材画《近卫军临刑的早晨》。

《近卫军临刑的早晨》

画作所表现的历史事件发生在彼得一世执政时期。当时的一些贵族因索菲亚公主被囚禁在修道院而十分愤怒,他们利用人民对新税制负担过重的不满情绪,趁彼得一世不在俄国之机,于1698年10月煽动近卫军暴乱。沙皇回国后,残酷镇压了暴乱者。1698—1699年,近卫军中有1182人被处死,601人被流放,对他们的侦讯和处决一直持续到1707年。处决近卫军时,沙皇军队在普列奥布拉仁斯克村摆下了绞刑架,却是在红场砍下了近卫军的头颅。苏里科夫为了集中表现这一历史事件的悲剧性,在构思时把绞刑架移到了红场。这幅画的思想价值,不仅在于它忠实地再现了近卫军受到残酷镇压的真实情景及人民对他们的同情,还在于画作所表现的深刻矛盾:占据画面大部分空间的老百姓和近卫军,和与其相对的画面右方的彼得一世、官员和革新派。这是两个完全不同的世界,每一边都有一个与他们相适应的背景:人民的后面是宏伟的瓦西里升天大教堂,彼得一世等人的后面是庄严的克里姆林宫的城墙。不过在画家的眼中,彼得一世并非凶手,他的士兵才是凶手。彼得一世像一张拉得紧紧的弓,他的脸上同时表现出残酷与痛苦。他残杀近卫军不仅是因为他们不驯服,更是为了根除企图阻止改革的敌人。在这一恐怖的事件中没有罪人,在人民与政府相敌对的社会中这种悲剧是无法避免的。画家对历史事件的认识,使他能够在创作中表现人物之间的复杂关系和深刻矛盾。近卫军是反对彼得一世实行新政的保守势力,而彼得一世实行新政应该受到肯定。画家并不同情受镇压的近卫军,但他为近卫军忠实于自己的信念,肯为信念献身的无畏所感动。正因如此,他才创作了这幅画。这幅画的构思与巡回展览画派的一些优秀画家喜欢表现社会尖锐冲突的艺术构思颇为一致。

《近卫军临刑的早晨》的感情色彩很浓。即将被绞死的近卫军怀着深情和亲人诀别,面对死刑表现得十分坚强。中间站立的近卫军是画的中心人物,也是近卫军的代表。他正在向人们行礼告别。他背对着彼得,没有后悔和妥协的表现。这些将被处死的人中没有人忏悔,也没有人动摇,每个人都像屹立在人潮中的纪念碑。画家在这里所刻画的是群像,塑造的是民族性格,表现的是反抗的力量。特别值得注意的是前景上几位女性的形象,她们表现出了俄罗斯女人的情怀。两位老妇人坐在了地上,被痛苦压得喘不过气来;还有一位穿深色衣服的年轻女人紧紧靠在就要被绞死的丈夫身上,悲痛欲绝;另一位妇人向被带走的丈夫伸出了手,无助又绝望;老妇人身后的小女孩那悲伤而惊惧的神情也令人心痛。显然,画家是把这些女人的命运同近卫军紧密联系在一起的。这幅画上的人民大众的形象无疑要比彼得一世的更重要。彼得一世不在画的前景,也不在中心,而在中景的一边。他只是作为权力的象征出现。画的背景尤其值得一提,是红场上瓦西里升天大教堂古建筑群,瓦西里升天大教堂是俄国历史的见证,是人民智慧和信仰及古老文化传统的象征。而画家在画这个古建筑群时却把上端抹去了,这在历史题材画中很少见。画家显然是要突出这里发生的悲剧性事件的伟大,强调人民大众聚集起来的宏大场面。

苏里科夫的这幅画成功地塑造出宏大的群众场面,给人以成千上万人聚集在画中的印象。而实际上画上只有六十余人。为了达到这种效果,画家必须在画面上为每个人物找好位置,这正是苏里科夫擅长的。在列宾的《伏尔加河上的纤夫》和萨维茨基的

《出征时的告别》之后，《近卫军临刑的早晨》可以说是俄国群众场面构图最有成就的一幅画。广场中充满了人，他们往宽处、深处，甚至向上方扩散。画家在画面中自然地组织人群，克服了把人群分成几组的传统画法，加强了正在展开的事件的戏剧性。

这幅画除了显示出画家在表现事件的情节和人物间的关系、人物性格和心理方面的才能外，还显示出他在画面色彩结构及局部的个别色块处理方面的特殊本领。他尽可能地画出大教堂的圆球结顶、老妇人头上有花纹的头巾、近卫军年轻妻子的金色织物、近卫军白色衬衣前蜡烛火焰在晨曦中的颤动等这些细节。画家在人们的服饰、马车木轭的装饰花纹上表现出俄罗斯人的艺术趣味。这一切不仅为单纯的灰色调增添了丰富的色彩，还加强了画的思想意义，突出了人物的不安心理和画面的悲壮格调。

这幅画从总体上说，具有苏里科夫所有历史题材画的特点——无理想化、严格的真实、深刻的冲突，这幅鸿篇巨制也因而具有了巨大的艺术力量。

《女贵族莫罗佐娃》

《女贵族莫罗佐娃》

苏里科夫还有一幅辉煌的历史题材画作，那就是《女贵族莫罗佐娃》。它所反映的是为信仰执着不屈的人同沙皇专制主义的斗争，取材自俄国分裂教派的历史。分裂教派是俄国旧礼仪派信徒的正式名称。他们不承认1653—1656年尼康进行的教会改革，掀起了从俄罗斯正教中分立出来的运动。他们受到了广大农民和商人阶层的支持。实际上，这是人民群众对沙皇封建统治的抗议。主人公莫罗佐娃实有其人，她是位皇族。莫罗佐娃是一个笃信东正教的教徒，从少女时代起就恪守教规，向往着灵魂得到救赎。因此，她视《治家格言》如同《圣经》，一丝不苟地遵守着它所有的规定。《治家格言》虽不是法律，但它写着传统的习俗，而习俗比法律更容易令人遵奉。莫罗佐娃的信仰如孩童般天真，以为按照《治家格言》行事就是按神的意旨尽自己的义务。在《治家格言》和东正教教义的影响下，莫罗佐娃成了一个为信仰献身的无畏的人。1662

年,莫罗佐娃的丈夫去世,她接管了庞大的家业。按当时的风俗,人们对寡妇的要求与对修女的相接近,莫罗佐娃犹如生活在修道院。她严格地遵守一切教规,信仰达到了狂热的地步。后来,莫罗佐娃把全部财产都分给了穷人。她宁死也不肯接受尼康的宗教礼仪改革,坚守着东正教传统的"虔诚"。她的态度激怒了沙皇,后者下令囚禁她们姐妹二人,企图用痛苦的折磨改变她们的立场。莫罗佐娃为自己认为正确的理想付出了非常人所能付出的牺牲,最后饿死在地牢中。苏里科夫在画作中所要呈现的是莫罗佐娃在遭受苦难时所表现出来的坚定和勇敢,以及她那令人生畏的宗教狂热。

画家为这幅画的情节与构图进行了长期的探索,从构思到最后完成用了6年时间。最初,画家想画沙皇审讯莫罗佐娃的场面,但最后改画莫罗佐娃坐在雪橇上经过城市时的情景,以便表现人民对殉难者的同情。载着莫罗佐娃的雪橇离开围观的人群进入莫斯科的街道,许多人跟随而来。参与事件的每一个人的位置和他们的面貌全都是经过仔细斟酌的,人物布局十分真实、自然。为了产生雪橇在驶动的感觉,画家画了大量草图,最后决定在画布右下角到左上角的对角线上安排人群。画家还严格设置了从画布边缘到雪橇滑木之间的距离,这个距离稍有改动,雪橇就会"停住"。

这幅画的精湛之处还表现在画中的大量人物都有模特作依据。为真实地展示出她的精神世界,画家作了精心的设计,画出她因强烈的热情与狂怒而燃烧的深深凹陷的眼睛,因发烧而泛红的双颊和苍白的面孔。画家还用高超的技巧绘制了背景和周围环境:被深雪覆盖的半乡村式的莫斯科街道,点缀着教堂的建筑群,格外干净的寒冷的空气……这一切都与莫罗佐娃的黑色衣饰形成鲜明对比,突出了她的悲剧意味。难怪画家在讲到形象创造的最初推动力时,回想的是一只被打伤翅膀落在雪地上的黑乌鸦。同《近卫军临刑的早晨》一样,这幅画又一次显示了苏里科夫的历史感和艺术哲思。

文化驿站

苏里科夫美术学院

苏里科夫美术学院是与列宾美术学院齐名的俄罗斯著名的美术学院,隶属于俄罗斯美术研究院,院址设在莫斯科,设有油画、雕塑、版画三个系。它继承了俄罗斯19世纪到20世纪初的美术传统。

学院前身是莫斯科绘画雕塑建筑学校。1843年,在一所美术班的基础上,绘画雕塑学校成立了,1865年又与建筑学校合并,改名莫斯科绘画雕塑建筑学校。此后数十年间,这所学校办学成绩卓著,培养出许多油画家。十月革命后,莫斯科绘画雕塑建筑学校一度改为国立自由美术家工作室(1918—1921),后又改为国立高等美术技术专科学校。1930年,建筑系从该校分出,另成立莫斯科建筑学院,该校改称莫斯科美术学院,并在1948年以苏里科夫命名。目前,学院设绘画、雕塑、艺术理论和历史系,是世界著名的俄罗斯美术教育学校,培养出众多美术大师和美术专业人才。①

《治家格言》

《治家格言》是16世纪时由俄罗斯贵族和商人编纂的为富裕阶层治家提供依据的参考书,其内容涉及道德准则、行为规范和礼仪常识,涵盖了俄罗斯宗教、社会及家庭事务的方方面面。比如,如何做祈祷,怎样才能使上帝满意,要尊重沙皇、王公和达官贵人,如何理发和刮脸,怎样管好妻子,怎样教育好子女等。在收录那个时代的日常生活特点方面,《治家格言》比其他图书所收录和描写的都多。《治家格言》倾向于加强人们对上帝、沙皇和教会的服从,与当时俄罗斯政治生活中的专制主义相适应,要求在家庭中确立家长的绝对权威。

《治家格言》的真正作者不详,最流行的说法是,它是由伊凡四世身边最有影响力的大祭司西尔维斯特编写的。

维·米·瓦斯涅佐夫

人物生平

维·米·瓦斯涅佐夫

维·米·瓦斯涅佐夫(Ви́ктор Миха́йлович Васнецо́в,1848—1926)是在俄国绘画史上占有特殊地位的一位巡回展览画派画家。他是一位专攻神话和历史题材的艺术家,早期作品多表现小市民生活,迁居莫斯科后开始以传说、民间故事为题材创作油画。他选择的创作题材与一般画家的不同,喜欢描绘俄国民间传说和史诗英雄人物。他的作品构图新颖、色彩绮丽,人物形象富有幻想性。他被认为是俄罗斯文艺复兴运动的关键人物之一。

瓦斯涅佐夫出生于维亚特卡,是一个乡村神甫的儿子,1876年毕业于皇家美术学院,在那里结

---

① 百度文库.俄罗斯苏里科夫美术学院的基本介绍[EB/OL].(2014-02-18)[2021-05-09].https://wenku.baidu.com/view/f86e4142846fb84ae45c3b3567ec102de2bddf20.html.

识了列宾和多位巡回展览画派艺术家。他还先后去法国和意大利学习考察。

他早期创作风俗画，于1878年移居莫斯科后开始接近阿勃拉姆采沃画派（阿勃拉姆采沃是离莫斯科70公里的一个庄园，归实业家马蒙托夫所有，建有一个艺术中心，其中的画家群体形成该画派）。瓦斯涅佐夫的才能是多方面的，除了从事风俗画创作，还画舞台布景装饰画、风景画和插图，收藏家特列恰柯夫画廊楼房的正面设计就出自他之手。他的创作充满对祖国的热爱和英雄主义诗情，创造了为人民大众喜闻乐见的艺术形式。

瓦斯涅佐夫是巡回展览画派的杰出代表，被称为"新俄罗斯"风格巨匠。他的创作尝试把新现实主义与民族精神、民间创作以及中世纪宗教艺术结合起来。1926年7月23日，瓦斯涅佐夫卒于莫斯科。[①]

代表作品

《十字路口的勇士》《三勇士》《伊凡雷帝》《阿廖努什卡》《骑着灰狼的伊凡王子》《地下王国的三公主》《雪姑娘》《睡姑娘的故事》等。

作品赏析

《十字路口的勇士》

《十字路口的勇士》渗透着"寻找罗斯"的哲学思想。一位来自东方的勇士骑着马走在广阔的田野上。勇士走到一个十字路口，十字路口的石碑上刻着这样的文字："向左走，你可以变得富有；向右走，你可以抱得美人归；向前方走，你只有死路一条……"勇士陷入了应该走向哪里的思索，健壮的战马也低下了头随勇士一同陷入沉思……[②]

创作《十字路口的勇士》时，瓦斯涅佐夫仿佛就是那个站在十字路口选择道路的勇士。他的朋友和支持者都十分喜欢他的日常生活题材的作品。但是，瓦斯涅佐夫并未满足于此，他开始探寻那些只存在于人们记忆中的久远的过去，开始研究壮士歌、赞歌、神话。朋友们一再告诫他，为什么要选择一条行不通的路？这条路这么艰难，你有把握吗？然而，瓦斯涅佐夫还是毅然决然地走上了这条充满未知的路。

1878年，画家在画展中展出了这幅作品，迎来了他艺术生涯的转折，借助这一作品成功地转向了现实主义艺术中并不常见的创作题材。

---

① 百度百科.瓦斯涅佐夫[EB/OL].[2021-09-09].https：//baike.baidu.com/item/%E7%93%A6%E6%96%AF%E6%B6%85%E4%BD%90%E5%A4%AB/8747547？fr=aladdin.
② 日牙.俄国名家名画鉴赏（22）瓦斯涅佐夫[EB/OL].（2019-03-19）[2019-10-15].http：//www.360doc.com/content/19/0319/20/46322539_822743352.shtml.

《十字路口的勇士》

1882年,瓦斯涅佐夫对《十字路口的勇士》进行了加工。勇士骑着白马走在泥泞的原野上,在预言石前陷入沉思,这一形象生动地再现了民间神话中的景象。与此同时,画家通过暮色中的天空与遥远而神秘的远方的结合,为作品增添了抒情基调。乌鸦、骷髅、骨头、古老的巨石渲染着紧张氛围。虽然画作中只有勇士的背影,但是人们还是能感受到他那无比强大的内心世界和坚定的选择。

1968年12月25日,苏联发行了一套十枚的"俄罗斯博物馆馆藏俄罗斯和苏联绘画"邮票。其中第三枚就选用了《十字路口的勇士》这幅画。

《骑着灰狼的伊凡王子》

《骑着灰狼的伊凡王子》

《骑着灰狼的伊凡王子》创作于1889年,取材于俄罗斯著名的英雄史诗《伊戈尔远征记》。伊戈尔的儿子弗拉基米尔被敌方俘虏,敌方汗王为了留住他,将女儿嫁给了他,但他后来还是设法带妻子逃回伊戈尔身边。这幅画描绘的就是伊凡王子带着妻子坐在狼背上,在黑暗危险的森林中狂奔的场景。人物衣着华丽,忧伤的公主依偎在伊凡怀里,月光柔和的光线落在画中两位主角身上,使整个画面多了宁静之感。

擅长描绘民间故事的瓦斯涅佐夫在这件富于幻想的作品中,抒发了自己鲜明的思想感情,表现出对不幸者的同情,对邪恶的仇视,以及对光明与正义的歌颂。①

文化驿站

《伊戈尔远征记》

《伊戈尔远征记》是俄罗斯古代英雄史诗,成书于1185—1187年,著者不详。全诗由序诗、主体部分和尾声组成,以12世纪罗斯王公伊戈尔一次失败的远征为内容。《伊戈尔远征记》是基辅时期的文学作品,也是俄罗斯古代文学中最伟大的作品。这部史诗以真实的历史事件为素材,刻画出伊戈尔等俄罗斯勇士的形象,表达了反对王公内讧,维护罗斯统一的爱国主义思想。马克思在读了这部史诗后曾说:"这部史诗的要点是号召俄罗斯王公们在一大帮真正的蒙古军的进犯面前团结起来。"②

史诗成书的时代,正是俄罗斯大地上公国林立,各公国相互攻击、残杀的时代。主人公伊戈尔为消除公国的外患——盘踞在黑海沿岸的波洛夫人,率远征军出征。伊戈尔身上兼有为民族抗御外敌的英雄气概和追求个人荣誉、轻率行动的性格特征。远征失败了,伊戈尔先是成了敌人的阶下囚,后来逃回了祖国。这部不足千行的史诗,除序诗和尾声外的主体有三个部分。第一部分写伊戈尔不顾日食的凶兆执意出征,初战告捷,再战则大败,伊戈尔被俘;第二部分写基辅大公斯维雅托斯拉夫的"金言",他批评了伊戈尔的一意孤行,号召王公们团结起来,共同抵御异族的侵略;第三部分写伊戈尔的妻子雅罗斯拉夫娜在城头为丈夫哭泣祈祷,她乞求风、第聂伯河和太阳将丈夫送回,最终,俄罗斯大地深受感动帮助伊戈尔逃回了基辅。③

史诗最后借基辅大公之口道出了这部作品的主题:团结起来,为祖国和民族、为伊戈尔的失败复仇。作品在叙述英雄业绩时充溢着爱国主义精神和浓郁的抒情气氛。在作者笔下,俄罗斯大地上的山川风物都具有灵性。作品大量使用了象征、比喻等修辞手法,显示出对于民歌的继承,对后代诗人产生了巨大影响。④

《伊戈尔远征记》与法国的《罗兰之歌》、西班牙的《熙德之歌》和德国的《尼伯龙根之歌》,并称为欧洲中世纪的"四大英雄史诗"。

---

① 日牙.俄国名家名画鉴赏(22)瓦斯涅佐夫[EB/OL].(2019-03-19)[2019-10-15].http://www.360doc.com/content/19/0319/20/46322539_822743352.shtml.
② 苏玲,刘文飞.俄罗斯:苏联文学简史(上)[M].海口:海南出版社,1993:5.
③ 林凡若云.伊戈尔远征为什么会失败?[EB/OL].(2020-06-09)[2021-06-07].https://zhidao.baidu.com/question/183099785936575004.html.
④ 伊戈尔出征记[EB/OL].[2021-09-12].https://read.douban.com/ebook/117582411/.

伊·伊·希什金

人物生平

伊·伊·希什金

伊·伊·希什金（Иван Иванович Шишкин，1832—1898）是专画森林的俄罗斯风景画家，被誉为"俄国风景画发展的里程碑"。

希什金于1832年出生在叶拉布加市的一个商人家庭里，青少年时代先后在莫斯科绘画雕塑建筑学院和圣彼得堡美术学院求学。得到金质奖章后，他于1862年出国深造，先后访问了柏林、德累斯顿、布拉格、慕尼黑和苏黎世。1865年，他回到圣彼得堡，获美术学院院士称号。1898年，希什金在圣彼得堡逝世。

希什金是"巡回展览画派"的创始人之一，他的风景画多以充满生命力的树林为描绘对象，洋溢着爱国主义精神和对大自然的无比热爱。

希什金采用的主要是古典派技法。他的画能够抓住俄罗斯自然景观中最本质、最美的东西，并将其真实地展现出来。他的风景画格调浑厚、庄严，饱含对大自然深沉的爱。他一生为万树传神写照，描绘俄罗斯北方大自然的宏伟壮丽，探索森林的奥秘，被人们誉为"森林的歌手"。他的作品在俄国19世纪后期的画坛上独树一帜，被艺术史家称为俄罗斯风景画派的奠基人之一。[①]

代表作品

《采伐层林》《莫斯科郊区的晌午》《密林深处》《松树林》《黑麦》《谷间平原》《阳光照耀下的松树林》《橡树林》《松树林的早晨》《橡树林中的雨》等。

[①] 俄罗斯菲尔油画艺术联盟.俄国巡回展览画派代表画家、现实主义风景画奠基人希施金作品欣赏[EB/OL].(2019-10-31)[2020-09-14].https://www.sohu.com/a/350680398_99950842.

作品赏析

《松树林的早晨》[①]

希什金最著名的代表作是《松树林的早晨》。它展示了森林中神秘和幽深的意境,把我们带入一种非常优美的诗意般的境界;早晨,金色的阳光透过朝雾射向林间,清新潮湿的空气浸润着密林,巍然挺拔的松树枝叶繁茂,大自然充满无限的生机。在大自然的怀抱中,我们仿佛可以尽情地呼吸这甘美新鲜的空气,几乎能兴奋得叫出声来,聆听那激荡于林间的回声。在这安谧寂静的环境中,几只活泼可爱的小熊在母熊的带领下来到林中嬉戏。它们在一根折断的树干上攀爬,相互引逗,似乎在练习独立生活的本领。这一生动细节的描绘,使整个画面产生了动静结合的艺术效果,同时,也增强了观画者身临其境的感觉。

《松树林的早晨》

在艺术表现上,这幅油画独具匠心,令人赞叹不已。大片松林虽然布满整个画面,但是,由于安排得错落有致、主次分明、虚实相间,画面显得密而不塞,给人以疏朗、开阔、深远的感觉。画家对大自然敏锐的观察力和精湛的写实功力,使画中粗犷的树干、舒展的枝叶,以及盘曲的树根、附着的青苔,都让人感到格外亲切,毫无雕琢的痕迹。光在这幅风景画里起到了举足轻重的作用,阳光给画面带来生命的颤动,它透过枝叶,在树身上留下花边状的淡影,与地面的浓影形成对比。从密林深处升起的雾气被画家

[①] 百度百科.优美的诗意境界:希施金《松林的早晨》欣赏[EB/OL].(2019-06-30)[2020-08-15].https://www.doc88.com/p-4252991120774.html? r=1.

画得恰到好处,赋予松林以神秘莫测的意味。画面用色清新、明快、含蓄而丰富,充满了朝气,倾注着画家对大自然深厚的赤子之情。

伊·伊·列维坦

人物生平

伊·伊·列维坦

伊·伊·列维坦(Иссак Ильич Левитан,1860—1900),19世纪俄国最杰出的风景画艺术大师,俄罗斯风景画优秀传统的杰出代表人物和发扬者,情绪风景画的创始人。契诃夫称他为"风景画家之王"。

列维坦的一生是短暂而辉煌的,亦是痛苦而精彩的。列维坦1860年8月18日出生在立陶宛基巴尔塔小镇的一个犹太知识分子家庭中,父亲是铁路职员,家庭贫困。他出生才几个月,父亲就带着全家移居莫斯科。1873年,12岁的列维坦怀着成为画家的梦想进入莫斯科绘画雕刻学校半工半读。他师从彼罗夫和瓦斯涅佐夫,这二人都是优秀的画家。由于穷困,列维坦每天的生活费很少,常被迫在画室的凳子上过夜。因为是犹太人,他又受到民族压迫和歧视,这一切养成了他郁郁寡欢的内向性格。但这时,他的绘画天赋在班级中大放异彩,俄罗斯现实主义风景画奠基者萨符拉索夫对他格外看重,不但向他传授技巧,而且把俄罗斯绘画的文学性传统以及如何用深刻的抒情性手法创作风景画教给了他。生活的苦难没有压垮列维坦,反而使他迸发出对艺术的热爱。他跑遍了莫斯科郊外,与天空、森林、河流、土地深情对话,并常年沿着伏尔加河写生,这条哺育过列宾和瓦西里耶夫的大河,同样滋养了列维坦。

1884年,列维坦完成了毕业作品——多云的秋日、田野和刚收割完的麦垛。萨符拉索夫匆匆看过这幅画,便用粉笔在背面批注:"授予银质大奖章。"学校里的其他教员却认为,犹太人本就不该描绘俄罗斯的风景——这是俄罗斯画家的事。因而,这幅画被评为不予授奖的作品,列维坦没能得到画家的称号,只得到一张习作教师的毕业证书。俄罗斯大自然的第一位、但却有些胆怯的歌手就这样以一张可怜的文凭跨进了沉重的生活大门。这幅作品后来在"巡回展览画派"展览会上展出,并被人以重金买下。

从此，列维坦以独具风格的风景画家身份登上俄国画坛。

1886年，列维坦生平第一次到南方游览克里米亚。他在那里学到的最珍贵的知识就是纯净的颜色。他觉得，在克里米亚度过的所有时间仿佛是连续不断的黎明，一夜之间就澄清了的空气弥漫在山谷间阔大的水库上空，有如清水一般纯净。南方那辽阔无垠的明净天空使颜色显得特别清晰而鲜明。在南方，列维坦明显感觉到，只有太阳才能改变颜色的色调。写生画最大的力量就在于阳光。俄罗斯灰暗的自然景色之所以美，也正是因为有阳光，只不过它在透过潮湿的空气和薄薄的云幕之后变得微弱了。太阳和黑色互不相容。黑色，不是颜料，而是颜料的尸体。克里米亚之行让列维坦意识到了这一点，他决定除去画面上阴暗的色调，开始为画面的明亮度而斗争，这一斗争持续了多年。

1891年，列维坦正式加入"巡回展览画派"。1892年，由于沙皇对犹太人的迫害，他再次被迫迁出莫斯科，尽管当时他已誉满全俄。直到后来朋友们帮他办理了取消被逐出境的证件，他才得以结束在外省的隐居生活。19世纪90年代，俄国民主运动高涨，民主主义影响着画家的思想。尽管列维坦在生活中历经磨难，但和契诃夫一样，他在作品中却表现出激动和喜悦的情绪以及对生活的信心。37岁时，列维坦作为优秀的教授画家回母校执教。不幸的是，1900年7月22日，39岁的列维坦与世长辞。

代表作品

《索科尔尼克的秋日》《伏尔加河的傍晚》《桦树林》《金色河湾的夜晚》《雨后》《深渊旁》《弗拉基米尔路》《傍晚的钟声》《墓地上空》《金色的秋天》《三月》《清风》《春潮》《黄昏中的草垛》《夏日夜晚》《湖》等。

作品赏析

《索科尔尼克的秋日》[①]

1879年的秋天，列维坦完成了他的处女作《索科尔尼克的秋日》。画面上重现了灰暗的金色秋日，这秋景如同当时俄罗斯的生活、如同列维坦本人的生活那样凄凉、惨淡，画面上发出一股微微的余温，牵动着每个看画者的愁肠：一位身穿黑衣的年轻女子，踩着一堆堆落叶，走在索科尔尼克的小路上。她的歌声令列维坦终生难忘："我的

---

① 冰星满天.静寂的纯美：列维坦逝世110周年（一）[EB/OL].(2013-05-19)[2015-09-08].http://www.360doc.com/content/13/0519/14/10853521_286533684.shtml.

歌声你听起来情意绵绵,却又使你痛苦不堪……"她独自置身于秋林之中,这种孤独使她的周围充满了惆怅。

《索科尔尼克的秋日》

《索科尔尼克的秋日》是列维坦唯一一幅画有人物的风景画,这正是那张契诃夫描写过的作品。之后他的画作再也没出现过人物,只有树林、牧场、雾霭中的春风和俄罗斯的破旧小木房。这幅画是灰调子的,光和影子都是朦胧的,笼罩在淡淡的愁绪里,高高飘荡在树梢上的云、摇摆的树枝、落叶与草尖上的风,都在列维坦的画布上谱成了暮秋的清冷。与同时代、同在室外对景作画的法国巴比松画家们相比,列维坦画的是心灵的微妙,而不是巴比松画家画的那种视觉的微妙。

《墓地上空》

除了《索科尔尼克的秋天》,《墓地上空》也是列维坦的代表作。画家本人十分珍惜这幅画。当他得知收藏家特列季亚科夫要买下它时,给他写了一封信:"……你那里我的画已经很多了,但新近到你手中的这幅画,却使我非常激动,因为我是全力以赴地画这幅画的,我把自己的心、自己的生活费都用在这上面了……"

1893年夏天,列维坦住在上沃格契卡附近,他以高视点画乌多姆利湖、湖周围荒

《墓地上空》

无人烟的地带和河岸上的旧教堂与墓地。画家在草图中已经画出了俄罗斯北方大自然的庄严雄伟。但他并不满足,在最后完成时又对草图作了很大修改。右边的湖岸不见了,河滩画得很小,而在宽广的湖面尽头,保留了远处的湖岸和墓地及教堂的一个小角落。由于乌云空隙的加大和取消了乌云投下的影子,画面变得亮多了。当然,画中还保留着悲伤的调子,关于死亡和被人遗忘的想法折磨着画家。这幅画的哲理性非常强,有对人生的思考,也有对人生意义的探讨,表达了画家的人生观。列维坦在画中所要表现的是自然界是永恒的,它充满活力,能够战胜死亡;而人面对大自然是渺小的、无力的。坐落在山坡上的小教堂和倾斜的十字架是死亡的象征。在这里,人的死亡孤寂地面对博大的天空、壮阔的水面和宽广的大地。从地平线向前景移动的乌云和阵阵袭来的强劲的风,预示着雷雨将至,这是大自然威力的展现。尽管作品的内容带有强烈的悲剧性色彩,但画家讴歌了大自然的生命力。

列维坦的画需要人们仔细欣赏。它们不会令人惊愕,却像契诃夫的短篇小说那样质朴、明确,越细细品味,就越能感受到沉浸在寂静中的那些外省城郊、那些河流和乡间土路是多么亲切可爱。列维坦创造的作品总是有纪念碑式的构图和朴实凝练的艺术语言。他对自然景物进行高度的概括,创造出具有深刻思想的俄罗斯大自然的综合形象。[1]

---

[1] 菲尔艺术.俄罗斯著名画家艾萨克·伊里奇·列维坦风景油画欣赏(二)[EB/OL].(2020-06-07)[2021-05-04].https://www.sohu.com/a/400224198_100230219.

文化驿站

俄罗斯的秋[①]

俄罗斯的诗人、作家和画家总以秋天、秋景为主题,创作了许多极其优美动人的诗篇和画卷。列维坦也和诗人普希金、丘切夫等人一样期待着秋天,把它当作一年中最珍贵的季节。秋天消除了树林、田野和整个大自然的浓郁色调,秋雨又将大地上的绿意冲洗一净,夏天的浓郁色调变成了淡淡的金黄、紫红和银白色。不仅是大地之色,就连空气本身也有所变化,它变得更加明净、凉爽,比夏天的空气更为深沉。这种变化恰如伟大的文学家、画家一样,他们在青春时期爱用艳丽的色彩和华美的语言,一到中年就变得严谨和深沉了。

列维坦所画的秋色千姿百态,想将他描绘在画面上的秋景一一列举出来根本不可能。仅《秋天》组画就有近百幅,这还不算他的习作稿。他的秋色图上描绘的是他自从童年时代就已熟悉的景物:潮湿、发黑的干草垛,缓缓流动的、漩涡中来回漂动着落叶的小河,还有那尚未被寒风侵袭的孤独的白桦林,薄冰般的天空和被砍伐的树林上空的细雨。在所有这些风景画中,不论画家想要表现什么情感,都生动描绘了纷乱飘零的落叶、枯萎的青草、微烘着大地的暮秋红日和寒冬来临前空气中的轻声蜂鸣。

《金色的秋天》

[①] guanghua4210.伊萨克·列维坦·俄罗斯著名的风景画家[EB/OL].(2019-11-06)[2020-04-03].http://www.360doc.com/content/19/1106/10/7107999_871408064.shtml.

文化驿站

希什金的"写实"与列维坦的"诗意"[①]

希什金是一位创作题材比较单一的俄罗斯绘画大师。他的风景画多以巨大的、充满生命力的树林为描绘对象。他笔下的林木疏密有致,大森林的美与神秘被渲染得淋漓尽致。希什金所描绘的林木,无论是独株,还是丛林,都带有史诗般的气质。林木的形象气魄雄伟、豪放壮观,而且独具个性,显示出俄罗斯民族的性格。他一生的多数时间是在故乡的森林里度过的。为了描绘大自然的造化,希什金曾不知疲倦地跋山涉水,进出森林,写生作画。他一生都没有停止对松树的描写,画了大量速写和习作。他对树木、野花、杂草的写生与精心研究和他对森林奥秘的探索,甚至达到了科学家般的程度。有人认为,土壤学家看着希什金的风景画,不但能判断出土壤本身的性质,而且能判断出土壤下面地层的性质。希什金的绘画原则是"临摹大自然不应当加上想象"。他的作品与当时先进的民主思想相互呼应,在苏联时期得到了充分肯定,并对后来的中国美术界产生了巨大影响。

在列维坦之前和之后的俄罗斯都不乏风景画家,然而,他们大都是把风景作为自己的描绘对象,很少有人去与风景对话,也很少有人能把风景之外的东西画出来。即使是伟大的希什金,一辈子为俄罗斯的森林讴歌,描绘了无数的俄罗斯美景,但他的目光却更多集中于风景的"形"和"质"上,以"逼真"和"酷肖"为主要特点,能够激发人的爱国主义情操,却缺少一种诗人的气质,缺少一种表现情景交融的从容和潇洒。

同样是画森林,列维坦和希什金是不同的。列维坦并不如实刻画树木的质感,而将饱含着感情的笔触富于弹性地落在画布上,他画出的是树木的"神"和"气",是树的美丽姿态,并通过这种美丽的姿态把人对树木的感情倾注上去。他有时逸笔草草,有时挥洒自如,有时飘逸潇洒,并不着意刻画,然而,一切的无生命之物到了他的笔下就仿佛蕴含生机。列维坦笔下有迷倒了无数人的《金色的秋天》,如同抒情诗一般的《春水》,梦幻一般的《薄暮月初升》,纯净清澈得几近透明的《湖》,无一不是醉人心魄的传世之作。列维坦并不着意告诉你"这是美的",而是用他的画令你赞叹"这是美的"。列维坦的画中总是弥散着一种忧郁,一种淡淡的哀愁,这使他的画更令人着迷。希什金的画如同一位高大魁梧、正襟危坐的伟岸男子,豪迈、爽朗;列维坦的画则如一位略带忧郁的美男子,使人心生怜爱。这两位画家恰恰反映了俄罗斯民族性格的两大构成:

[①] 泊木沐.【油画】"诗意"与"真实":列维坦与希施金的区别[EB/OL].(2019-07-11)[2020-09-08].http://www.360doc.com/content/19/0711/11/15473865_848033362.shtml.

豪情与忧郁。无比辽阔的土地,稀少的人口,苦难的历史,这一切都赋予了俄罗斯民族豪迈而忧郁的气质。

瓦·阿·谢罗夫

人物生平

瓦·阿·谢罗夫

瓦·阿·谢罗夫(Валентин Александрович Серов,1865—1911)是俄国19世纪最后一位现实主义画家。他以创作妇女、儿童肖像画见长,是俄罗斯画家中具有导向性的创新者。《姑娘和桃子》和《阳光下的少女》体现了其肖像画的典型风格。

谢罗夫成长于一个音乐家家庭,父亲是著名的作曲家,母亲是钢琴家。他和列宾、契斯佳科夫学过画,然后又到欧洲深造,研究了欧洲美术馆收藏的优秀画作。从国外回到俄罗斯后,他立即加入了阿勃拉姆采沃小组。正是在阿勃拉姆采沃庄园,他画了上述两幅名画,开始在画坛崭露头角。

谢罗夫经常给文化艺术界的知识分子作画,他为科罗文、列维坦、叶尔莫洛娃、高尔基等人都画过肖像画。他把每个人的个性特点研究得非常透彻,表现得十分贴切,并将他们所从事的创作活动的不同特点和灵感传达得极为出色。成就最突出的是他为女演员叶尔莫洛娃画的肖像,这幅画令人联想到古希腊雕像,画家基本上只用了黑灰两色,但色阶变化很多。这个形象与女演员本人的个性完全一致。叶尔莫洛娃的面孔十分深沉、高傲,完全没有世俗的感觉,精神境界很高。她的表演含蓄而深沉,使当时的观众很受震撼。

谢罗夫在绘画领域涉足的范围颇广——肖像画、风景画、静物画、风俗画、历史画等都有涉及。他的农村题材画很有独到之处,画中没有体现巡回展览画派作品中的那种尖锐的社会矛盾,而是表现了农民日常生活的和谐之美,是对俄罗斯人民的健康美的赞叹。这类画的代表作如《在农村,牵马的农妇》(1898)。

谢罗夫是思想深刻的艺术家。他总是在寻求用艺术反映现实的新形式。他吸收了现代派对平面和装饰性的观念,这在他的《欧罗巴被劫》(1910)等作品中有明显的表现。他在晚年对希腊艺术产生了兴趣。现代主义绘画在俄罗斯兴起时,谢罗夫就退出了巡回展览画派,加入了"艺术世界",但没来得及作出更多的新探索,便于1911年去世了。谢罗夫在巡回展览画派中的声誉很高,可以说,他继承和发展了列宾的某些长处,而且他的技法比列宾的更加典雅、精细。

代表作品

《女孩和桃子》《科罗温肖像》《吉尔斯曼娜肖像》《克拉西尔希科娃肖像》《在河边的科罗温》《莫洛卓夫肖像》《克里米亚的鞑靼乡村》《艾达·鲁宾斯坦》《波兹特尼亚柯夫肖像》《十月》等。

作品赏析

《女孩和桃子》与《阳光下的少女》

《女孩和桃子》这幅画中,维拉·马蒙托娃在一片逆光中安静地坐在桌边,姿态十分悠闲。她面前铺着白桌布的桌子上放着几个桃子,她本人和所有物品都呈现在复杂的光影环境之中。太阳光投射到桌布、衣服、墙上的碟子和桌子上的刀上,女孩和周围的环境成为一个和谐的整体,充满生命的活力和自然的律动。这幅画最突出的特征是色调透明而鲜亮,人物的画法不拘谨,室内环境的描绘很自然,整幅画的构图没有受到传统技法的束缚。2006年4月26日,俄罗斯莫斯科国立特列季亚科夫美术馆建立一百五十周年之际,俄罗斯发行了印有《女孩和桃子》的纪念邮票。

《女孩和桃子》

《阳光下的少女》是在室外画的,外光画的原则在这幅画中表现得更加清楚。谢罗夫巧妙地运用色彩表达出夏日的气氛和光的反射,这种反射造成一种阳光透过树叶洒下来的印象。画家在作画时抛开了他的老师列宾的所谓批判现实主义原则,而采用了"诗的现实主义"。

两位女主人公的形象充满了生活的快乐、生存的幸福和青春的无限力量。这一切都是通过部分印象派的画法而获得的。但谢罗夫又与印象派不同,他从不

《阳光下的少女》

把环境中的物品非物质化,画的结构从不失去稳定性,更主要的是,不失去模特的整体特点。

瓦·瓦·韦列夏金

人物生平

瓦·瓦·韦列夏金(Василий Васильевич Верещагин,1842—1904),生于切列波韦茨市的一个贵族家庭,于圣彼得堡海军武备学校毕业之后,他决定献身于造型艺术。1860年,他进入皇家美术学院学习,三年后,又去巴黎美术学院著名的历史题材画家让-列·热罗姆的工作室学习。韦列夏金既是一位才华横溢的画家,也是文学家、旅行家、民族志学家以及军事行动参与者,他致力于描绘被抹去表面光环的非虚构的内容。他以专注于细节的现实主义手法,图解主要创作主题——战争的恐惧——而独树一帜。他的作品大多意在揭露沙皇战争的残酷,对士兵表示深切同情,或是描绘统治者对人民的镇压。

瓦·瓦·韦列夏金

韦列夏金以军事题材作品改革者的形象在俄罗斯艺术史上赢得声名。他的前辈们在战争题材的画作中,描绘的是色彩鲜明的战争场面,而他却展示战争的真实面目——恐怖、惨烈、凄凉、无聊。

韦列夏金参加过突厥斯坦战争(1867—1870)、俄土战争(1877—1878,担任美术新闻记者)和俄日战争(1904)。他认为,只有亲眼看到战争,体验寒冷和饥饿,经受负伤乃至死亡的危险,才可能创作出描写真实战争场面的作品。他的战争题材代表作如突厥斯坦系列油画中的《战争祭礼》(1871)、《帖木儿大门》(1872)、《受了致命伤的人》(1873)等。

1877年,巴尔干半岛人民反抗奥斯曼长期压迫的战争爆发了。韦列夏金作为志愿者随部队远赴战场。巴尔干系列作品是他创作的高峰。在俄罗斯与土耳其战争中经历过的深重苦难,成就了完成于1878到1879年的一系列作品——《希普卡-谢伊诺瓦,希普卡附近的斯克别列夫》《为战败者们,祭祷》。

《希普卡-谢伊诺瓦,希普卡附近的斯克别列夫》反映的是米季斯克别列夫元帅检阅。这次检阅是在保加利亚谢伊诺瓦村附近谢伊诺瓦山口的战争取得了决定性胜利之后进行的。骑在马上的元帅和向他致敬的士兵被安排在画作的后景,前景是刚刚结束战斗尸骨累累的战场。雪像盖在死者身上的白布一样铺满大地。画家以此提醒人们胜利背后的惨烈。

韦列夏金不仅到过俄罗斯的很多地方,还几乎踏遍了欧洲的每一个国家,他还去过印度、中国、美国和日本。他以民族学者般的浓厚兴趣研究所到国家的文化和习俗,在画作中描绘不同国家、民族的人物、服饰、居所和风光。此类代表作包括《拉达克西弥斯修道院》(1875)、《阿格拉的泰姬陵》(1874—1876)、《斋浦尔的骑士》(1881)等。

1904年,在日俄战争中,韦列夏金因俄国旗舰"彼得罗巴甫洛夫斯克号"被水雷炸毁而丧生。

代表作品

《战争祭礼》《希普卡之战》《受了致命伤的人》《死刑三部曲》《不列颠统治下的印度炮刑》《在俄罗斯的绞刑》及《1812年》等。

作品赏析

《战争祭礼》是韦列夏金的代表作,这幅画的画框上写着"献给所有伟大的征服者——过去、现在和未来"。

《战争祭礼》

这幅画创作于1871年,现陈列在特列季亚科夫美术馆,最初名为"帖木儿的庆典"。关于这幅画的灵感有多种说法。其中一种是画家想要展示帖木儿的战争历史,战争结束后,帖木儿只剩下一堆骷髅和空荡荡的城市。另一种说法也与帖木儿有关,说是作家描绘了巴格达和大马士革的女人们向首领抱怨自己的丈夫淫秽和叛变。帖木儿下令每个军人都要捉拿一个淫秽叛变的丈夫,并将他们的头颅堆成了7堆。从这幅画的名字看,第二个说法没有第一个可信。第三种说法是,韦列夏金是在听了某个传说后创作了这幅画,传说讲的是人们会把被处死的人的头颅堆成整齐的锥形。《战争祭礼》是韦列夏金在去突厥斯坦旅行时创作的,画家当时亲眼看到了死亡和许多可怕的事。这些痛苦给了他创作灵感,他用明亮的背景表现战争的残酷。

在《战争祭礼》这幅画上,一些头颅有着明显的被刀枪损坏的痕迹。头颅堆成的金字塔位于一望无际的沙漠上,凸显了战争的毁灭性。画面背景中还有烧焦的树木。而画面中唯一活着的是空中盘旋的乌鸦,它们在艺术中象征着死亡。

文化驿站

国立特列季亚科夫美术馆

国立特列季亚科夫美术馆的前身是莫斯科富商、艺术收藏家帕·米·特列季亚科夫为私人藏品建的画廊,位于与克里姆林宫隔莫斯科河相望的拉夫鲁申斯基胡同。1874年,这座私人画廊向公众开放,颇受欢迎。由于参观的人和藏品越来越多,它在1873年、1882年、1885年、1892年和1902—1904年期间不断扩建。1892年,帕维尔为实现他与刚去世的弟弟的共同心愿,将两人收藏的两千余件艺术品与画廊一起捐赠给了莫斯科市。1913年4月,莫斯科的城市杜马选举当时著名的艺术家、建筑师和艺术史学家伊戈尔·艾玛努伊洛维奇·格拉巴尔作为画廊的保护人,也正是他把画廊的展品按照欧洲博物馆的样子以时间顺序陈列。1913年12月初,在画廊创始人去世15周年纪念日前,改造后的美术馆开始向公众开放。1918年,画廊被俄罗斯联邦苏维埃共和国收归国有,并改名为国立特列季亚科夫美术馆。国立特列季亚科夫美术馆现有创作于11世纪到20世纪的藏品13万件,包括4万余件17、18世纪的俄国圣像画,18、19世纪俄国著名画家的作品以及苏联时期画家的作品。

国立特列季亚科夫美术馆是俄罗斯最伟大的艺术博物馆之一。在收藏俄罗斯绘画精品方面,该馆与圣彼得堡的俄罗斯博物馆、莫斯科的俄罗斯历史博物馆并列为俄罗斯三大博物馆。

特列季亚科夫美术馆现有62间展室,共展出4000多幅俄罗斯精品油画及其他艺术品。展品按年代大致分为以下几部分:11至17世纪俄罗斯古代绘画艺术(主要为珍稀的古俄罗斯圣像及圣像画,包括14世纪俄圣像画家卢勃寥夫的作品);18世纪及

19世纪上半叶的美术作品(代表画家为季普林斯基、伊万诺夫、布留洛夫等);19世纪下半叶油画作品收藏完整、精品众多,是馆藏精华所在,包括俄著名批判现实主义画家克拉姆斯科依、列宾、苏里科夫、别洛夫的主要作品及著名风景画家希什金、列维坦、瓦佐夫斯基的不少传世名画。①

瓦·瓦·康定斯基

人物生平

瓦·瓦·康定斯基(Василий Васильевич Кандинский,1866—1944)是世界公认的现代抽象绘画的创始人,杰出的艺术理论家、诗人、剧作家。1866年12月4日,康定斯基出生于莫斯科的一个知识分子家庭。中学时代,他不仅成绩优异,还是优秀的业余大提琴手和绘画爱好者。康定斯基20岁时进入莫斯科大学学习法律和经济,1889年到沃洛格达从事民族史与民俗学调查研究,广泛接触到俄罗斯民间绘画和装饰艺术,那些夸张的、非写实的表现手法和强烈的色彩,给他留下了深刻的印象。1893年,康定斯基获博士学位并在大学任教。1895年,康定斯基第一次参观了法国印象派作品展,决定放弃原来所学的专业去慕尼黑学画。1899年,他获得了慕尼黑皇家美术

瓦·瓦·康定斯基

学院的毕业证书。之后的12年,康定斯基一直在漫游,四处寻师访友。他先后到过巴黎、突尼斯、意大利、德国,他见到了塞尚和野兽派的画家,他似乎成了一个野兽派画家,但一回到慕尼黑,他就开始顺从自己的本性,从所受的影响中挣脱出来。12年的漫游让康定斯基积累了丰富的绘画经验。②

康定斯基是慕尼黑美术家协会"法朗吉"和"青骑士"的创始人,也是莫斯科绘画文化博物馆和莫斯科艺术文化学院的组织者之一。1918—1921年,他曾在莫斯科大学

---

① 百度百科.俄罗斯国家美术博物馆:特列季亚科夫画廊[EB/OL].(2012-09-06)[2015-11-11].https://ru.hujiang.com/new/p418596/.
② 百度百科.康定斯基.ppt[EB/OL].(2012-09-12)[2015-12-12].https://www.docin.com/p-479639552.html.

和国立自由艺术工作室执教，1922—1933年，他在德国魏玛和德绍的鲍豪斯①任教授、副校长。

康定斯基是抽象派的奠基人之一。他在绘画上的创新来源于从音乐中获得的美学启迪。他说："色彩是琴键，眼睛是锤子，而心灵则是钢琴的琴弦。画家是弹琴的手，弹某个琴键，引发心灵的震颤。"②除绘画外，他还从事过细瓷的黑白画和装饰画的创作。1910年起，康定斯基在绘画中寻找规则形状、直线和几何曲线，以自由抽象的方式作画，这种画法一直持续到1920年。1921年，在画几何图案的同时，他的创作进入另一个阶段，即由自由形式转变为以规则、僵硬的线条勾边的彩色图形，但强烈的节奏感和抽象形式连续不断的冲突依旧存在。最有代表性的画如《白线》，一幅过渡性的作品，画中主要的色块是以一种松散的手法来处理的，但这些色块又被一些很强烈的直线条图案和规则的曲边色块所强调，使作品有一种受几何图形控制的轻快感。

无论风格如何变化，康定斯基都没有抛弃早期的表现主义基础，他的通神论的思想也仍然存在于作品中。甚至在他的几何形体最僵硬的时期，他的绘画在结构上也是最富有动势的：三角形、圆形和各种线条（包括不稳定的斜线）忽隐忽现，交相辉映，各种杂色色块与几何线条形成对比，能够让观者的情绪平静下来。

康定斯基在20世纪30年代创作了许多画，这些作品中充满了主题含义和形式之间的冲突。但无论怎样画，他从未离开过抽象的手段。他的画中重新出现了五彩缤纷的抒情表达，取代了建筑式的处理手法。他的画《光之间》仍然是由几何图形构成的，这些几何图形被分层排列，其水平和垂直的处理方法比以往更为明确，色彩强度由于被减弱而显得十分柔和，精确刻画的形状被漫射光的光环包围，整个画面充满了宁静而又浪漫的情趣。这幅画中的有些形象使人想起埃及或印第安人的象形文字，传达出异国情调。这时，康定斯基已经对20世纪20年代的超现实主义活动有所了解，在这幅画和他1933年移居法国以后的那些画作里，人们能够感受到类似于抽象超现实主义的性质。比如，人们能够从他的作品中感受到色彩的形状本身呈现出一种生气，并像微生物或宇宙空间怪物那样，进行游戏式的交战。③

个人的抽象幻想是画家晚年创作的主要出发点。有时，他把小而自由的形体任意散布在统一的色彩背景上；有时，他尽可能缩减要素的安排，像是在净化自己的手法。

---

① 欧洲最负盛名的艺术院校之一，曾培养出德国最才华横溢的建筑师、平面设计师和艺术家，被称为"现代设计的摇篮"。该学院建于魏玛，后搬迁到德绍、柏林，1933年关闭。
② 戎止.与心灵共鸣的迷乱之美：浅谈《构成第七号》[N].中国科学报，2017-11-24(5).
③ 百度百科.康定斯基作品赏析[EB/OL].(2016-03-13)[2018-08-08].https://www.docin.com/p-1486457339.html.

康定斯基不仅是杰出的画家,还是现代抽象艺术理论奠基人。他写了《论艺术的精神》《论形式问题》《点、线、面》《论具体艺术》等论文,这些都是抽象艺术的经典著作,是现代抽象艺术的启示录。他在理论著述《平面上的点和线》和《艺术和艺术家短论》中,主张形与色彩本身组成足够表达情感的语言因素,正如音乐的声音直接作用于人的情感一样。康定斯基使绘画脱离了对现实的描绘,而成为一种以绘画的独立语言表达感情的艺术。点、线、面被提升至自主的、富有表现力的元素的高度。今天,无数艺术家沿着康定斯基指出的道路,运用非具象的造型符号来了解和沟通心理或精神的现实存在。此外,康定斯基在绘画中创造的各种构成方式已被广泛运用于现代工业设计领域。

代表作品

画作:《蓝山,第 84 号》《构图,2 号》《带黑色的弓形,154 号》《秋》《冬》《白线,232 号》《几个圆形,第 323 号》《光之间,第 559 号》《构图九,第 626 号》等。

理论著作:《黄色声音》《论艺术的精神》《论形式问题》《论舞台构图》《作为纯艺术的绘画》《形的基本元素》《色彩课程与研究课》《关于抽象的舞台综合》《点、线、面》《舞蹈曲线:论帕廖加的舞蹈》《绘画理论课程的价值》《绘画基本元素分析》等。

作品赏析

《构图 9》

《构图 9》是康定斯基的代表作之一。画面构图使用两个相同的三角形,一正一倒,把画面的两端截开,建立了一种数学模式的色彩基础。两个三角形之间的平行四边形又被分为四个更小的同样大小的平行四边形。在这个严格限定但色彩缤纷的背景中,画家散布了一些各色各样的如在疯

《构图 9》

狂起舞的小形体:圆形、棋盘方块形、狭长的矩形和变形虫式的图案。在大的几何图案上面排列小而自由的形体,这一直是康定斯基最喜欢用的画法。①

---

① 百度百科.康定斯基:现代抽象主义绘画创始人[EB/OL].[2018-09-09].https://www.zyzw.com/sjmh073.htm.

《构图,2号》

在《构图,2号》里,骑手和其他人物已经变成色点或线条图案了。画面空间中排列着颤动的、急速运动状的色块,故事就淹没在这抽象的图案之中。此时,已经在吸取野兽派色彩组织含意的康定斯基,开始用从音乐那里得来的加标题的方法表达意图,如"构图""即兴""抒情"等。他运用与音乐相类似的性质,发现了抽象表现主义的课题,这个课题就是:艺术家的意图要通过线条和色彩、空间和运动表现,不要参照可见自然的任何东西,来表明精神上的反应或决断。[①]

《构图,2号》

文化驿站

康定斯基绘画的音乐性

1910年,康定斯基创作了第一幅抽象水彩画。这也是现代绘画史上的第一幅抽象绘画。画面上,对物象的所有描绘性因素都不见了,大小不同的跳跃的点,不同方向和力度的运动的线,形状相互穿插,一种内在的力量从画面中涌现。同年,康定斯基完成了关于抽象绘画的重要论著《论艺术的精神》,开启了抽象绘画的序幕,明确了他的创作原则:内在需要原则。

内在需要原则,在康定斯基的理解中,与音乐在本质上有极大的相似性。音乐和绘画一样都是康定斯基认为可以表达和宣泄感情的最佳工具,正因如此,他认为这二

---

① 袅衣尘子.沉默的天空[EB/OL].(2012-05-23)[2015-07-07]. https://site.douban.com/widget/notes/8346957/note/215966786/.

者是相通的,或者说在一定程度上是可以相互表示的。康定斯基不但在《论艺术的精神》中大量用音乐来论证艺术中普遍存在的抽象性,更在他的艺术实践中把音乐与绘画糅合在一起。他以抽象绘画中的色彩运用类比音乐中的音符,在他看来,色彩同样具有音响和旋律效果,甚至具有交响乐般的震撼力量。用色彩展现音乐震荡心灵的效果,并直达精神深处,是那些只将眼光盯着客观世界的艺术家所不具备的能力。这是一种直接倾听和再现"内在声音"的能力。

康定斯基的第一幅水彩抽象画

我们从这个角度出发,回过头来重读他的第一幅抽象水彩画。在此作品中,康定斯基所能运用并付诸表达的,还只是音乐中的单声部音乐,即没有伴奏的音乐。在这种音乐中,节奏是散文式的自由节奏,没有固定的节拍,是一种配乐朗诵,每一个音节时而与一个音符相合,时而又与一组音符相合。在画面中,各种颜色像高低不同的音符,以一种随意的节奏组合。红色作为中偏高的音色,在画面中较为活跃,控制画面的主调。红色包围、穿插、引导着其他颜色,从而使整个画面结成较为完整的整体。康定斯基后来又创作了《构图,2号》,画中的空间排列着颤动的、急促运动的色块,以丰富的色彩唤起精神性的感受。

康定斯基认为,虽然音乐(声音)必须在时间中产生,绘画(色彩)必须建立在平面之上,但两者依然存在共性。绘画也应当像音乐一样,不是通过事物的表象,而是以各种基本的色彩,通过形式的不同组合来反映和表现人的内在感情(精神)。

康定斯基以点、线、面为要素创作抽象绘画,不管是在外在性上还是内在性上,主要的依据就是音乐,可以说,音乐是康定斯基绘画中的主题。如果从他的绘画中抽出音乐成分,画作则恐怕将退格为拘于形式的装饰画。看康定斯基从早期到成熟期的作品就能发现,其结构的发展过程与音乐的从简单到复合结构的发展完全一致。

第四节　20世纪和21世纪的俄罗斯绘画

阿·尼·别努阿

人物生平

阿·尼·别努阿（Алекса́ндр Никола́евич Бенуа́，1870—1960）于1870年4月21日出生在圣彼得堡的一个建筑师家庭。别努阿毕业于著名的圣彼得堡第二中学，又在美术学院学习了一段时间，之后便开始在哥哥的指导下开展艺术创作。1894年，他从圣彼得堡大学法律系毕业。

阿·尼·别努阿

1894年，别努阿作为一个理论家开始了自己的职业生涯，为德国的文集《19世纪绘画史》撰稿。1896至1898年和1905至1907年间，别努阿在法国工作，成为艺术组织"艺术世界"的组织者之一，并参与创办了同名杂志。

别努阿于1916至1918年间为普希金的长诗《青铜骑士》配插图；1918年为埃尔米塔什博物馆编写新目录，继续从事着作家、戏剧家和导演的工作；1925年到巴黎参加现代装饰艺术和工业国际博览会。1926年，别努阿趁出差之机离开苏联滞留法国，开始了在巴黎的生活，他主要的工作是设计舞台布景和服装，并参演芭蕾舞剧。

别努阿于1960年2月9日在巴黎去世。

代表作品

《青铜骑士》《巴塞尔的堤坝,雨中》等。

作品赏析

《保罗一世在检阅》

1907年,别努阿完成了一组历史题材画作,其中就有这幅《保罗一世在检阅》。别努阿创作这幅画是受科涅别理所托,后者为了将这幅作品收录到《画中的俄罗斯历史》画集中。人们在《保罗一世在检阅》中可以看到18世纪末俄罗斯阅兵的壮观场面:穿着制服、列队整齐的普鲁士士兵和形象突出的沙皇保罗一世。画中还有一个人物也很突出,便是沙皇面前的士兵,他有些害怕地摘下帽子,向沙皇行礼。

《保罗一世在检阅》

这幅画中的一切意象都有象征意义,甚至连栏杆也不是随意画上的。一方面,栏杆隔开了观赏者和过去,营造出一种小剧院式的观看效果;另一方面,栏杆好像把沙皇关在了里面,隐约表达了画家的想法:保罗一世应该在19世纪初被处死。但别努阿对于沙皇的看法有两面性,对他来说,保罗一世的形象同时也是高贵的。

别努阿似乎一直在寻找俄罗斯的道路,从19世纪到20世纪,这一主题一直存在于他的创作之中。可能也正是由于这个原因,别努阿才能把那段时间的俄罗斯的灵魂如此准确地呈现在画布上。

文化驿站

《青铜骑士》

《青铜骑士》是普希金的一首叙事长诗,也是俄国文学史上第一部具有深刻历史意义的叙事长诗。别林斯基认为,《青铜骑士》是普希金诗歌的又一座艺术高峰。

这篇长诗分"序诗"和"正文"两部分。序诗颂扬了彼得大帝和圣彼得堡城,正文讲述涅瓦河的泛滥和贫民的遭遇。普希金怀着敬仰的心情,以最庄重的诗句,肯定了彼得大帝对俄罗斯国家发展的巨大历史作用。诗人对圣彼得堡建城之初的环境描写,对新城风貌的具体描绘,无不展示出历史的真实。而彼得大帝的历史名言在序诗中具有画龙点睛的作用,反映了历史的原貌。

诗人用全部的爱心,讴歌了俄国名城圣彼得堡的壮美和秀丽。在普希金的笔下,圣彼得堡建筑群的雄姿、涅瓦河畔的自然风光、帝俄新都的民俗都跃然纸上,让读者目不暇接。在这里,读者仿佛看到了流光溢彩的楼塔和涅瓦河上空的白夜奇观,又好像听到了保罗要塞的隆隆炮声和俄罗斯少女的欢笑声。整首诗的基调是昂扬的,它充满着热情的希望,洋溢着对祖国未来的憧憬。[1]

普希金通过赞颂圣彼得堡来肯定彼得大帝的历史功勋,这只是《青铜骑士》的一个题旨,而它更重要的意义是表达对历史与小人物命运相互关系的冷峻思考。彼得大帝是俄国统治者的代表。他的成功是以牺牲人民的利益换来的。诗人真实地描绘出圣彼得堡水灾中城市贫民的悲惨境遇,无情地批判了专制制度,揭露了农奴制的弊端。

诗人成功地塑造了具有双重性格的彼得大帝的形象。这位君王既有雄才大略,却也冷酷无情。诗人在历数他的珍贵遗产的同时,丝毫也不掩饰他手中高悬的皮鞭。这正是普希金艺术思维的历史客观性。

马克·夏加尔

人物生平

马克·夏加尔(Марк шагал,1887—1985)是白俄罗斯裔法国画家、版画家、设计师。他历经立体派、超现实主义等现代艺术的洗礼,发展出独特的个人风格,在现代绘

---

[1] hejunwei_yeah.第213篇:方寸讲文学(23)[EB/OL].(2016-11-23)[2020-04-04].http://www.360doc.com/content/16/1123/12/12725711_608764158.shtml.

画史上占有重要地位。

马克·夏加尔

马克·夏加尔生于白俄罗斯东北部维捷布斯克小城的一个犹太家庭。他16岁以前一直在犹太经学院中学习犹太经典,从小就对绘画有特殊的兴趣,并表现出敏锐的观察力。

1910年,夏加尔由圣彼得堡的一位赞助人提供生活费前往巴黎。一般认为,在巴黎第一次逗留的4年是夏加尔的黄金创作时期。1914年,夏加尔在柏林的画廊里举行了第一次个展,给德国表现主义集团留下深刻的印象。在两次世界大战的间歇期,夏加尔一直漫游:1924年在法国西北部,1926年在法国南部,1931年在巴勒斯坦(准备作《圣经》蚀刻版画),1932—1937年在荷兰、西班牙、波兰和意大利。夏加尔于1931年出版了用俄语写成的自传《我的生平》的法译本,1933年在瑞士巴塞尔艺术大厅举行大规模的回顾展,1939年获得卡内基奖金,确立了他作为现代巨匠的声誉。1948年,夏加尔再次定居法国。1985年3月28日,夏加尔在法国阿尔卑斯省圣保罗去世。

代表作品

《我与村庄》《生日》《散步》《百合花下的恋人》《三支蜡烛》《为孩子洗澡》《恋人》《夏夜的噩梦》《贝拉的肖像》等。

作品赏析

《生日》

夏加尔于1914年回到俄国,不久后,第一次世界大战爆发,他应征入伍,驻扎于圣彼得堡。1915年,夏加尔与犹太姑娘帕拉结婚,这幅《生日》就是对婚后幸福生活的描绘。画家运用超现实的梦幻手法表现生日的一个梦境：画家本人和他的妻子心醉神迷地飘浮在空中，帕拉手捧鲜花，他们热烈地亲吻。在这幅画中，夏加尔抛弃了形体分解而采用色面分割的手法，以人物的黑礼服、黑裤子与红色的地毯、桌布等形成一种热情而温暖的爱的气氛。他称自己的艺术追求"心理的写实"，他描绘的不是物体的客观形象，而是人的心理世界，他突破时空的限制，将多种形象同时安排在画面上。

《生日》

《我与村庄》[①]

《我与村庄》现收藏于美国纽约的现代艺术博物馆，是夏加尔初到巴黎时完成的成名作。画面的背景是典型的俄国农舍和教堂塔顶，里面有"我"、牝牛、开花的树等。这是艺术家记忆中的故乡风景，是他心灵中的故乡。画面采用了立体主义的分割法，所有物象都被分割成不同的形状又组合在一起。一个人与牛的侧面脸庞构成了画面的主要部分，他们好像正在亲切交谈，表露出温馨而默契的神态。

《我与村庄》是一幅让人感到怪异，同时又意味深长的作品。我们在欣赏画作之前，有必要先了解这幅画的创作背景。夏加尔出生于贫困的犹太人家庭，尽管童年生活艰苦，但家乡淳朴善良的乡亲、虔诚的信仰、充满浓郁生活气息的乡村风光以及各种各样的动物都带给他无限的乐趣。童年记忆中无法割舍的乡情，成了他永恒的创作主题。

夏加尔1910年到巴黎后，接触了印象派主义、野兽派、立体主义等绘画风格，深受

[①] 环球网校.马克·夏加尔的《我与村庄》作品赏析［EB/OL］.（2019-11-01）［2020-08-08］.http://www.hqwx.com/web_news/html/2019-11/15725987098031.html.

启发,在绘画技巧方面大有长进,可是他依然迷恋着家乡的山山水水。正是在这种背景下,他按照记忆中家乡的景物创作了这幅画。

夏加尔把立体主义的构图风格运用得淋漓尽致,但他赋予分割的物象一种默默的深意和情怀。他对于色彩的运用也很大胆,绿色的人脸、白色的眼睛和嘴巴以及深红色的背景和黑色的远方,画中事物色彩饱满、对比强烈,有一种强烈和醒目的力量,表现了超现实主义的幻想风格。

夏加尔把对生活的独特理解,运用象征、写实、写意等多种手法,再加上自身奇妙的想象力,呈现在一个独具特色

《我与村庄》

的绘画世界里,人们从中不难看出他的创作饱含感情,正如他自己说的那样:"如果让我用心来创作,那怎么都可以,可要我用头脑来创作,那么终将一事无成。"

文化驿站

"爱是最好的颜料"[①]

介绍画家马克·夏加尔时,《生日》是出现频率最高的一幅作品,也是夏加尔最受人喜爱的作品之一。《生日》描绘了在夏加尔生日那天,妻子贝拉手捧鲜花为他庆祝的场景。夏加尔在自传《我的生活》以及贝拉在散文集《点燃之光》里,都以他们自己的视角讲述了这幅画背后的故事。夏加尔忘记了自己的生日,贝拉那天却一大清早去市郊采花,换上过节穿的长裙,再带上食物,不顾路人的流言蜚语飞奔到夏加尔的住处,只为让他闻闻泥土的芬芳。这样的情景不止一次地出现,夏加尔回忆:"只要一打开窗,她就出现在这儿,带来了碧空、爱情与鲜花。从古老的时候起直至今日,她都穿一身白衣白裙或者黑衣黑裙,翱翔于我的画中,照亮我的艺术道路。"夏加尔过完生日的几天后,他和贝拉结婚了。以后每逢夏加尔的生日,贝拉用花朵或各种五彩缤纷的东西装

---

① 看世界.夏加尔:爱是最好的颜料[EB/OL].(2015-09-09)[2022-03-18].https://www.zhihu.com/market/paid_magazine/1361346750234660864/section/1361346824436011009?origin_label=search.

画家夫妇

饰两人的房间时,夏加尔都会叫她保持固定姿势,以便为她画像。

妻子贝拉经常出现在夏加尔的作品里,她是他的缪斯,是启发他创作最重要的灵感源泉。《贝拉的肖像》《爱人与半个月亮》《爱人》《婴儿的诞生》和四张《恋人》系列画以"献给我的妻子"这一总标题合并成组画永传于世。

爱是最好的颜料。夏加尔视爱为一切的开端、创作的原动力以及生存的最大慰藉,他用视觉方式把恋人之间的思慕之情诠释无遗。

贝拉不仅是夏加尔画不尽的题材,还是他的艺评人。夏加尔在自传中说:"不听她说一声'好'或'不行',我都不会结束任何一幅油画或版画。"身为珠宝商女儿的贝拉富有教养,熟知欧洲古典主义绘画、戏剧和诗歌,在莫斯科受过良好的教育。夏加尔受委托绘制巴黎歌剧院的天顶画时,贝拉还和他合力完成舞台设计并制作戏服。贝拉的亲友对她和夏加尔的婚姻并不看好,在他们看来,画家根本没有养家的能力。但贝拉性格坚毅,经常为拮据的夏加尔送去食物和画画的材料,并且这一切都开始于夏加尔成名之前。在夏加尔闯荡巴黎的4年里,贝拉一直在等待。在成婚后的30年里,她和他从不分离,他们志同道合、感情融洽。

电影《夏加尔与马列维奇》①

俄罗斯电影《夏加尔与马列维奇》是81岁的俄罗斯导演亚历山大·米塔的作品,2014年4月在俄罗斯首映。故事主要讲述了夏加尔与贝拉的爱情以及夏加尔与至上主义艺术奠基人马列维奇之间的恩怨情仇。影片试图以类似民间传说和歌谣的体裁重塑马克·夏加尔的世界,试图依托现实和幻想,将其艺术创造力以戏剧化的方式投射到荧幕上,影片还呈现了夏加尔和马列维奇的很多画作。

故事基于1917—1918年夏加尔暂住在维特伯斯克期间发生的真实事件而创作。电影从夏加尔和贝拉久别重逢相拥相泣的场景开始,真实再现了1914年夏加尔在柏林举办完首次个展后、顺道回家乡维捷布斯克探望亲人和未婚妻的情景。在那之后不

---

① paddyzhao.概艺放映室|夏加尔与马列维奇不得不说的故事[EB/OL].(2016-03-28)[2018-03-30].http://www.360doc.com/content/16/0328/15/31446425_545894702.shtml.

久,第一次世界大战爆发了,然后是十月革命。那时,夏加尔已在法国成名,鉴于他的声望,苏维埃政府任命他为维捷布斯克省美术委员,并邀请他担任维捷布斯克艺术学院的院长。

1919年,马列维奇受夏加尔的邀请,到维捷布斯克艺术学院任教。六年前,马列维奇以一幅《白底上的黑色方块》开创了"至上主义"这一流派。他认为:"对于至上主义者而言,客观世界的视觉现象本身是无意义的,有意义的东西是感情。"

十月革命爆发后,马列维奇和许多爱国艺术家一样,积极投身于革命热潮,他加入了"左翼艺术家联盟",1917年前后创作的《至上主义构图》《充满活力的至上主义》正是他炙热澎湃的革命情感的表现。1918年,马列维奇最著名的作品《白上白》问世。马列维奇那时名声正盛,又善于演讲和交际,因此来到维捷布斯克艺术学院后,他的至上主义风格很快得到传播,并吸引了一大批的学生崇拜者。

但是,马列维奇的到来使得学校内部产生分化,主要原因是马列维奇与夏加尔对现代艺术风格的观点存在分歧。随着矛盾的日趋激烈和师生们对马列维奇的艺术风格更进一步地认同,夏加尔被迫离开了这所他一手建立的学校。这个时期的马列维奇走向了他在俄国艺术界的巅峰,在政府的大力支持下,马列维奇的方块至上风格延伸到了街头的宣传海报、瓷器的图案设计以及服装、舞台设计等多个方面。夏加尔在1922年永远告别了俄罗斯,他和贝拉先是前往柏林,第二年起定居巴黎。

电影的结尾,一直暗恋贝拉的军官要枪毙夏加尔,这戏剧性的虚构情节带出了一个非常美的超现实结尾,那便是重现夏加尔那幅著名的《小镇之上》,完美诠释了夏加尔的梦幻与他俩矢志不移的爱情——夏加尔与贝拉越过世间一切,漂浮于小镇之上,任何磨难都无法阻挡他们轻盈的灵魂。

卡·谢·马列维奇

人物生平

卡·谢·马列维奇(Казимир Северович Малевич,1878—1935)1878年2月11日生于基辅,是俄国至上主义倡导者,构成主义、几何抽象派画家。他曾参与起草俄国未来主义艺术家宣言,十月革命后参加"左翼美术家联盟"。在苏联,马列维奇所迷恋的都是异端前卫艺术,正因如此,1930年在基辅举办的马列维奇回顾展被迫关闭,马列维奇被拘留,两个月后获释。1935年5月15日,马列维奇在贫病交加中去世。

马列维奇的父母均有波兰血统,生育了9个子女,一家人靠父亲管理制糖厂的收

卡·谢·马列维奇

入过着小康生活。父亲的工作需要从一处乡镇跑到另一处乡镇,因此,马列维奇从小就熟悉了乡村生活。十几岁时,他见到了从圣彼得堡来到乡间装饰教堂的一批美术家,这点燃了他的绘画热情,他开始自学,画农民和农村景色。不久之后,马列维奇认识了在基辅美术专科学校任教的乌克兰画家皮莫年科,并进入这所学校学习。1896年,由于父亲要到库尔斯克铁路部门工作,马列维奇只好中断学业,移居库尔斯克。在这座城市里,马列维奇找到了一份制图的工作,紧接着,他结婚成家,开始了新生活。这时马列维奇21岁,谁也看不出他未来的发展会如何。

幸运的是,马列维奇在库尔斯克结识了一批热爱美术的年轻人,他们共同组成了当地仅有的美术社团,一起作画、办展,度过了一段有意义的欢乐时光。但这种偏远地区的美术活动远不能满足马列维奇内心的需求,他终于在1904年奔赴莫斯科,希望获得正规的美术教育,提高自己的修养和技艺。

到莫斯科后,马列维奇进入一家著名的私人补习班跟费多尔·雷贝格学习,准备报考莫斯科绘画雕塑建筑学院。但事与愿违,从1905年到1907年,马列维奇都没能通过考试。虽然无法跨入莫斯科绘画雕塑建筑学院的大门,但是马列维奇在20世纪最初十来年间已经创作了一些不错的作品。《有黄房子的风景》(约1904年)是现存的马列维奇最早的作品。在这幅描绘雪天景色的小油画上,人们明显能感到他借鉴印象主义绘画的态度。《自画像》(1909)在创作时间上晚于《有黄房子的风景》,它借鉴的绘画风格也晚于印象主义。梵高等后印象主义画家取代了莫奈,成为马列维奇的榜样。在塑造自己的形象时,他不再斤斤计较能否准确地捕捉到光色的微妙变化,而是突出简洁的形与鲜明的色,借以传达主观感受。

1915年12月,在圣彼得堡举办的未来主义展览会上,马列维奇推出了一批"至上主义"绘画,同时,他出版了题为《从立体主义和未来主义走向至上主义》的小册子,向世人阐释了自己的艺术理想和主张。

在经过一系列多种几何形状、多种色彩变化组合的实验后,马列维奇的至上主义绘画达到了最精美、最纯粹的境界。《无题》(约1918年)、《白上白》(约1918年)可被视为这种新境界的典范。

生活条件一直不太好的马列维奇从1933年起就感到身体不适,1934年,他被确诊患了癌症。在最后的日子里,马列维奇希望到国外就医的想法没能实现。1935年5月15日,马列维奇在家中去世。遵照他的遗愿,马列维奇的骨灰被埋在涅姆齐诺夫卡村的一棵橡树下。此后多年,他似乎被人们淡忘了。直到1988年,列宁格勒的俄罗斯博物馆才为他举办了纪念展,在涅姆齐诺夫卡村新建了纪念碑,墓碑的设计重现了马列维奇喜爱的至上主义正方形。①

代表作品

《飞机起飞》、《青色三角形与黑色长方形》、《白底上的黑色方块》、《白底上的白方块》(即《白上白》)等。

作品赏析

至上主义系列作品②

马列维奇至上主义的总体特征可以归纳为:一是探索以方块为主的艺术表现手段。方形、圆形和三角形是近几十年来的许多抽象绘画的基本要素,但是还没有谁像马列维奇那样探索过方块(方形)。二是重在以抽象表现形式表达内在情感的外在理性。至上主义的抽象表现是和另外两位同时期的抽象绘画大师康定斯基和蒙德里安的抽象表现有所不同的,康定斯基的"热抽象"注重艺术家内心情感的自我表现,而与"热抽象"相对的蒙德里安的"冷抽象",则注重用理智求得艺术中的平衡感,不在乎内在情感的表现。马列维奇的至上主义风格集康定斯基的内在情感和蒙德里安的外在理性表达于一身,创造出内在情感的外在理性形式的至上表现。

(1)黑色至上,至高纯粹

1915年对马列维奇来说是至关重要的一年,他在彼得格勒的"0,10"展览上展出了《白底上的黑色方块》(1913)这幅抽象绘画,引起了极大的轰动。整幅画以白纸为底,以黑色方块为母题,这让当时的评论家深表感叹:"我们失去了所钟爱的一切……我们面前,除了一个白底上的黑方块以外什么都没有。"他把这幅作品挂在了展室两面墙壁相交的一角,这是旧式俄罗斯家庭挂圣像画的地方,这就更寓意了马列维奇对俄国传统挑战到底的决心。这种反叛传统艺术思想的产生依托于当时俄国的时代背景,那时正是十月革命前夕,革命家们所提倡的反传统思想必然会影响他创作。马列维奇

---

① 俄国至上主义画家马列维奇[EB/OL].(2018-08-08)[2022-09-20].https://www.xzbu.com/5/view-1379097.htm.
② 至上主义大师:马列维奇作品探析[EB/OL].(2011-11-25)[2013-05-03].https://www.docin.com/p-294293166.html.

《白底上的黑色方块》

认为:"对于至上主义者而言,客观世界的视觉现象本身是无意义的,有意义的东西是感情……"[①]也就是说,至上主义强调内在情感抽象成外在理性形式的至高无上,反对物象的具象传达。所以,马列维奇将这种反传统艺术思想进行到底,将早期立体民族风情中的民族意象风格抽离,只依靠几何形状进行创作。在上述作品中,正方形的黑色方块被大面积地置于白色背景的正中央,作为整幅作品的视觉中心点,打破了传统构图的束缚,只传达现代艺术至上的观念,这也成就了马列维奇的艺术作品从立体几何到平面几何的蜕变,特别是从不规则几何形到规则方形的演进。

(2)红色至上,充满活力

俄国十月革命期间,前卫艺术家们为迎合社会变革的需要,进行艺术革命创造,建立了"左翼艺术家联盟",马列维奇作为一名年轻有为的艺术家,和其他爱国艺术家一样,积极投身革命。此时,马列维奇的艺术作品也同样表现出激情澎湃的革命精神。如果说马列维奇的黑色方块是至上主义艺术成果的初探,是真实情感的外在抽象性的初次流露,那么,他在1917年前后创作的《至上主义构图》(1916—1917)、《充满活力的至上主义》(1916)等艺术成果,则是炙热的革命情感的迸发。

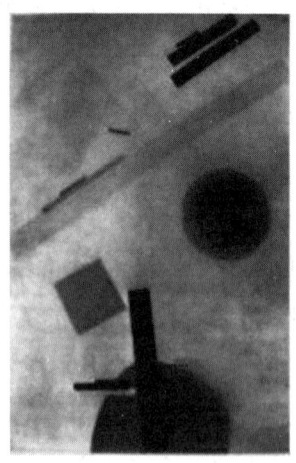

《至上主义构图》

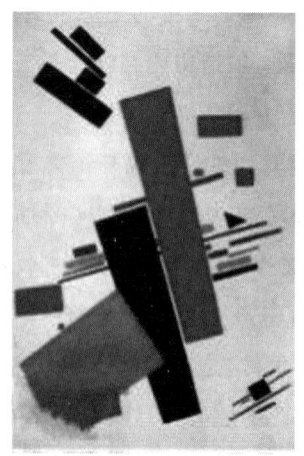

《充满活力的至上主义》

在这两幅作品中,平面的彩色方块交错构搭,形成视觉上的交错感,其中红色方块

[①] 马列维奇.至上主义[J].邹春梅,译.世界美术,1990(1):6.

占据作品的主要位置,使本不稳重的多个方形有了红色视觉中心的依托,不但整个平面因此产生空间感,而且也因为红色方块的前倾性,给人一种以红色统领全局的秩序感。作品中至上的红色方块使艺术家所有纯粹的情感奔腾而出,像是一种革命情怀的雀跃,更像是至上黑色的情感升华。这个时期马列维奇创作的交错构搭的红色抽象方块被广泛应用,在李西茨基等一些前卫艺术家的作品中也常常出现至上红色的身影。

(3)白色至上,走向极致

随着时间的推移,马列维奇注定要为至上主义的发展开辟一片新天地。1918年,他创造了一幅名为"白底上的白方块"的作品,这幅作品在宣布白色时期到来的同时,也体现了其情感与理性的结合达到极致。这幅作品在1919年的"第10届国家展——非具象创作与至上主义"白色系列美术展览上展出,马列维奇在展览目录上写道:"游泳吧!自由的白色大海,无边无际即将展现在你的眼前。"在这次展览之后,马列维奇又出版了《论艺术的新体系》一书,对白色系列进行了论述:"我已冲破蓝色格局的黑色而进入白色,在我们面前是白色的、畅通的太空,是一个没有终极的世界。"白色方块的出现,是艺术家内在至高无上情感的外在理性化的极致表现,是对黑色时期和红色时期的进一步深化。该幅作品中,白色方块以倾斜的形式融入白色的背景中,整幅作品被一个平面的白色方块所引导,马列维奇巧妙地利用了白色方块来达到一种独一无二的至上纯粹精神,是对至上黑色方块和至上红色方块的精神升华。

从黑色至上、红色至上到白色至上,这三个时期的作品均以平面方块构成基本形,以单一的方形来演绎内在情感的外在理性流露,马列维奇这种创作的新形式为抽象艺术开创了一个新的思路。

文化驿站

马列维奇与立体主义[①]

立体主义是西方现代艺术史上的一个运动和流派,又译为立方主义,1908年始于法国。立体主义的艺术家追求碎裂、解析、重新组合的形式,以许多组合的碎片形态形成的分离的画面是艺术家们所要展现的目标。他们以许多角度描写对象物,通过将其置于同一个画面之中来表达对象物最为完整的形象。物体各个角度的交错叠放造成了垂直与平行的线条角度,散乱的阴影使立体主义的画面没有传统西方绘画的透视法造成的三维空间错觉。背景与画面的主题交互穿插,创造出极具个性的绘画风格。

---

① 汤胜天.艺术画面的分离与组合[EB/OL].(2016-09-20)[2018-06-07].https://www.sohu.com/a/114698996_476211.

立体主义经历了三个发展阶段：

(1)1907—1909年的塞尚时期，是立体主义孕育和起步的阶段。这一时期的画家主要追求单纯的几何学形态，放弃光色分析。

(2)1909—1912年的分析立体主义时期，这一时期的画家只注重追求形式的分解，而不注重整体的重组，画面颜色比较单一。

(3)1912—1914年的综合立体主义时期，这一时期的画家开始注重画面的整体效果，不再只强调局部的分解。色彩渐渐丰富起来，事物的形态重新被重视。

立体主义画家的探索起源于塞尚的理论和创作实践，他们把塞尚的"要用圆柱体、圆球体、圆锥体来表现自然"这句话作为艺术理想。实质上，这是20世纪初工业文明、机器时代的社会现实在画家精神中的折射。塞尚的这一理论为马列维奇在1911—1913年创作"立体民族风情"系列作品奠定了基础。

《割草人》

"立体民族风情"系列是马列维奇的早期代表作，这个时期的作品多以体现俄罗斯农民日常生活场景为主。其中以《雪后的小村之晨》(1912)、《割草人》(1911—1913)最具代表性。这些画的色调主要由红色、黄色、蓝色组成,这种三原色对比协调方式的运用不但使得整幅画冷中透暖,而且演绎出俄罗斯强烈、艳丽、活泼的民族风情。画中的人和物都以几何锥形和不规则梯形为基本形,每个几何形都用由暗到明的过渡色填充,通过巧妙灵活的搭配,人和物的体积感以及画面整体的层次感跃然纸上。

正是对早期"立体民族风情"系列作品的探索使马列维奇对几何图形萌发了更大的兴趣。随着俄国政治矛盾的加深,红色革命思想也深入俄国前卫艺术家的作品中,马列维奇作为俄国前卫艺术领军人物之一,开始进行新艺术风格的大胆尝试,这促进了马列维奇至上主义的创立。

米·阿·弗鲁贝尔

人物生平

米·阿·弗鲁贝尔(Михаил Александрович Врубель,1856—1910)生于帝国军官家庭,从小随着父亲军职的变动辗转于莫斯科、圣彼得堡等地。他一直钟情于绘画,但执拗的父亲却希望儿子学习法律,以便更好地在社会上立足。为尊重父亲的意愿,弗鲁贝尔去彼得堡读法律,用业余时间到美术学院夜校学习绘画。就这样,他勉强从法律系毕业后,便坚决按照自己的意愿报考了美术学院,重新学习了4年,他毕业时已经30岁了。

在彼得堡美术学院,弗鲁贝尔追随契斯恰柯夫学画,此后又作为乌克兰美术史家普拉霍夫的助手,参与基辅一座12世纪教堂的修复工作。为了学习

米·阿·弗鲁贝尔

古代壁画技术,他还特地去意大利威尼斯参观教堂。这些经历奠定了他作为一位壁画家的艺术基础。另外,教堂壁画所特有的神秘庄严、苦难压抑的风格也影响了他日后的创作。

弗鲁贝尔是在俄国巡回展览画派影响下成长起来的画家,但他并不满足于此。1889年底,他移居莫斯科,在谢洛夫的引荐下,结识了庄园主马蒙托夫。为纪念俄国诗人莱蒙托夫逝世50周年,马蒙托夫要出版莱蒙托夫的诗集,请弗鲁贝尔创作插图。弗鲁贝尔的《安坐的恶魔》就是莱蒙托夫的散文诗《恶魔》的插图。此后,恶魔成了弗鲁

贝尔终生醉心的题材,恶魔甚至成了弗鲁贝尔的艺术代言人,成为他个人的艺术标志。弗鲁贝尔在后半生——长达20多年的时间,一直画着他心中的恶魔,恶魔的形象也从一开始的《安坐的恶魔》,到《恶魔的肖像》《飞翔的恶魔》,直到最后的《被翻倒的恶魔》。恶魔一变再变,从一位强壮的年轻男子到最后变为一个从天上坠地、身首分离、翅膀散乱的形体。而关于恶魔,所有的画面都满是阴暗、沉闷、压抑、灰冷的色调。恶魔悲剧性的毁灭表现了画家内心极度的痛苦和仇恨。恶魔那受挫的肌体,被压抑的力量,被摧残的生命,被扭曲了的美……散发出凄美的寒气,让人情不自禁对画中人物心生同情,进而由这种同情而开始怀疑画家所处时代的社会秩序。

代表作品

《安坐的恶魔》《天鹅公主》《入夜》《西班牙》等。

作品赏析

《安坐的恶魔》

《安坐的恶魔》是莱蒙托夫散文诗《恶魔》的插图。莱蒙托夫15岁时开始写这首长诗,直到去世才完成。《恶魔》是天使反抗上帝的神话故事:天使刚愎自用,不受上帝宠信,被贬黜为魔鬼。魔鬼仰慕人间的幸福与爱情,但人间的一切已遥不可及。他愤懑之余,诱劝人们抗拒上帝,揭露上帝的伪善,终使自己成了天国的仇敌。除了《安坐的恶魔》,弗鲁贝尔的代表作还有《天鹅公主》《入夜》等,也同样表现着画家非凡的才能,都有神话般的色彩和梦境般的造型,而这些形象、色彩和气氛,与所表现的神话题材十分协调。弗鲁贝尔构建的是一种"真正的神话色彩"。[①]

弗鲁贝尔的妻子是一位著名的歌剧演员,弗鲁贝尔则是歌剧的美术设计,他们既是夫妻,又有着密切的合作。然而,这对金玉之合的夫妇却在弗鲁贝尔46岁时遭遇了不幸:他们生下了一个漂亮的儿子,这个儿子却是兔唇。这件事对生性敏感的弗鲁贝尔打击很大。更不幸的是,儿子不久后又患病夭折,这摧毁了弗鲁贝尔脆弱的心灵,他终于一病不起,甚至被送进精神病院。在精神病院里,弗鲁贝尔仍然恋着绘画,病稍好时就作画,病重就停下,而且画出了相当好的作品,直画到双目失明,再也无法作画为止。4年后,54岁的弗鲁贝尔郁郁病亡。弗鲁贝尔无疑是天才,他沉迷于绘画,很早就显示了天才气质,唯有艺术能使他如鱼得水,游刃有余;唯有绘画能使他得到释放和解

---

① 菲尔艺术.俄罗斯著名画家弗鲁贝尔油画作品赏析[EB/OL].(2019-07-22)[2019-08-08].https://www.sohu.com/a/328427147_100230219.

《安坐的恶魔》

脱。在艺术创作中,弗鲁贝尔避免直接叙说,主要采用富于想象力的语言、塑造发人深省的艺术形象。乍看起来,他那似梦非梦的、象征性的画面离现实很远,但是,作品的艺术魅力往往透过神秘色彩的面纱深深打动观赏者的心。他神情阴郁,虽全身充满力量,却成了不为世间和天国所容的双重孤独者。这个形象具有深刻的思想深度和形象的力量,是反抗专制权力和渴望自由的象征。《安坐的恶魔》以斑斓杂陈的色块组合造型,可能受镶嵌画法影响,那些盛开的鲜花又象征画家心中的信念。这幅画展出时引起画坛的广泛关注,褒贬不一。弗鲁贝尔的妻子却非常理解,她解释说:"他的恶魔不是一般的,不是莱蒙托夫的,而是当代尼采学说的信徒似的。"这个时期,弗鲁贝尔的确受到了当时影响力非常大的尼采哲学的影响。他对沙俄统治下的俄罗斯现状非常失望和愤懑,但不想直接介入对旧世界的斗争;他对现实不满,但又别无良策,他苦闷着,彷徨着,只能凭借艺术形式上的革新来表明态度,他是想埋头到纯艺术中去,用艺术拯救社会。[①]

文化驿站

"双重视力"

弗鲁贝尔的笔触非常独特,尤其是对眼睛的描绘。他作品中所有的眼睛,包括魔鬼的眼睛,都跟他妻子的眼睛一样,闪烁着忧郁的光芒。俄国思想家列夫·舍斯托夫曾说,只有具有"双重视力"的人才能创造出这样的眼睛——"天然视力"和"非天然视力"。[②]

---

① 国际艺术大观.艺坛天魔:弗鲁贝尔的绝奇至异之作[EB/OL].(2018-08-29)[2018-08-30].https://www.sohu.com/a/250642472_156344.
② 国际艺术大观.艺坛天魔:弗鲁贝尔的绝奇至异之作[EB/OL].(2018-08-29)[2018-08-30].https://www.sohu.com/a/250642472_156344.

这种死亡的阴影、恶魔的阴影不仅属于弗鲁贝尔,也属于陀思妥耶夫斯基,属于凡·高、卡夫卡……属于一切具有双重视力的、被世俗所弃绝而执迷于探索死亡之梦的艺术家。阴影变成灵感,使他们的生命放出辉煌之光,同时也变成达摩克利斯之剑高悬头顶,使他们毕生无法安宁。

莱蒙托夫

米·尤·莱蒙托夫(Михаил Юрьевич Лермонтов,1814—1841),是继普希金之后俄罗斯又一位伟大的诗人、作家,被视为普希金的后继者,被别林斯基赞誉为"民族诗人"。

米·尤·莱蒙托夫

莱蒙托夫生于莫斯科一个贵族家庭,3岁丧母,童年时代在奔萨省外祖母的庄园度过。他自幼受到良好的教育,并且天资聪颖,通晓多种外语,在艺术方面也很有天分。他曾先后在莫斯科大学和圣彼得堡近卫军骑兵士官学校上学。1834年到近郊骠骑兵团服役。1841年夏天,他因病到帕吉戈尔斯克疗养,7月27日,他与同学马丁诺夫决斗而死,年仅27岁。莱蒙托夫从14岁开始写诗,1835年发表长诗《哈吉·阿勒列克》,引起文坛注意,同年创作剧本《假面舞会》,塑造了一个勇于同上流社会对抗的悲剧人物。1837年,他为普希金写了《诗人之死》一诗,名震文坛,诗中直言杀害普希金的不是决斗,而是俄国上流社会。他因此被流放到高加索。

1839—1841年,莱蒙托夫完成了长篇小说《当代英雄》。这部小说由5个相对独立的中短篇故事组成。作品通过原来精力充沛、才智过人的贵族青年毕巧林在当时社会条件下无法施展才能,结果成了只好在一些无聊小事上消磨生命的"多余人"的经历,表现对黑暗现实的否定。

莱蒙托夫留给世人的作品包括约400首诗歌和30首长诗。绝大多数是在诗人死后发表的。与莱蒙托夫关系最牢固的是《祖国纪事》杂志社。正是这份杂志刊登了他生前和死后发表的大部分诗篇,以及小说《贝拉》《宿命论者》和《塔曼》。莱蒙托夫多数优秀诗歌和小说作品,都有较好的中文译本。[①]

[①] 历史新知网.莱蒙托夫简介[EB/OL].(2019-11-11)[2019-12-12]. https://www.lishixinzhi.com/lishirenwu/312581.html.

谢·瓦·格拉西莫夫

人物生平

俄罗斯油画家谢·瓦·格拉西莫夫（Сергей Васильевич Герасимов，1885—1964），苏联画家。1885年9月14日，格拉西莫夫生于莫斯科附近的莫沙伊斯克，曾在莫斯科的斯特罗加诺夫国家工业艺术学院（1901—1906）和莫斯科绘画雕塑建筑学院（1907—1913）学习绘画。幸运的是，他成了著名画家谢尔盖·瓦西里耶维奇·伊凡诺夫和康士坦丁·阿历克赛维奇·科罗温的学生。除掌握了油画技法外，他还学会了水彩、石印画与铜版画以及一些其他风格类型的创作技巧，不同类型的创作功底拓宽了他的创作之路。

谢·瓦·格拉西莫夫

格拉西莫夫曾长期从事教育工作，1930—1964年，他先后在莫斯科印刷学院、苏里科夫美术学院、斯特罗加诺夫国家工业艺术学院任教。格拉西莫夫著有艺术理论著作《论艺术》，于1973年出版。1940—1951年，他担任莫斯科市美术家协会主席一职，曾获列宁奖、苏联劳动红旗勋章等。

格拉西莫夫是一位现实主义画家，他的风景画创作明显受到法国印象派的影响，善于从多变的大自然中捕捉某一瞬间的美感，色彩透明度高、闪光，充满生命的活力。《秋》《冬》《早春》和《解冻》等是这方面的代表作。他还尝试创作革命宣传画，完成了《西伯利亚游击队宣誓》（1933）、《列宁在苏联第二次农民代表大会中》（1931）、《集体农庄假日》（1937）等作品。格拉西莫夫还是一位插画家，曾为涅克拉索夫的《谁在俄罗斯能过好日子》、奥斯特洛夫斯基的《大雷雨》、高尔基的《阿尔塔莫夫家的事业》以及普希金的作品绘制插画，用生动的形象诠释文学原作的感染力。

代表作品

《秋》《冬》《早春》《游击队员的母亲》《解冻》《十月革命的列宁》等。

作品赏析

《游击队员的母亲》

格拉西莫夫的作品《游击队员的母亲》表现的是英雄母亲的故事。德国法西斯疯狂杀人、放火，要乡亲们交出游击队或红军的伤病员，面对敌人的淫威，乡亲们决不屈服，特别是英雄母亲，她大义凛然、毫无惧色，给人以深刻的印象。

《游击队员的母亲》

此画构图简洁，只画了两个主要人物，对其他人物的刻画点到为止。相比一些同类题材的创作，《游击队员的母亲》在背景人物的处理上构图更好一些。在光线的处理上，画家把母亲处理成为正面光，德国军官是背面光，这也是出于表现主题的需要。

文化驿站

列宁奖

列宁奖是苏联为表彰在科学、文学、艺术、建筑等方面取得杰出成就的公民而设立的最高奖项，初设于1925年，1935—1956年没有颁奖，直到1957年重新恢复颁奖。同时，苏联还设立了列宁文学奖与艺术奖，1970年又增设了儿童文学奖，一般每两年颁发一次。1990年，列宁奖停办。

苏联解体以后，受不可再生因素的影响，这一时期的奖章、纪念币等藏品的收藏价值越来越高。列宁奖章价格不菲，一枚保存完好的列宁奖章可以卖到500至数千美元。不过，俄罗斯联邦法律规定，任何国家级的奖章都不得在市场上公开交易，其中就包括苏联时期的各类国家级奖章。2006年11月22日，伦敦苏富比拍卖行应俄罗斯文化保护部门的请求,取消了 11 枚苏联勋章的拍卖计划。①

苏联两位姓"格拉西莫夫"的画家

苏联有两位姓"格拉西莫夫"的著名画家,他们生活在同一个时代,同样在莫斯科绘画雕塑建筑学院上学,科罗温是他们共同的老师。他们同样在艺术创作上卓有建树,都取得了很高的荣誉。一位是谢·瓦·格拉西莫夫,另一位是亚历山大·米哈伊洛维奇·格拉西莫夫(Александр Михайлович Герасимов,1881—1963)。

亚历山大·米哈伊洛维奇·格拉西莫夫

与谢·瓦·格拉西莫夫终身从事教育事业不同,亚历山大·米哈伊洛维奇·格拉西莫夫从莫斯科绘画雕塑建筑学院毕业后参加了一战,战后回到家乡的剧院做舞台美术设计。1925 年,他重回莫斯科从事绘画创作,并加入美术家协会。他从事历史画、肖像画、风景画和静物画的创作,其中以肖像作品最为成功。1930 年创作的油画《列宁在讲台上》使他一夜成名。20 世纪三四十年代,亚历山大·格拉西莫夫画了许多斯大林肖像,还画了《芭蕾舞女演员 O. B. 列佩申斯卡娅肖像》(1939)和《四位老画家群像》(1944)等作品。他的风景画也很出色,以《凉台》(1936)最为成功。

1947 年起,亚历山大·格拉西莫夫担任苏联美术研究院第一任院长,1957 年起,担任苏联美术家协会第一任主席,成为苏联美术界的头号人物。他是最早获得苏联人民美术家称号的四人之一(1943),一生四次获得斯大林奖金,还曾获得列宁勋章和红旗勋章。

《列宁在讲台上》是他的代表作。画面中,列宁站在高高的讲台上,蔚蓝的天空衬托出他前倾的身躯,飘动的红旗增强了画面的动感,广场上是人群和旗帜组成的海洋。这幅画高度概括了列宁的典型形象,是当时最出色的列宁肖像。作品一问世立即轰动全国。凡提及列宁的文章往往就会出现这幅画,它还多次被选作列宁纪念邮票的图案。它不仅在苏联家喻户晓,20 世纪 50 年代在我国也广为流传,成了那个时代的标志性画作。从此,亚历山大·格拉西莫夫的绘画事业进入鼎盛时期。革命领袖题材成为他的主要创作方向。

---

① 徐励. 俄禁止买卖国家级奖章[EB/OL]. (2007-03-19)[2011-09-09]. http://news.sohu.com/20070319/n248810915.shtml.

《列宁在讲台上》

1954年10月,北京展览馆建成并投入使用,当年10月2日至12月16日举办的首个展览就是"苏联经济及文化建设成就展览会"。画展中,格拉西莫夫的《四位老画家群像》首次在中国展出。展览会开幕时,格拉西莫夫随苏联文化代表团访华并拜会了中国美术家协会主席、著名画家齐白石。他对中国古代绘画传统赞誉有加,认为中国的传统绘画"用简洁的笔墨表现出最复杂的情节和意境,使观者的感官和想象紧密地结合起来,唤起他们内心的共鸣"[1]。20世纪50年代,中苏交流密切,格拉西莫夫的作品对我国的油画、水彩画,乃至中国画的发展都产生过影响。

阿·阿·杰伊涅卡

人物生平

阿·阿·杰伊涅卡

阿·阿·杰伊涅卡(Алекса́ндр Алекса́ндрович Дейне́ка,1899—1969)[2],苏联画家,苏联美术研究院院士,列宁奖获得者,德意志民主共和国艺术研究院通讯院士,曾获"社会主义劳动英雄"称号。杰伊涅卡1899年5月8日生于库尔斯克,早年曾在哈尔科夫美术学院求学,后转入莫斯科国立高等艺术学校,毕业后曾在印刷学院和苏里科夫美术学院任教,1945—1948年任莫斯科工艺美术学院院长。杰伊涅卡满腔热情地对待革命的新事物,勇于探索油画的新形式,1928年完成富有纪念意义的《保卫彼得格勒》,创造了意志坚定、为统

---

[1] 龙飞.有争议的大画家:格拉西莫夫[N].中华读书报,2017-07-19(20).
[2] 中国大百科编者.杰伊涅卡,A.A[EB/OL].(2016-10-28)[2018-04-03].http://www.baiven.com/baike/224/272490.html.

一的目的和行动而组织在一起的工人形象,鲜明地反映了时代特色。1932年,他的创作风格发生了变化,作品中的抒情色彩得到加强。代表作《母亲》(1932)概括地表现了高尚而深厚的母爱。作者以非对称的构图、沉着的色调,画出了堪称"20世纪的圣母"的形象。他所塑造的人物追求高尚的精神境界和纯洁、丰富的内心世界。20世纪30年代后期,他着重画航空和历史题材画作。前者如《未来的飞行员》(1938)等,后者主要为大型壁画。40年代具有代表性的作品是以马雅可夫斯基的诗歌为题的《前进!》。卫国战争时期,他创作的《莫斯科城郊》(1941)象征性地描绘出时代气氛,而另一幅《保卫塞瓦斯托波尔》(1942)则是这一时期苏联美术的代表作。战后,他的作品表现出多样化的特点,有气魄,有个性,代表作为克里姆林宫会议大厅的镶嵌画。

代表作品

《保卫彼得格勒》《母亲》《未来的飞行员》《保卫塞瓦斯托波尔》等。

作品赏析

《保卫塞瓦斯托波尔》

杰伊涅卡在卫国战争期间创作的油画作品中有不少传世佳作。当时还年轻的他以充沛的精力和高亢的热情创作了一系列表现卫国战争的大幅油画,其中以《莫斯科郊区》和《保卫塞瓦斯托波尔》最为出色。保卫塞瓦斯托波尔是画家亲身参加的一次战斗。画中硝烟弥漫,战士们为保卫自己的城市与敌人展开了激烈的搏斗。塞瓦斯托波尔是乌克兰南部的克里米亚海港城市,是苏联海军的军事基地和军事要塞。1942年6月至7月,德军围攻塞瓦斯托波尔一个月之久,城市几乎沦为废墟,《保卫塞瓦斯托波

《保卫塞瓦斯托波尔》

尔》表现了苏联军队反击德军的战争场面,人物造型写实而又夸张,画面宏大,气势磅礴,艺术形象极富表现力。二战期间,战争与和平成了热门题材。《保卫塞瓦斯托波尔》以强烈的爱国主义热情感染着观众,成为这一类题材的代表作。

文化驿站

《塞瓦斯托波尔保卫战》

《塞瓦斯托波尔保卫战》剧照

由俄、乌合拍,乌克兰导演莫克里茨基执导的传记影片《塞瓦斯托波尔保卫战》,取材于帕夫利琴科的部分生平经历。1941年6月,希特勒将战火烧到苏联加盟共和国乌克兰。基辅大学历史系四年级学生帕夫利琴科中断学业,参军奔赴前线,在克里米亚半岛的塞瓦斯托波尔书写了二战史上一段不朽的传奇。1941年11月至1942年7月的塞瓦斯托波尔保卫战,是二战史上最惨烈的城市保卫战之一,七万苏军为国捐躯。因在校期间受过专业射击训练,帕夫利琴科在狙击战斗中屡立战功。参战短短一年,她狙杀德军官兵309名,其中包括36名狙击手,创史上女狙击手杀敌数量之最。①

与真实的女狙击手一样,由30岁的俄罗斯著名女演员佩列西尔德扮演的帕夫利琴科有着一双温柔、明亮的大眼睛。在血腥的战场上,这双大眼睛流露过对死亡的恐惧、对失去战友的悲伤和对爱的渴望,但在瞄准敌人时,这双眼睛没有丝毫犹疑。帕夫利琴科本人后来回忆道:"踏上战场,我心中充满对德寇的仇恨,因为他们毁了我们和平的生活。我把仇恨化作子弹,射向法西斯的心脏。"②

塞瓦斯托波尔2014年3月加入俄罗斯联邦。为避免引起歧义,影片在乌克兰上映时更名为"坚不可摧的女人"。导演莫克里茨基希望以此片向参加卫国战争的80万苏联女兵致敬。

影片虚构了帕夫利琴科与三个男人在炮火中的情感故事,悲壮的爱情主线贯穿始终。

---

① 北京晚报.乌克兰女狙击手俘获百万俄罗斯观众(组图)[EB/OL].(2015-04-14)[2016-05-05].https://www.163.com/news/article/AN60JTOQ00014AED.html.
② 一个女狙击手的保卫战[EB/OL].(2015-04-13)[2020-01-10].http://www.xinhuanet.com/world/2015-04/13/c_1114954347.htm.

初恋马卡罗夫中尉对帕夫利琴科关怀备至,但他为了自己的一个承诺,痛苦地拒绝了她的爱,最后战死沙场。搭档基岑科少尉对她一见钟情,两人在并肩作战中相爱。一次执行任务途中,基岑科为保护心爱的女人,牺牲在她的怀里。1942年7月,在塞瓦斯托波尔沦陷前几天,伤痕累累的帕夫利琴科拿着好友乔帕克搞到的救命通行证,搭乘潜艇离开火线。而那个一直深爱着她、曾被她讥讽为"胆小鬼"的医生乔帕克,在送别爱人后又义无反顾地回到前线。

饱受伤病折磨的帕夫利琴科再没能重返战场。她不久便随苏联军事代表团出访美国和加拿大。影片真实地还原了这段历史。访美初期,美国媒体将她称作"死亡夫人"。在芝加哥的一次巡回演讲中,帕夫利琴科面对数千听众,用流利的英语发表了一番轰动美国,也让美国人汗颜的讲话。她说:"我25岁,我在前线已经消灭了309个德国侵略者。先生们,你们不觉得躲在我背后的时间太长了吗?"[①]听众沉默片刻,旋即回以经久不息的掌声。有历史学家认为,帕夫利琴科此行对美国决定在欧洲开辟第二战场起到了推动作用。美国时任总统罗斯福的夫人埃莉诺·罗斯福与她结为好友,称赞她既是一名优秀的战士,又是一位出色的外交家、一位杰出的女性。1943年10月,帕夫利琴科被授予"苏联英雄"称号,成为卫国战争期间唯一获此殊荣的女性,也是唯一生前获此殊荣的女性。1974年10月27日,58岁的女狙击手走完短暂而英勇的一生,病逝于莫斯科。

《塞瓦斯托波尔保卫战》于2015年4月在中国上映,中文片名为"女狙击手"。

叶·叶·莫伊谢延科

人物生平

叶·叶·莫伊谢延科(Евсей Евсеевич Моисеенко,1916—1988),苏联油画家、苏联美术研究院院士。莫伊谢延科1936年考入列宾美术学院油画系。1941年,卫国战争爆发,他以民兵身份参加了列宁格勒保卫战,不久转入第三轻骑兵团。战争期间,他经历了巨大的痛苦,看到了人民的悲惨境遇,饱尝了集中营的恐怖,也享受了最后胜利的喜悦。骑兵的生活为他日后的创作打下了坚实的基础。

莫伊谢延科从事肖像、风景、风俗等多种题材的创作,但以军事题材为主。他的作

[①] 一个女狙击手的保卫战[EB/OL].(2015-04-13)[2020-01-10].http://www.xinhuanet.com//world/2015/04/13/c_1114954347.htm.

叶·叶·莫伊谢延科

品激奋热情，像是一支支富有表现力的歌曲。在他的画作中，情节与诗意、严肃与柔和总是交融在一起，表现出人民在国内战争和卫国战争中建立的功勋。

莫伊谢延科的组画《战争岁月》，包括以国内战争为题材的《红军来了》(1961)、《同志们》(1963—1964)、《甜樱桃》(1969)和以卫国战争为题材的《胜利》(1972)，获1974年度的列宁奖。《红军来了》是莫伊谢延科的成名之作，描绘一队同白匪作斗争的红军骑兵突然在夜间开进一个小村子。作者把一队骑兵从远景里推向观众，强烈的动感和磅礴的气势是这幅画的最大特点。《甜樱桃》中的人物仍是红军战士。作者说，这是一些在动乱的年代从四面八方聚集起来的有着崇高理想、心地纯洁但还未脱尽稚气的小伙子。军帽里的红樱桃是构图的中心，它象征着春天和未来的美好生活，也象征着流血和牺牲。《红军来了》注重真实再现，《甜樱桃》则采用了从观众的联想中求取艺术效果的表现方法。

莫伊谢延科的另一类作品采用哲理性语言同观众对话。《胜利》(1972)和《五月九日》(1975)是这方面的代表作品。在前者的画面中，画家把胜利和牺牲压缩在一个瞬间。一切都采用对比的手法：柏林市区的最后战斗中，一个红军战士突然中弹，另一个战士赶紧上前扶住他。胜利的欢呼声传来的时候，战士却牺牲了。光线为强烈的明和暗，主题是生与死。后者则借用一个普通生活场面，表现几代人的伦理道德面貌，画出了人们因经历不同而对历史、对战争年代的不同的认识。1980年完成的《歌》《八月》和《回忆》，与以前的作品相比在表现手法上有很大不同，被称为"探索性的作品"。莫伊谢延科在苏联画坛以富有表现力的现实主义画风著称，他的作品受到国内外的重视。20世纪70年代以后，莫伊谢延科的肖像和儿童题材作品明显增多。①

代表作品

《红军来了》《甜樱桃》《同志们》《胜利》《五月九日》等。

---

① chen195800.莫伊谢延科作品欣赏[EB/OL].(2018-02-10)[2019-03-25].http://www.360doc.com/content/18/0210/15/36933928_729151294.shtml.

作品赏析

《红军来了》

这幅画描写国内战争时期也就是画家童年时的场景:一些驱逐白匪的红军骑兵夜间突然开进一个小村,骑兵飞驰,就像电影镜头那样,人和马都在快速地流动,对面一家农舍的窗亮了灯,一个连衣服也未穿好的小伙子从屋里惊喜地跑出来迎接骑兵。画面近景是木栅的一侧,使得这幅图构图自然而独特。歌颂红军的神速,就是这幅画的主题。通过速写一般的色彩笔触,画家在亮处用白色,其余地方用朱红和蓝色,光线与空间感显得很不稳定,但画中的红军骑兵形象却显得坚定有力、英勇豪迈。[①]

《红军来了》

此外,莫伊谢延科的艺术观点也很鲜明。他赞成艺术仅是艺术家"自我表现的手段"。他的战争题材,从不描写战争,只是描画战时的生活,不管是战前的,还是战后的。

《红军来了》创作于1961年,于1970年获格列柯夫军事画金质奖,1969年被收藏于特列恰柯夫美术馆。

文化驿站

"联想型艺术思维"

有的俄罗斯学者把20世纪50—70年代的苏联美术归纳成三种艺术思维类型:真

---

① 章海燕.经典油画《红军来了》亮相申城[EB/OL].(2018-01-20)[2019-03-26].https://www.kankanews.com/a/2018-01-20/0038308986.shtml.

实再现型艺术思维、联想型艺术思维、真实－联想型艺术思维。莫伊谢延科被认为属于第二种类型,即用暗示、对比、借喻等手法来创造艺术形象的"联想型艺术思维"。所以,尽管莫伊谢延科的画创作于几十年前,这些作品仍能与当代观众对话。他的画面没有华丽的色彩,没有精美的线条,但苦涩沧桑的色彩运用及笔触如悲壮的交响乐一般撞击着观赏者的心灵,涤荡着人们的灵魂,颂扬着对和平生活的向往。

联想和想象是人的心理活动。作为一种创造思维方法,联想和想象是探究未知领域的本能欲望。人们联想的能力越强,创造主体就越能把意义差距大的各类事物组合关联起来。无疑,这有赖于经验和知识的积累。艺术联想一般是针对事物的多种特征进行的,是为表达创造主体的某种心情、心理活动进行的。艺术源于生活却非照搬生活,莫伊谢延科正是把战时生活的瞬间定格在画面中,通过画面中人物、色彩、虚实、远近、明暗等的对比、暗示、隐喻,为观赏者提供了广阔的艺术联想和想象空间,创作出具有丰富的表现力和感染力的作品。

第二章　戏　剧

概　述

一、俄罗斯戏剧发展简史

俄罗斯戏剧发展史与欧洲戏剧发展史相比要短得多,但俄罗斯在戏剧创作上取得的巨大成就却不亚于历史更悠久的欧洲。俄罗斯人酷爱戏剧艺术,甚至可以说崇尚戏剧艺术,他们以独有的表演天赋和极高的艺术创造力,在很短的时间里创立了辉煌的表演艺术形式及理论体系。

俄罗斯的戏剧起源于古代的滑稽节目。滑稽节目演员出现在11世纪,曾经聚居在莫斯科红色普列斯尼亚一带。这些演员四处漂泊,以表演唱歌、舞蹈、技巧、木偶等滑稽节目为生。他们自编自演了一些有简单剧情的节目,穿着令人发笑的奇装异服在台上插科打诨、谈古讽今。俄罗斯的民间戏剧从这种滑稽节目逐渐发展演变而来,到15至17世纪时达到高潮。一些剧目因讽刺了达官贵人和东正教会一度遭到沙皇政府和教会的禁止和打击。1648年,沙皇阿列克谢·米哈依洛维奇就曾颁令,禁止人们在公众场所唱歌和进行大规模的演出,禁止穿戴滑稽演员的服装和假面具等。但群众的喜爱使民间戏剧屡禁不止。[1]

---

[1] 金色年华554.奔放豪迈的俄罗斯戏剧文化[EB/OL].(2018-07-09)[2019-03-25].http://www.360doc.com/content/18/0709/12/18841360_769002057.shtml.

1672年，在大贵族阿·谢·马特维耶夫的倡议下，沙皇阿列克谢在克里姆林宫建起了俄罗斯第一座宫廷剧院，最初的剧本和演员都来自德国。人们对文化的多样化需求促使戏剧艺术迅速发展。几代沙皇为推进俄罗斯进一步欧化，大规模学习和引进西方文化，西方的戏剧艺术也因而传入俄罗斯。彼得一世曾于1702年在红场建造了一座国家剧院，上演由西欧的剧团表演的世俗剧，剧本都是外国剧本翻译或改编的。18世纪俄国戏剧的发展，一定程度上得益于叶卡捷琳娜二世的推动。她曾亲自撰写剧本，并下诏贵族必须观看戏剧，否则就罚以重金。女皇的倡导使戏剧深受上流社会的青睐，孕育了俄罗斯戏剧后来的繁荣。

法国古典主义对俄罗斯戏剧影响甚大。俄国的第一批世俗戏剧就是模仿古典主义戏剧创作的。俄罗斯著名剧作家苏马罗科夫曾按照古典主义的规则写过9部悲剧和12部喜剧。其作品在圣彼得堡公演后，人们对戏剧的兴趣越来越浓，开始在全国许多城市建造剧院、组织剧团、编演戏剧。18世纪俄国最著名的剧团是北部城市雅罗斯拉夫尔市由费·格·沃尔科夫创办的业余剧团，即现在雅罗斯拉夫尔市费奥多·沃尔科夫国立模范剧院的前身。1756年，沃尔科夫按照沙皇的指示在圣彼得堡建立了俄国第一个职业性的公共剧院"俄罗斯悲喜剧剧院"，由剧作家苏马罗科夫任经理，沃尔科夫及其伙伴们组成剧院的第一个戏班。沃尔科夫由此被称为"俄罗斯第一演员"，圣彼得堡成为俄国戏剧的中心。

俄国的戏剧大致经历了从古典主义向浪漫主义、现实主义转变的过程。19世纪的前20年，俄国戏剧主要受感伤主义的影响，以神话和俄国历史为题材的古典悲剧占据主要地位。19世纪30年代，浪漫主义取代古典主义成为俄国戏剧的主流。俄罗斯现实主义戏剧产生于俄国现代化愿望与农奴制现实之间的尖锐冲突背景下。以十二月党人为代表的俄国先进知识分子开始探索具有革命精神的俄罗斯戏剧的新形式，以表达他们内心的痛苦。现实主义逐渐成为主流，涌现出亚·谢·格里鲍耶陀夫的《聪明误》和果戈理的《钦差大臣》等具有代表性的现实主义作品。19世纪四五十年代，莫斯科的小剧院成为俄国戏剧艺术的中心，其艺术活动促进了现实主义在戏剧界的发展。许多俄国进步剧作家揭露社会黑暗的作品在这里上演。在小剧院舞台上，莎士比亚、席勒等人作品中的主角也发出了严正而激愤的声音。小剧院把艺术上的现实主义与政治上的民主主义密切联系在一起，被誉为莫斯科的"第二大学"。尽管出现了大批优秀剧目和演员，但在19世纪末之前俄国还缺乏系统的戏剧理论，演出水平长期处于停滞状态。对此深有感触的戏剧艺术家康·谢·斯坦尼斯拉夫斯基和弗·伊·涅米罗维奇-丹钦科于1898年共同创建了莫斯科艺术剧院，并使它成为俄国戏剧艺术的中心，在上演的剧目、表演艺术和导演艺术方面都进行了重大改革。

十月革命后，戏剧作为反映人民生活、教育人民并为人民所喜爱的艺术形式，得到大力发展。20世纪60年代，苏联戏剧蓬勃发展，反映新的社会关系和道德问题的新剧本层出不穷，各种形式的演出在全国各地的剧院上演，仅1969年，剧院的新演出就达到3500场。到80年代，戏剧仍以其独特的魅力吸引着大批的观众。苏联时期，专业剧团有560个以上，业余剧团超过1000个，戏剧观众每年多达3亿人次。

苏联解体后，戏剧创作和演出陷入低潮，但一些著名剧院仍有不少演出，节目以古典戏剧为主。20世纪90年代中后期，俄罗斯戏剧呈复苏态势，但力作不多，剧目内容大都反映各阶层人民对新时期因政治、经济、文化等方面发生的变化所产生的困惑和疑虑。[1]

二、戏剧艺术的美学特征

戏剧艺术是一种综合艺术。它融文学、美术、表演、音乐、舞蹈等多种艺术于一体，通过编剧、导演、演员的共同创造，把生活中的矛盾冲突，十分尖锐、强烈、集中地再现于舞台之上，使观众犹如亲眼看见或亲身经历戏剧中发生的事件一样，从而获得具体生动的艺术感受。戏剧的基础是剧本。戏剧艺术的综合性决定了戏剧制作的集体性，每一部剧作都是集体努力的成果。可以说，集体制作是戏剧创作的基本原则。[2]

戏剧艺术的一个突出特点是艺术形象的创作者是人，是演员。画家用色彩在画布上作画，雕刻家用石头或木头雕刻，而演员的材料是他自己，是自己的身体、面孔、声音、神经以及他的整个肌体。在剧院的舞台上，站在观众面前的是活生生的人，他在剧组集体创造出的真实情景中行动。观众在观看这一切时便不自觉地进入演员所处的境地，对舞台上发生的一切产生身临其境的感觉。所以，编剧和导演的意图都要通过演员的表演来实现。戏剧艺术正是靠演员把舞台上的一切引入剧情，赋予它们舞台意义。尽管戏剧艺术历史悠久，它的发展经历了各种变化，但有一点永远不会变——戏剧是由活生生的演员在观众面前表演的艺术。

由于演员是戏剧艺术的具体实现者，这就要求演员具有相应的天赋和能力，如极强的理解力、敏锐的观察力和注意力、丰富的想象力和充沛的感情，而最主要的还是表演才能。演员的创作活动是在观众面前实现的，因此，戏剧能对观众产生巨大的精神影响。这与电影不同，在电影中，观众看到的是创作的结果；而在戏剧中，观众看到的

---

[1] 金色年华554.奔放豪迈的俄罗斯戏剧文化[EB/OL].(2018-07-09)[2019-03-25].http://www.360doc.com/content/18/0709/12/18841360_769002057.shtml.
[2] 周玲.论戏剧艺术的基本特征[J].辽宁教育学院学报,2003(3):79-80,88.

则是创作过程本身。戏剧的吸引人之处也正在于此。扮演同一角色的不同演员都用自己生活的经验和体会丰富这一角色。虽然与电影相比,戏剧的群众性要差一些,因为戏剧作品不能大量复制,但就演员与观众之间的密切联系和在观众面前直接进行创作而言,戏剧自有其优越性。

三、俄罗斯戏剧发展史上的代表人物

18世纪,俄罗斯大规模学习和引进西方文化,西方戏剧艺术传入俄罗斯。俄罗斯戏剧经历了从翻译、改编、模仿西方戏剧,到迅速发展并形成自己的艺术风格和理论体系的过程。在从古典主义向浪漫主义、现实主义转变的过程中,一个又一个戏剧家用自己对戏剧艺术的热爱创作出许多有影响力的作品,不断推动俄罗斯戏剧的发展。

1747年,苏马罗科夫严格遵循古典主义美学原则,以基辅罗斯时期的历史故事为题材,创作了俄罗斯的第一部悲剧《霍列夫》,并在宫廷上演。其作品在彼得堡公演后,人们对戏剧的兴趣越来越浓,全国许多城市都纷纷建造剧院、组织剧团、编演戏剧。苏马罗科夫把法国古典主义戏剧模式移植到俄罗斯历史剧中,是当之无愧的俄罗斯戏剧的奠基人。他不仅是俄罗斯第一部悲剧戏剧的创作者,也是俄罗斯第一部喜剧戏剧的创作者,还是俄罗斯第一家剧院"俄罗斯悲喜剧剧院"的首任院长,因而获得了"俄罗斯戏剧之父"的美誉。与苏马罗科夫同时代的费·格·沃尔科夫则是俄罗斯职业剧团的创始人,也是俄国的第一位导演兼演员,被称为"俄罗斯戏剧表演之父"。其创办的沃尔科夫剧院是俄国历史上第一家专业剧院。苏马罗科夫与沃尔科夫的戏剧实践为俄罗斯戏剧的发展奠定了良好的基础。1769年,冯维辛创作完成他的第一部散文体喜剧《旅长》,1782年,喜剧《纨绔子弟》问世。冯维辛首次突破了对法国戏剧的模仿,成为真正把俄国社会生活当作戏剧冲突来创作的第一人。其代表作《纨绔子弟》塑造了无知、残暴的地主普罗斯塔科娃和好吃懒做、游手好闲的少爷米特洛凡的典型形象,而围绕索菲亚的婚事发生的故事,则揭示了农奴制的黑暗和俄国尖锐的社会矛盾。《纨绔子弟》以出色的人物形象塑造成为俄罗斯喜剧的代表之作。

1836年,果戈理创作的讽刺喜剧《钦差大臣》淋漓尽致地揭露了官僚制度的腐朽,大大丰富、发展了现实主义的戏剧艺术,是俄国戏剧史上的又一座里程碑。19世纪50年代,亚·尼·奥斯特洛夫斯基的剧作提高了现实主义在戏剧舞台上的地位。他继承了冯维辛、格里鲍耶陀夫、普希金、果戈理的现实主义精神,吸取了俄国和西方的艺术技巧,并有所创新。他在40年间写了大约50部剧本,其中五幕悲剧《大雷雨》是最著名的作品。奥斯特洛夫斯基的戏剧形式优美,内容丰富,讲究情感的表现,善于运用生动的民间语言,曾被杜勃罗留波夫称为"生活的戏剧"。

19世纪末20世纪初,俄国戏剧发生了巨大的变化,为观众提供有益的精神食粮的现代剧目在舞台上占据了主要地位。契诃夫、高尔基的作品内容贴近人民群众的生活,表现生活中的新生力量,呼唤对社会和传统道德的反抗,富有时代气息,开创了戏剧的新风。1896年,契诃夫的《海鸥》一举成名。其后他又发表了《万尼亚舅舅》《三姊妹》《樱桃园》等作品。契诃夫通过细腻的心理分析,用幽默的风格表现人们的内心世界,表达了对普通人所遭受的不幸和苦难的深切同情,在世界戏剧史上首创了社会心理抒情话剧。1901—1906年,高尔基写了《小市民》《底层》《仇敌》《太阳的孩子们》和《野蛮人》等作品。这些剧本反映了工人阶级的革命斗争和底层人民的困苦生活,揭露和控诉了资本主义制度的罪恶,具有鲜明的唤醒群众、激励斗志的意义,深受观众欢迎。[①]

随着现实主义成为俄国戏剧的主流,大批的现实主义表演艺术家成为戏剧舞台上的主角。农奴出身的著名演员米·谢普金是俄国现实主义话剧表演艺术的奠基人,萨多夫斯基家族是谢普金的继承者。玛·尼·叶尔莫洛娃是著名的悲剧演员。

1898年,康·谢·斯坦尼斯拉夫斯基和弗·伊·涅米罗维奇-丹钦科共同创建了莫斯科艺术剧院,它成为俄国戏剧艺术的中心。斯坦尼斯拉夫斯基在艺术实践中逐渐形成了一套舞台艺术理论,完成了传世之作《演员自我修养》,从理论上制定了从体验到体现的演员创造角色的方法,建立了斯坦尼斯拉夫斯基体系。涅米罗维奇-丹钦科在对舞台表演艺术的不断创新中,形成了一套完整的表演体系,揭开俄国戏剧史上新的一页。与斯坦尼斯拉夫斯基体系对立的是表现派的戏剧艺术理论,其首创者为弗·艾·梅耶霍德。他提出有机造型艺术理论,认为艺术与生活有别,主张广泛地采用戏剧假定性和电影化手法。梅氏的艺术思想曾长期被作为形式主义予以取缔,直到20世纪50年代中期才恢复名誉,开始吸引国内外戏剧工作者的广泛注意。

十月革命后,一批批现代戏剧陆续上演。亚·瓦·万比洛夫是果戈理、契诃夫传统戏剧的继承者,又是苏联戏剧的开拓与创新者,形成了颇具影响力的"万比洛夫流派"。他的代表作《打野鸭》在苏联戏剧舞台上塑造了齐洛夫这个当代"多余人"的形象。在当代俄罗斯剧坛,罗佐夫是艺术生命力最持久的人,是俄罗斯当代心理现实主义戏剧的代表作家之一,他更多地继承了契诃夫的戏剧传统,特别是在语言上追求契诃夫式的"生活化"且台词富有深意。他的创作实践从1943年的《谢列布里斯基一家》

[①] 金色年华554.奔放豪迈的俄罗斯戏剧文化[EB/OL].(2018-07-09)[2019-03-25].http://www.360doc.com/content/18/0709/12/18841360_769002057.shtml.

开始,一直持续到20世纪70年代末,代表作有《追求欢乐》《婚礼之日》等。他的剧作虽屡遭批评,但仍拥有广大的读者和观众,他的许多剧作成了俄罗斯各主要剧院的保留剧目。罗佐夫将剧本《永生的人们》改编成电影剧本搬上银幕,获第11届戛纳国际电影节金棕榈奖。

苏联解体后,俄罗斯的戏剧创作和演出陷入低潮,直到20世纪90年代中后期才逐渐复苏,但力作不多。

第一节 18世纪的戏剧艺术

阿·彼·苏马罗科夫

人物生平

阿·彼·苏马罗科夫

阿·彼·苏马罗科夫(Алекса́ндр Петро́вич Сумаро́ков,1717—1777),俄罗斯剧作家、诗人、戏剧活动家,俄国古典主义戏剧的主要代表。苏马罗科夫出生在圣彼得堡的一个贵族家庭,从小接受家庭教育,后来进入陆军武备学校学习并在这里开始了文学创作,他翻译诗歌并仿照法国诗歌创作颂诗。1740年,苏马罗科夫毕业,于陆军服役。1747年,苏马罗科夫创作了他的第一部悲剧《霍列夫》,这部作品在宫廷上演。这部剧本给他带来了极高的声誉。后来,他又相继写出了8部悲剧、12部喜剧以及3部歌剧。1756年,沙皇下令在彼得堡建立俄国第一个职业性的公共剧院"俄罗斯悲喜剧剧院",苏马罗科夫担任经理。在很长一段时间里,他都是剧本的主要创作者。1761年,苏马罗科夫因冒犯伊丽莎白女王被解职。苏马罗科夫是俄罗斯17世纪戏剧领域独一无二的天才,被称为"俄罗斯戏剧之父"。1759年,苏马罗科夫将中国戏剧《赵氏孤儿》由德文版翻译为俄文版,刊载在圣彼得堡的《勤劳蜜蜂》杂志上,开启了中国戏剧在俄罗斯的传播。[①]

苏马罗科夫的悲剧作品中清晰地体现了古典主义戏剧的共同特点。苏马罗科夫悲剧中的基本冲突通常是理智与激情的斗争和社会义务与个人情感的斗争。在这样的斗争中,获得胜利的总是社会因素。苏马罗科夫的喜剧并不严格遵守古典主义规则,他始终未能写出一部"高级的""正宗的"五幕诗体喜剧。

俄国古典主义的成就与苏马罗科夫的创作分不开。以体裁而论,在18世纪的俄国文学世界,苏马罗科夫的作品堪称丰富多彩,仅诗歌就有讽刺诗、颂诗、警世长诗、哀诗、寓言、叙事诗、田园诗、十四行诗、讽刺模拟诗等多种类型。

在同时代人的作品中间,苏马罗科夫的作品以悲剧著称。文学界的进步人士(尤其是诺维科夫)对他的讽刺作品评价也很高,但在读者中流传最广的是他的抒情诗。他的爱情诗含有明显的道德因素。《原谅我,亲爱的》将真挚的个人情感与崇高的爱国之情融为一体;《不要伤心,我的爱人》具有民歌的朴实和情趣,在古典主义诗歌中并不多见。他的诗重视人的体验——难以割舍的、"不合法的"和令人欢欣鼓舞的爱情以及苦恼、分离、妒忌,他还常将个人生活事件纳入诗中。

此外,苏马罗科夫还是个寓言作家,写过近四百篇寓言。同前辈康捷米尔、莱蒙诺索夫等人相比,苏马罗科夫的寓言用不拘一格的抑扬格诗体写成,语言朴实无华,接近口语,中间还夹杂着俚语和俗语,结尾往往词浅意深,如格言警句一般。这是苏马罗科夫的一个创新成就,他在许多方面为克雷洛夫的寓言创作提供了借鉴。

代表作品

苏马罗科夫著有9部悲剧和12部喜剧,代表作有悲剧《霍列夫》《冒名为皇的季米特利》,喜剧《爱吵架的女人》《长舌妇》等。

作品赏析

《霍列夫》

悲剧《霍列夫》是苏马罗科夫的代表作,取材于基辅罗斯时代的一段历史,提出了个人承担国家民族责任的主题。

故事发生在6世纪末7世纪初的基辅公国,当时执政的是基依大公。16年前,基依同札甫洛赫(基辅的一位公爵)决定推翻政权,然后一起建立新政权。但札甫洛赫在战役中失去了儿子,被迫到大草原上继续作战。他的妻子听说胜利的基依已经回到了

[①] 朱少华.《赵氏孤儿》在欧洲的传播[J].中国戏剧,2003(2):63.

城市，但她的儿子死了，于是自杀了，留下年幼的女儿奥斯涅丽达。奥斯涅丽达因此视基依为仇人。基依的弟弟霍列夫对奥斯涅丽达由同情生爱。长大了的奥斯涅丽达一定要离开基辅，霍列夫恳求她留下，并决定去请求札甫洛赫将女儿嫁给他。

基依听见了情人间的对话，误以为霍列夫想要联合札甫洛赫夺取皇位。他不相信他平时最疼爱的弟弟、同时也是自己的继承人的霍列夫会做这样的事。为了验证霍列夫的忠诚，他命令霍列夫召集军队攻打札甫洛赫。霍列夫说："能和平解决的事，为什么非要发动战争呢？但如果哥哥一定要这么做，我也定会把札甫洛赫的项上人头提来。"基依安下心来，认为霍列夫没有叛变。听到霍列夫要攻打父亲札甫洛赫，奥斯涅丽达自杀了。当霍列夫得胜回来的时候，基依知道了这一切是个误会，是自己害死了札甫洛赫的女儿，便请求弟弟原谅。霍列夫从没有要杀死哥哥的想法，也没想过夺取皇位。基依带着爱人的尸体去安葬，最终殉情。

《霍列夫》是苏马罗科夫的首部悲剧，1749年，该剧在圣彼得堡陆军学校业余剧院上演。虽然该剧尚不成熟，但其情节取材于俄国历史，让戏剧以前所未有的面貌和形态出现在观众面前。剧本以古典主义方法描写了理智战胜私情、责任超越爱情的故事。但剧本也通过描写基依大公的暴虐，表达了作家反对女皇的情绪。

文化驿站

俄罗斯古典主义

古典主义形成和繁荣于法国，随后传播到欧洲其他国家。古典主义文学思潮是新兴资产阶级和封建贵族在政治上妥协的产物。古典主义作为一个文学流派和创作方法是在17世纪初形成的，它形成的背景是快速发展的民族意识和理性主义思想在西欧的普及。确立和巩固中央集权制国家的政权需要对国家的法律做理性的解释，才能让人们尊重中央的权威，让个人利益服从国家和政权的利益，让个人的感情服从崇高的理智。古典主义的文学流派由此产生。古典主义特征有三：鲜明的为王权服务倾向；理性至上（以理性克制情欲）；以古希腊、古罗马文学为典范，借古喻今。古典主义在艺术上表现为从古希腊、古罗马文学中汲取艺术形式和题材，有一套严格的艺术规范和标准，如戏剧中的"三一律"等；主张语言准确、精练、华丽、典雅，表现较多的宫廷趣味；人物塑造具有类型化特征；等。[①]

俄罗斯的古典主义文学诞生于18世纪三四十年代。彼得一世的改革为古典主

---

① 精品课件库.俄罗斯古典主义及其代表人物汇总[EB/OL].(2019-03-26)[2019-06-14].https://ishare.iask.sina.com.cn/f/bvf1aj5LhAR.html.

在俄国的兴起奠定了社会基础。理性的精神、启蒙的目的和服务国家的意志,这样的文学追求与当时俄国的社会氛围恰好吻合。在法国古典主义的影响下,俄国涌现出一批优秀的古典主义文学家——康捷米尔、莱蒙诺索夫、苏马罗科夫、杰尔查文和特列季亚科夫斯基等。他们效仿古希腊、古罗马文学的题材、思想、形象和语言结构,并在此基础上改革诗学和体裁。

俄罗斯的古典主义文学家创立了文学的体裁体系,研究公民的道德理想和具有英雄主义特征的思想观念,善于表现人的精神世界,发展了诗学文化,丰富了俄罗斯的诗学传统。

费·格·沃尔科夫

人物生平

费·格·沃尔科夫(Фёдор Григо́рьевич Во́лков,1729—1763)生于科斯特罗马。他的父亲在他很小的时候便去世了。他的母亲1735年改嫁给商人费奥多尔·波路什金,一家人去了雅罗斯拉夫尔。雅罗斯拉夫尔人喜欢戏剧,所以沃尔科夫从小就有机会观看各种戏剧表演。他在这方面的才能也开始显露。

12岁时,沃尔科夫被送到莫斯科学习德国工业技术。在此期间,他学会了德语。在莫斯科,沃尔科夫欣赏了许多不同的戏剧。1746年,他来到了圣彼得堡,这里的宫廷剧院给沃尔科夫留下了深刻的印象。在圣彼得堡学习艺术

费·格·沃尔科夫

的两年里,沃尔科夫又产生了新的灵感。1748年,继父去世,沃尔科夫继承了工厂。但很快,他就把工厂的所有权给了弟弟。

离开工厂后,沃尔科夫决心在雅罗斯拉夫尔成立一个剧团。他召集亲戚和喜欢戏剧、表演的年轻朋友加入剧团。1750年6月29日,在大石头粮仓(即波路什金存放货物的地方),沃尔科夫导演了人生中第一场戏剧《埃斯菲里》。次年,他在伏尔加河畔建起了自己的剧院。1751年1月7日,在沃尔科夫剧院上演了苏马罗科夫的悲剧《霍列夫》。1752年,伊丽莎白女皇得知此事,将沃尔科夫召入宫廷,他的演出给女皇留下很

深的印象,女皇让他挑一些演员去贵族学院进修,特许他对社会公众举办公开演出。1756年8月30日,俄罗斯悲喜剧剧院正式成立,也就是后来的俄罗斯国立剧院。沃尔科夫带着雅罗斯拉夫尔的演员加入剧院,当时剧院的经理兼编剧、导演是苏马罗科夫。1761年,沃尔科夫接任了剧院的导演一职。沃尔科夫被认为是俄罗斯职业剧团的创始人、俄国第一位导演兼演员、俄罗斯戏剧表演之父。

沃尔科夫一生共写了15个剧本,但都没有保存下来。1763年4月4日,沃尔科夫逝世。

代表作品

《不公正的审判》《每个人都考虑自己的事》《莫斯科人的自由生活》等。

文化驿站

沃尔科夫剧院

沃尔科夫剧院始建于1750年,是俄国历史上第一家专业剧院。1751年1月7日,沃尔科夫剧院首演的剧目是剧作家苏马罗科夫的代表作《霍列夫》。现存的费奥多·沃尔科夫国立模范剧院是在1911年重建的,其前身就是沃尔科夫剧院。

沃尔科夫剧院曾经为圣彼得堡和莫斯科的剧院培养出了很多杰出演员。在苏联时期,它也是主要的地区性剧团之一。至今,费奥多·沃尔科夫国立模范剧院仍以其出品的俄罗斯及世界的经典作品为荣。剧院在俄罗斯戏剧发展过程中发挥了突出的作用,曾被授予俄罗斯戏剧界最高荣誉"金面具奖"。

费奥多·沃尔科夫国立模范剧院每年秋天都要组织沃尔科夫国际戏剧节。剧团同时也是俄罗斯未来戏剧青年艺术节的发起者之一。费奥多·沃尔科夫国立模范剧院还是雅罗斯拉夫尔的重要景点之一,每年都接待很多来旅游参观的客人。

俄罗斯人为何不再留恋剧院?

> 剧院就是节日!
>
> ——俄罗斯戏剧大师叶甫盖尼·瓦赫坦戈夫
>
> 对于俄罗斯人来说,剧院就是教堂。
>
> ——俄罗斯著名导演马克·扎哈罗夫

长久以来,观看戏剧演出是俄罗斯人必不可少的生活方式。即使在战乱时期、苏联解体时期,剧场依然在演出,观众们依然会结伴走进剧院去享受一个个美好的夜晚。

但在2013年,俄罗斯社会舆论基金会发布的一项调查显示:45%的俄罗斯人极少去剧院,19%的俄罗斯人一生从未去过剧院,一年之内去剧院一次以上的人数约占20%。俄社会学家抱怨:"为什么在斯坦尼斯拉夫斯基等戏剧大师的故乡,人们热衷于电影,对戏剧的喜爱却日趋淡漠呢?"《俄罗斯报》的调查发现,原因似乎非常简单:没有剧院可去!27%的受访者表示"住家附近没有剧院",23%的人表示"对戏剧不感兴趣",22%的人表示"没时间去剧院",11%的受访者称"没钱买票",6%的受访者称"没有好剧院",还有3%的受访者说自己"通过电视看戏剧"。

那么,实际情况到底怎样呢?近年来,俄罗斯各地的剧院增加了不少,但居民对剧院的兴趣反而下降了。几年前,对剧院不感兴趣的人为17%,现在是23%,并且剧院空座率在50%以上。21%的受访者表示"如果有时间,愿意到剧场买票看好剧目"。16%的受访者认为"票价再降低一些就好了"。

受访者在回答"您喜欢什么剧种和剧目"时,多数人"喜欢经典作品,即芭蕾舞和歌剧"。《天鹅湖》《胡桃夹子》《罗密欧与朱丽叶》《鲍利斯·戈杜诺夫》《哈姆雷特》《美人鱼》《聪明误》《安娜·卡列尼娜》等舞剧榜上有名。《俄罗斯报》指出,最令人不解的是竟有29%的受访者表示绝不去剧院,因为他们对戏剧根本不感兴趣。

俄罗斯是个具有悠久艺术传统的国度,俄罗斯人不仅热爱艺术,还具有较高的艺术鉴赏力。在苏联时期,人们喜欢在剧院、画廊、博物馆等艺术场所度过闲暇时光,尤其喜欢去剧院。莫斯科剧院里上演的多为古典艺术,大剧院通常只上演芭蕾舞和歌剧,小剧场则以话剧为主,但无论大剧院还是小剧场,几乎都是场场爆满。现在,莫斯科的剧院数量有所增加,仅正式的剧院就有200个左右。这些剧院分类明确,一般分为大剧院、小剧场、轻歌剧院。很多剧院有200多年的演出历史。但现代的俄罗斯人的娱乐变得多元化,戏剧的春天一去不复返。[①]

杰·伊·冯维辛

人物生平

杰·伊·冯维辛(Денис Иванович Фонвизин,1745—1792)不是一位大师级的戏剧家,但追溯俄罗斯民族戏剧的源头总要提到他。俄国人早在冯维辛之前就写剧本

---

① 光明日报.俄罗斯人娱乐多元化 45%民众极少去剧院[EB/OL].(2013-06-19)[2019-03-27].http://culture.people.com.cn/n/2013/0619/c172318-21891548.html.

了,但冯维辛之前的俄国剧作家,不管是写喜剧还是写悲剧,都是照着法国人的剧作临摹。冯维辛是把真正的俄国生活写进戏剧里,把真正的俄国社会生活当作戏剧冲突来设置剧本结构的第一人。

1745年,冯维辛出生于中等生活水平的贵族家庭,父亲是个有教养的文化人。冯维辛10岁时,入莫斯科大学附中学习,后在莫斯科大学学过两年哲学,并开始文学创作,主要是翻译作品。1762年起,冯维辛进入圣彼得堡外事委员会工作,先当法文翻译,后任部长办公室秘书。他的顶头

杰·伊·冯维辛

上司叶拉金曾主管皇家剧院,与戏剧界人士关系密切,做秘书的冯维辛也跟着进入了戏剧圈。1769年,冯维辛创作了他的第一部散文体喜剧《旅长》。这也是俄罗斯的第一部民族喜剧。剧中主人公——旅长之子伊万的名言是:"如果连狗都不孝敬父母,那么,我就更不用把父亲放在眼里了。"这是崇洋媚外的恶果,也是彼得一世带给俄罗斯的负面影响。

代表作品

《旅长》《纨绔子弟》等。

作品赏析

《纨绔子弟》

1782年,喜剧《纨绔子弟》问世。其创作动机同《旅长》一样,冯维辛也把当时贵族的教育问题放在首位。但当时发生了一件震惊俄罗斯的大事,使他改变了初衷,这就是普加乔夫起义(1773—1775)。起义被镇压后,随之而来的是更加黑暗的统治。有现实主义倾向的冯维辛自然会敏感地把握这一现实。于是,他挺身而出,喊出了揭露农奴制丑恶的最强音。

离莫斯科不远的一个乡村,住着地主普罗斯塔科娃一家。他们的远亲,孤儿索菲亚寄住在这里,一家人都对她不好。普罗斯塔科娃有个弟弟斯康金尼被请来做客,普罗斯塔科娃想借此撮合他同索菲亚的婚事。恰在此时,索菲亚突然收到了富有的、早

已杳无音信的叔叔的信。于是,她变成了一个公主,因为她将是大笔财富的继承人。普罗斯塔科娃改变了主意,要把索菲亚嫁给自己的儿子米特罗凡。

此时,特派员普拉夫金来到此地调查某些地主的恶行。普拉夫金的朋友军官米隆也来到了此地。他是索菲亚的旧相识,两人相见后,索菲亚向他哭诉自己的不幸,米隆决心英雄救美。这时,索菲亚富有的叔叔斯塔罗东也来了。所有该出场的人物都亮相完毕。

普罗斯塔科娃竭力向斯塔罗东推销自己的儿子,希望斯塔罗东认可她的儿子,并同意他与索菲亚的婚事。然而,斯康金尼和米特罗凡都落选了,正直的米隆与索菲亚结了婚。最后,特派员普拉夫金宣布,鉴于普罗斯塔科娃非人地对待农民及索菲亚,将被剥夺领地的拥有权,并接受审判。曾经不可一世的一家之主四处求救,然而就连她一向娇生惯养的宝贝儿子也把她推到一旁,置之不理。

这部作品的意义不仅在于将俄国外省地主庄园的日常生活展现给世人,还在于继承和发展了康捷米尔和诺维科夫的讽刺传统,开社会讽刺喜剧之先河,为俄国文学开拓了一条伟大的现实主义路线。冯维辛在《纨绔子弟》中塑造的人物形象使这部喜剧在俄国文学史上占有重要地位。

剧中人物之一的普罗斯塔科娃是无知、残暴的地主的典型形象。她的无知表现在她认为学问是无用的东西。要到哪儿去,车夫自然会把你送到那里,所以贵族无须知道地理。来信了,让仆人念,所以贵族无须识字。她认为读书识字本是下人的事,但为了儿子的前程,为了他日后能谋个一官半职,她还是违心地雇老师让儿子学知识。她的残暴表现在她常为不能再在农民身上榨出油水而惋惜。她不把农民当人看,女仆生病,在病中说胡话,她都觉得不可理解。她还是个百分之百的悍妇,丈夫常常挨她的痛打。这就是宗法制俄国典型的、愚昧而又野蛮的地主。

斯康金尼是愚蠢、利己和野蛮的地主的典型形象。他对猪情有独钟,承认猪是他生命中最宝贵的东西。但是,他却把农民看得连猪都不如。他宁愿当猪的儿子,梦想同索菲亚结婚后也能生出个猪崽来。

米特罗凡在这样的环境中长大,整天游手好闲、不学无术,他娇生惯养、极端自私。他不仅不把下人放在眼里,甚至对父亲也不恭不敬,只对一家之主阿谀奉承,是一个愚蠢的纨绔子弟。

作为这些反面人物的衬托,冯维辛塑造了正面人物索菲亚、普拉夫金、米隆、斯塔罗东的形象。他们代表着冯维辛的思想倾向,是他理想的传声筒,是贵族阶级中的正面人物。但相比之下,正面人物不及反面人物塑造得个性鲜明、有血有肉。

文化驿站

"三一律"

"三一律"是西方戏剧结构理论中的概念,亦称"三整一律",是一种关于戏剧结构的规则。"三一律"先由文艺复兴时期意大利戏剧理论家提出,后由法国新古典主义戏剧家确定和推行,是古典主义戏剧的艺术法则。它要求戏剧创作在时间、地点和情节三者上保持一致性,即要求一出戏所叙述的故事发生在一天(一昼夜)之内,地点为一个场景,情节服从于一个主题。法国古典主义戏剧理论家布瓦罗把它解释为"要用一地、一天内完成的一个故事,从开头直到末尾维持着舞台充实"①。

"三一律"在政治上符合君主专制政体的要求,在艺术上既体现了时间和空间方面高度简练、紧凑、集中等优点,但又存在人物性格单一化、类型化和戏剧结构绝对化、程式化等弱点,最终束缚了戏剧艺术的发展,为后人所摒弃。②

第二节　19世纪的戏剧艺术

亚·尼·奥斯特洛夫斯基

人物生平

亚·尼·奥斯特洛夫斯基(Александр Николаевич Островский,1823—1886)是19世纪俄国最著名的剧作家之一。父亲是法官,退休后从事商业活动,家中来往的大多是商人。奥斯特洛夫斯基中学时就对戏剧产生了强烈兴趣。1840年,他进入莫斯科大学攻读法律,1843年肄业。1843—1851年,他先后在"良心法院"和商务法院任书记官,经常接触商界诉讼,这为他日后的戏剧创作提供了素材。在法院工作期间,他开始写作,1847年发表剧本《破产者》的片段,引起文坛注意。全剧写成后,用"自家人好算账"的剧名发表在1850年的《莫斯科人》杂志上,受到进步文坛的赞美,但警察厅禁止这部作品上演,该剧到1861年才得以公演。此后,奥斯特洛夫斯基几乎每年都有一

---

① 笔上青云.布瓦罗《诗的艺术》戏剧理论的主要内容[EB/OL].(2020-04-14)[2022-11-21].https://baijiahao.baidu.com/s? id=1663953845521720609&wfr=spider&for=pc.
② 学习雷锋好榜样.三一律的优点[EB/OL].(2022-01-19)[2022-03-11].https://m.bala.iask.sina.com.cn/p/6fGSuykTNUV.

部或几部作品问世。1856年起,他所有的新作几乎都发表在涅克拉索夫和谢德林主编的《现代人》杂志上。

奥斯特洛夫斯基创作的年代正逢俄国资本主义发展时期,他的作品反映了这个时代的社会变化。他自己曾说,他是遵循果戈理的创作道路,坚持揭露社会不良风气,用讽刺的笔触来描绘当时社会的众生相。商人阶层的粗暴和幼稚,新兴资产阶级和蜕化中的农奴主、地主的虚伪奸诈和残酷无情,贵族和官僚的愚昧和堕落等等,都成为他剧中人物的特点。①

亚·尼·奥斯特洛夫斯基

奥斯特洛夫斯基的全部剧作,按内容的性质和人物所属的阶层可大体分为五大类。

其一,描写商人生活的剧本:《自家人好算账》(1850)、《贫非罪》(1854)、《大雷雨》(1860)、《莫管闲事》(1861)、《小丑》(1864)、《最后的牺牲》(1878)、《心非铁石》(1880)等。这些剧本最重要的特点是作者用否定的态度描绘了商人。

其二,反映人民生活的剧本:《切勿随心所欲》(1834)、《闹市》(1865)等。剧中描写的是从农民转变为小商人、小市民的一些人,反映他们的风俗习惯和生活方式。

其三,描写小官吏生活的剧本:《穷新娘》(1852)、《肥缺》(1857)、《深渊》(1866)、《穷人暴富》(1872)、《富新娘》(1876)等。

其四,表现所谓"社会头面人物"的剧本:《意外事》(1851)、《智者千虑必有一失》(1868)、《来得容易去得快》(1870)、《没有陪嫁的女人》(1879)、《无辜的罪人》(1884)等。这些剧本揭露了贵族地主和社会名流的丑恶。

其五,历史剧:《柯兹玛·扎哈罗维奇·米宁苏霍鲁克》(1862)、《僭主德米特里与瓦西利·隋斯基》(1866)、《土辛诺》(1867)等。奥斯特洛夫斯基写历史剧是为了逃避现实和抵御迫害,但其作品的主题是积极的,具有爱国精神。②

奥斯特洛夫斯基的作品多着力反映贵族道德的没落和资产阶级掠夺的实质。他的剧作被称为俄罗斯生活的百科全书,反映了广阔的社会生活,具有丰富的社会内容

---

① 在线查询网.奥斯特洛夫斯基[EB/OL].[2021-05-22].https://baike.supfree.net/get.asp?id=%B0%C2%CB%B9%CC%D8%C2%E5%B7%F2%CB%B9%BB%F9.
② 奥斯特洛夫斯基有哪些作品[EB/OL].(2013-12-06)[2019-03-17].https://zhidao.baidu.com/question/1573859456351672620.html.

和极高的社会意义,有着极强的民族戏剧的特点。俄国的重要评论家和作家,如杜勃罗留波夫、车尔尼雪夫斯基、屠格涅夫、涅克拉索夫、冈察洛夫、普列汉诺夫、卢纳察尔斯基等,都从不同的角度给予他高度的评价。杜勃罗留波夫认为奥斯特洛夫斯基是一位熟悉俄国生活的人,是人类心理的天才描绘者,是性格描写的巨匠。他能抓住生活的实质和时代的脉搏。

1874 年,俄国成立剧作家协会,奥斯特洛夫斯基任主席,1885 年,任莫斯科帝国剧院艺术指导。奥斯特洛夫斯基从事创作 39 年,共创作了 47 个剧本,是俄国最多产的剧作家。他最早介绍到中国的剧作是《大雷雨》,1921 年出版了耿济之翻译的《雷雨》,1937 年改名为"大雷雨"在上海演出。1922 年出版的剧作《贫非罪》《爱与恨》等,也于 20 世纪 30 年代在上海演出,《没有陪嫁的女人》和《智者千虑必有一失》于抗战胜利后出版,1962 年,北京人民艺术剧院排演了该剧。[1]

代表作品

《穷新娘》《贫非罪》《肥缺》《大雷雨》《智者千虑必有一失》《来得容易去得快》《森林》《狼与羊》《没有陪嫁的姑娘》《名伶与捧角》《无罪的人》等。

作品赏析

《大雷雨》

《大雷雨》这一代表作品的诞生标志着奥斯特洛夫斯基戏剧创作的成熟。《大雷雨》最成功之处在于塑造了在"黑暗王国"中不堪凌辱,以死反抗旧势力的卡捷琳娜的形象。卡捷琳娜婚前在母亲的关爱下生活得无忧无虑,伏尔加河畔秀美的自然环境孕育了她淳朴善良、富于幻想和虔信上帝的心灵。婚后,她来到一个偏僻闭塞的小镇,镇上的生活死气沉沉。婆婆卡巴诺娃伪善专横、刚愎自用,恪守着宗法制的旧风俗和旧礼教,百般折磨卡捷琳娜。卡捷琳娜的丈夫奇虹软弱可怜,对母亲唯命是从。卡捷琳娜失去了生活的乐趣,失去了知心的亲人,精神上极为痛苦。她曾指望用善良的行为来换取婆婆对她的尊重,但是她的希望落空了。就在这时,她遇到了朴实的青年鲍里斯,一种不可遏制的对自由、对幸福的渴望迸发出来,她与鲍里斯热烈地相爱了。卡捷琳娜不甘心屈从于黑暗势力的意志表现得十分鲜明。她表示"我要重新开始生活","我要是不愿意在这里生活下去,哪怕把我砍碎,我也是不干的"。可惜鲍里斯并不是

---

[1] PUDI.奥斯特洛夫斯基[EB/OL].(2010-05-23)[2019-03-17].http://www.360doc.com/content/10/0523/15/1502201_29089005.shtml.

一个强者,他没有帮助卡捷琳娜获得新生的勇气和力量。在叔父的威逼下,他独自远走他乡。卡捷琳娜的幻想破灭了,她投河自尽,以死来反抗"黑暗王国"的野蛮统治。奥斯特洛夫斯基赋予卡捷琳娜顽强的品质和渴望自由的精神,同时借这一角色无情鞭挞了专制社会和黑暗势力。卡捷琳娜性格中的矛盾正是这一角色的成功之处。她虔信宗教,在冲破旧礼教束缚时又自感在上帝面前有罪,她虽得到小姑的同情,但她的反抗仍是孤独的,因而她逃脱不了悲剧的命运。尽管如此,她的抗争是对"黑暗王国"的有力冲击,她的不妥协精神客观上与当时俄国人民反对农奴制度的斗争相呼应。因此,卡捷琳娜被杜勃罗留波夫称作"'黑暗王国'中的一线光明"[①]。

文化驿站

受演员爱戴的剧作家

亚·尼·奥斯特洛夫斯基是19世纪俄国最多产的大剧作家,一生创作了近50部剧本,创造了几百个人物形象,为俄国戏剧事业的发展作出了很大贡献。

奥斯特洛夫斯基是一位社会活动家。他曾多方活动,筹集"文学基金"。1865年,他发起成立莫斯科演员联社,1870年由他倡议,组织了俄国剧作家协会。经他和鲁宾斯坦多方努力,创办了演员训练班,培养了萨陀夫斯基、萨陀夫斯卡雅、马克歇耶夫等一批杰出的表演艺术家。他倡议创办模范人民剧院,计划出版专门的戏剧刊物,设立保障作家晚年生活的机构等。莫斯科小剧院曾以演出他的戏而扬名,19世纪50年代起,奥斯特洛夫斯基成为该剧院的主要剧作家,为此,该剧院曾被誉为"奥斯特洛夫斯基之家",直到今天,剧院入口处还有他的纪念碑。1886年1月,奥斯特洛夫斯基被任命为莫斯科皇家剧院的艺术总监,但他还没充分实施对剧院的改革,便于6月去世了。

奥斯特洛夫斯基每写一部剧本,都要对他所描写的事物做深刻的观察和周密的思考,并搜集充分的资料。他写剧本之前,不仅开列剧中人物名单,还开列适合扮演该角色的演员名单,使演员能最大限度地发挥才能。奥斯特洛夫斯基重视台词的表现力,他的剧本对白清晰动听,语言优美。他能掌握舞台上的位置和调度,能恰到好处地安排演员上下场,这使他的剧作具有很强的观赏性。剧中人富有性格特色的惯用语,都来自生活中活的模特。在排戏过程中,他经常听取演员的意见,修改自己的剧本。《大雷雨》中卡捷琳娜关于少年生活的独白,就是根据第一个扮演卡捷琳娜的女演员柯西

[①] 周藤.论《大雷雨》悲剧结局的原因[EB/OL].(2018)[2019-03-17].https://wenku.baidu.com/view/a90f0bdbcd7931b765ce0508763231126fdb7711.

茨卡雅的自述补写的。奥斯特洛夫斯基塑造了各种类型的女性形象,使女演员们能发挥各自的特长,拥有自己的剧目,因此,女演员们特别爱戴这位剧作家。

莫斯科小剧院

莫斯科小剧院全名为"国家模范小剧院",是俄罗斯历史最悠久的话剧院,位于斯维尔德洛夫广场(现剧院广场),建于1824年。

18世纪50年代,小剧院的前身莫斯科剧团在莫斯科大学内成立,剧团在彼得罗夫斯基剧院等剧院轮流演出歌剧、舞剧和话剧。1805年,彼得罗夫斯基剧院被烧毁之后,莫斯科皇家剧院的负责人决定在红场附近、彼得罗夫斯基剧院的旧址上建一座新剧场,这就是后来的莫斯科大剧院。同时,他还买下大剧院旁的一座房子,改建为小剧院。

小剧院1824年10月14日开幕,大剧院1825年1月6日开幕。大剧院主要演出歌剧与芭蕾舞剧,小剧院主要演出话剧。小剧院在1840年翻修过一次,以后就基本保持原样。剧院是一座三层建筑,式样淳朴大方,表演大厅有1100个座位,入口处有奥斯特洛夫斯基的铜像。小剧院对俄罗斯戏剧艺术的发展起过重要作用,以上演俄罗斯作家的戏剧为主,但也上演外国名作。

莫斯科小剧院是座皇家剧院,但它的舞台仍然敢于表达进步的理想和人民的愿望,成为当时进步社会思想的讲坛,所以这座剧院被誉为"第二个莫斯科大学"。演员史迁普金作为剧院的台柱子,不但创造出许多出色的现实主义艺术形象,还培养出好几代年轻演员,所以小剧院又有"史迁普金之家"的称号。从19世纪50年代起,奥斯特洛夫斯基成为小剧院的主要剧作家,剧院上演了他的47部话剧,俄国戏剧进入了新的发展阶段,剧院又被称为"奥斯特洛夫斯基之家"。

康·谢·斯坦尼斯拉夫斯基

没有小角色,只有小演员。

——康·谢·斯坦尼斯拉夫斯基

人物生平

康·谢·斯坦尼斯拉夫斯基(Константи́н Серге́евич Станисла́вский,1863—1938)

的真实姓氏是阿列克谢耶夫,他出生在莫斯科一个富商家庭中,外祖母曾经是巴黎著名的女演员,他的戏剧天赋便继承自他的外祖母。斯坦尼斯拉夫斯基14岁便在家庭业余剧团舞台上开始了演员生涯。1885年,他为自己取了艺名斯坦尼斯拉夫斯基。1888年,他与莫斯科一些文艺界名流创办艺术文学协会及附属剧团,逐渐完成了从业余演员向专业演员的过渡。1897年6月,斯坦尼斯拉夫斯基同涅米罗维奇-丹钦科决定创建新型的剧院——莫斯科艺术剧院。1898年10月,莫斯科艺术剧院以首演斯坦尼斯拉夫斯基执导的历史悲剧《沙皇费多尔·伊凡维奇》宣告成立。一个月后,

康·谢·斯坦尼斯拉夫斯基

斯坦尼斯拉夫斯基与丹钦科联合执导的契诃夫名剧《海鸥》获得轰动性成功,标志着一个新的现实主义戏剧流派诞生了。

十月革命后,斯坦尼斯拉夫斯基的艺术风格有了新的变化。他在导演奥斯特洛夫斯基的《炽热的心》和伊凡诺夫的《铁甲列车14-69》时,给舞台演出充实了新的时代精神。他在1922—1924年率剧团在美国巡回演出时,完成了自传《我的艺术生活》,首次对自己的戏剧体系作了理论与实践相结合的研究。1928年10月,斯坦尼斯拉夫斯基在心脏病痊愈后,全力投入戏剧实验教学与理论总结工作,写出了《演员自我修养》。在书中,他系统总结了"体验派"戏剧理论,强调现实主义原则,主张演员要沉浸在角色的情感之中,反对把表演艺术看作"上天降临的灵感"的观念。他认为演员只有拥有了高度专业的业务技巧,才能创作出真正有价值的作品和角色。他的戏剧教学和表演体系,继承和发展了俄罗斯和欧洲的艺术成果,被称为"斯坦尼斯拉夫斯基体系"。1936年,斯坦尼斯拉夫斯基获"苏联人民艺术家"称号。

斯坦尼斯拉夫斯基体系的戏剧美学思想讲求真实反映生活,强调戏剧的社会使命和教育作用。该体系产生于20世纪俄国无产阶级革命运动日趋高涨之时,不但反映了社会进步阶层对舞台艺术所提出的具有深刻思想内容与生活真实的要求,而且体现了俄罗斯艺术的民族特性及对现实主义与民主主义的热切追求。斯坦尼斯拉夫斯基体系在导演工作方面所作的大胆革新,完善了俄罗斯导演艺术流派,使导演成为整个演出的思想解释者、组织者、剧院集体的教育者。在与演员的合作上,该体系强调演员在舞台上的首要地位,强调发挥演员的创作主动性,导演的风格应当通过演出体现;强调内容与形式的统一,强调演出各部分之间的和谐统一和演出的艺术完整性。斯坦尼

斯拉夫斯基将演员的创作原理和训练方法称为"体验派",要求演员"成为形象"本身、生活在形象之中,并要求演员在创造过程中有真正的体验。该表演体系对20世纪的世界戏剧文化产生了重大影响。①

斯坦尼斯拉夫斯基表演体系传到我国已有八九十年的历史。早在20世纪三四十年代,章泯、郑君里、黄佐临、瞿白音等戏剧、电影、翻译界的艺术家、学者就分别根据俄、英、日等不同版本,译介这一表演体系的各类著作。除瞿白音翻译的《我的艺术生活》、郑君里翻译的《演员自我修养(第一部)》比较完整外,其余作品都较为零散,未成系统。1935年,梅兰芳赴苏联访问演出,这是中苏(俄)两位戏剧大师历史性的会见,受到苏联政府和斯坦尼斯拉夫斯基本人的热烈欢迎。

梅兰芳的表演被斯坦尼斯拉夫斯基誉为"有规律的自由行动"和挣脱了自然主义的表演方式。梅兰芳从斯坦尼斯拉夫斯基体系中吸取了体验学派丰富的营养。这是我国戏曲艺术家与斯坦尼斯拉夫斯基的第一次接触和学术交往,深深镌刻在中国和世界的戏剧史上。20世纪40年代初,延安鲁迅艺术学院戏剧系也翻译出版了斯坦尼斯拉夫斯基及其学生撰写的表演、导演方面的论文。新中国成立之初,在电影史学家、原中国电影出版社总编程季华的积极组织和支持下,我国先后翻译出版了《〈奥赛罗〉导演计划》《〈海鸥〉导演计划》《〈底层〉导演计划》,以及《斯坦尼斯拉夫斯基全集》(四卷)、《论文·讲演·谈话·书信集》等,斯坦尼斯拉夫斯基的理论被全面介绍到中国,并被确定为中国艺术院校学习表演、导演方法的基本教材。从新中国成立至中苏关系破裂为止,斯坦尼斯拉夫斯基的学生、导演艺术家列斯里,戏剧导演理论家古里叶夫,表演艺术家、教育家库列涅夫,舞台美术家雷诃夫,表演、导演教育家列普柯夫斯卡娅等先后在上海戏剧学院和中央戏剧学院讲学,传授斯坦尼斯拉夫斯基戏剧理论。②

代表作品

戏剧作品:斯坦尼斯拉夫斯基执导的作品有《沙皇费多尔·伊凡维奇》《海鸥》《小市民》《底层》《炽热的心》《铁甲列车14-69》《万尼亚舅舅》《三姊妹》《樱桃园》等。

著作:自传《我的艺术生活》、戏剧理论著作《演员自我修养》。

---

① 在线查询网.斯坦尼斯拉夫斯基[EB/OL].[2019-03-19].https://baike.supfree.net/get.asp?id=%CB%B9%CC%B9%C4%E1%CB%B9%C0%AD%B7%F2%CB%B9%BB%F9.
② 走进纪念馆.纪念斯坦尼斯拉夫斯基[EB/OL].(2017-03-09)[2019-03-20].http://www.meilanfang.com.cn/index/show/id/61.html.

作品赏析

《演员自我修养》

《演员自我修养》是斯坦尼斯拉夫斯基的代表作,是他表演体系的精华。斯坦尼斯拉夫斯基一生扮演了 108 个角色,导演歌剧、话剧 120 余部,大量的艺术实践和孜孜不倦的探索精神,是他创立这一"体系"不可缺少的物质和思想准备。《演员自我修养》一书就是他毕生艺术实践的结晶,也是斯坦尼斯拉夫斯基表演体系的集中阐述。全书共 12 章,几乎包含了演员素质的方方面面。

《演员自我修养》以一个刚刚辞职参加演艺培训班的初学者写课程日记的形式,生动地描述了什么才是表演,并通过虚构的表演课作业和同学表现的形式,告诉爱好者该用怎样的心态和方式练习表演。第一章《首次考核》讲述了"我"和班里同学学习《奥赛罗》一剧的成长过程。"我"选择了奥赛罗这个角色,开始只是把自己打扮成黑人,被同学夸很像时自鸣得意,在揣测人物时只考虑到奥赛罗是一个野蛮人,所以手舞足蹈地比画。经过老师对初次彩排的指导,"我"开始思考这个人物究竟是什么样的。奥赛罗是一个将军,不可能像猴子一样跳来跳去,于是"我"改进了表演方法,但仍然不被老师欣赏。演出的当天,在舞台上因为种种原因和几天来毫无成就的挫败感,"我"在舞台的灯光下突然产生了一种奇特的情感,悲哀、沮丧和气愤涌上心头,突然间好像真的理解了奥赛罗这个时候的心情,于是打心底长叹一声,所有的动作似乎都那么自然和流畅,观众和老师都被吸引住了。演出结束,老师告诉大家这才是真正的表演。

《演员自我修养》从内部技巧和外部技巧两方面诠释了演员应该具备的能力。在内部技巧中,斯坦尼斯拉夫斯基创造了若干元素,如注意力集中、交流、情绪记忆、想象、信念与真实感、行动与目的等。在外部技巧中,他提出了身体表现力的发展、造型、练声与吐字、语言与语法、速度与节奏、控制与修饰,以及性格化、舞台魅力、道德纪律等。他认为,演员只有掌握了这些元素,才能建立起正确的内外部自我感觉,才能创造出活生生的舞台形象,因此必须进行严格的训练。如果演员在虚构的舞台时空中不能获得在实际生活中同样的自我感觉,不按照实际生活的逻辑去感受、思考、行动,就不可能创造出活生生的人物形象。

斯坦尼斯拉夫斯基为《演员自我修养》耗费了毕生的心血。1938 年 8 月,当出版社的编辑将校样送给他看的时候,他已经病重,渴望看到书的出版,但遗憾的是,这部书直到他去世后才出版发行。①

文化驿站

世界三大表演体系

在我国,戏剧表演方法存在着"三大体系"一说,即以斯坦尼斯拉夫斯基(苏联戏剧家)、布莱希特(德国戏剧家)和梅兰芳(中国京剧艺术家)为代表的三种表演体系。20世纪以来,有三个戏剧艺术家团体产生了世界性影响,这就是以斯坦尼斯拉夫斯基为首的莫斯科艺术剧院、布莱希特领导的柏林剧团、以梅兰芳为代表的中国京剧艺术家群体。这三个戏剧艺术家团体创造的戏剧艺术自成一格,体现了三种不同的戏剧观或戏剧美学思想。

这三个体系,从舞台艺术实践看,代表着三种不同的演剧方法;从戏剧理论上看,代表了三种不同的戏剧观和戏剧美学思想;从戏剧艺术风格上看,是三种不同的戏剧艺术流派;从戏剧史的角度看,代表了不同民族、不同时代的文化形态。"三大体系"的区别在于:斯坦尼斯拉夫斯基"体系"属于艺术创作中的体验派,布莱希特属于艺术创作中的表现派,而梅兰芳则是体验与表现高度结合的一派。

斯坦尼斯拉夫斯基体系系统而科学地阐述了表演艺术的规律。其精华在于体现出人的"天性",要求演员真正存在于舞台上,不是在表演,而是在生活。演员应当永远是舞台上活生生的人,要遵守生活的逻辑和有机性的规律,在规定情景中真诚地去感觉、去想、去做动作。斯坦尼斯拉夫斯基戏剧理论的核心是"体验"。他提出"要学习、观察、倾听、热爱生活",演员每次演出都应预先深入研究人物的生活逻辑。

布莱希特建立了新型戏剧——史诗戏剧,核心主张是"陌生化效果"和"间离方法"。在演员、角色、观众三者的辩证关系上,他主张,演员高于角色,驾驭角色,表现剧中人物,而不是融化于角色之中,演员随时进入角色,随时跳出角色,面对观众时若即若离、自由驰骋。演员与角色保持距离,形成"双重形象",即演员既是演员本人,又是剧中人物,演员利用高超演技表现剧中人物。

以梅兰芳为代表的中国京剧艺术是间离与共鸣的统一,是程式化的体验与表现的结合,是载歌载舞、高度综合的舞台艺术。一方面,京剧表演以演员为中心,"戏随人走,景随人迁",演员有着十分重要的地位;另一方面,程式化的、写意的戏曲表演艺术有突出的形式美和很强的观赏性。

---

① 知乎.如何评价《演员的自我修养》[EB/OL].(2013-05-18)[2019-03-27].https://www.zhihu.com/question/21068005.

"三大体系"这一观点,产生于我国著名学者、导演黄佐临(上海人民艺术剧院的创立者)于1962年做的一次报告,后成文为《漫谈"戏剧观"》。在这次报告中,黄先生并未明确提出"三大体系"的结论,而是分别解释了斯坦尼斯拉夫斯基、布莱希特、梅兰芳三种不同的美学追求和创作方法。"三大体系"的提法出自1982年上海戏剧学院孙惠柱发表在《戏剧艺术》上的论文《三大戏剧体系审美理想新探——真、善、美的统一》。该文开篇第一句话:"斯坦尼斯拉夫斯基、布莱希特、梅兰芳三大戏剧体系在二十世纪剧坛产生了巨大的、超越国界的影响,得到了东西方广大观众的喜爱。"在中国的戏剧理论界,也有不少人并不认同"三大体系"的提法,认为三人中能称之为"体系"者,只有斯坦尼斯拉夫斯基。①

安·帕·契诃夫

对自己不满足,是任何真正有天才的人的根本特征。

——契诃夫

人物生平

安·帕·契诃夫(Антон Павлович Чехов,1860—1904)是世界级短篇小说巨匠和俄国19世纪末最后一位批判现实主义艺术大师,著名戏剧作家,与莫泊桑和欧·亨利并称为"世界三大短篇小说家"。契诃夫出生于小市民家庭,父亲的杂货铺倒闭后,他靠当家庭教师读完中学,1879年入莫斯科大学学医,毕业后一边当医生,一边进行文学创作。契诃夫一再强调他首先是一位内科医生,其次是小说家,最后才是剧作家。他的小说短小精悍,情节生动,笔调幽默,语言明快,富于节奏感,寓意深刻。他善于从生活中发现具有典型意义的人和事,通过幽默的情节塑造出完整的典型人物形象,以典型人物

安·帕·契诃夫

---

① 360百科.世界戏剧三大表演体系[EB/OL].[2019-03-22].https://baike.so.com/doc/212534-224831.html.

反映当时的俄国社会。其代表作《变色龙》《套中人》《第六病房》堪称俄国文学史上完美的艺术珍品，"变色龙"成为见风使舵、投机钻营者的代名词；"套中人"成为因循守旧、害怕变革者的象征。

契诃夫的祖父和父亲都曾是农奴。祖父凭借自己的勤劳和智慧，为全家赎了身。契诃夫的父亲获得自由后，娶了一名服装商的女儿。契诃夫母亲对东正教十分虔诚，这对契诃夫性格中的悲天悯人有着很深的影响。契诃夫从小就喜欢喜剧和表演，这为他后来的剧作家之路打下了基础。1876年，父亲的商店破产，全家逃往莫斯科避债，并在那里谋生，契诃夫因上学未能成行。他靠担任家庭教师、变卖家什和在仓库工作等方式完成学业。1880年，契诃夫在莫斯科大学学医期间开始为一些刊物写些短小的幽默作品，借以维持生计，就此开启了文学生涯。到1884年毕业时，他陆续发表了短篇小说，如《胖子和瘦子》《喜事》《在钉子上》《小公务员之死》《不平的镜子》《谜一样的性格》《站长》《戴假面具的人》《变色龙》《外科手术》等，这些作品奠定了他在俄国文坛的地位。

1887年，由于过度劳累，契诃夫前往乌克兰东部旅行。这一年，他发表了通俗喜剧《蠢货》和四幕喜剧《伊凡诺夫》。接着，他出版了小说集《在黄昏》，第一次署了真名，并把这个集子献给了德米特里·瓦西里耶维奇·格里果罗维奇（发现契诃夫才华的作家）。1888年，他的中篇小说《草原》发表在严肃文学杂志《北方导报》上。这部作品颇受好评，标志着他告别了喜剧性小说的创作，是他创作成熟的标志。这一年，他被俄国科学院授予"普希金奖金"。

1889年2月，《伊凡诺夫》在圣彼得堡皇家剧院演出。之后，他又完成了独幕喜剧《求婚》和四幕喜剧《林神》。成了知名剧作家的契诃夫加入了由亚历山大·奥斯特洛夫斯基创办的剧作家协会。

1890年4—9月，契诃夫只身一人来到政治犯流放地库页岛实地考察。岛上地狱般的惨状和西伯利亚的贫穷给契诃夫留下了深刻的印象，改变了他不问政治的心态，他开始揭露沙俄专制制度的内幕，中篇小说《第六病室》和报告文学《库页岛旅行记》均是这次考察的产物。这一年，他还发表了短篇小说《贼》《古塞夫》，创作了独幕喜剧《被迫无奈的悲剧角色》《结婚》。

1893年，他在照顾病人时染上了肺结核，到尼斯休养。1895年，他完成了四幕喜剧《海鸥》。1896年，《海鸥》在圣彼得堡皇家剧院首演失败，在舆论的批评声中，失望的契诃夫曾一度发誓永远不再创作剧本。然而，一年后，他便违背了誓言，完成了反映乡村生活的四幕剧《万尼亚舅舅》。《万尼亚舅舅》讲述了一个盲目崇拜者对"名教授"的绝望和一个想造福后代的乡村医生幻想的破灭。该剧是契诃夫的代表剧作之一，曾多次在莫斯科艺术剧院上演。

1898年，契诃夫加盟莫斯科艺术剧院，结识了高尔基，并与之建立了深厚的友谊。契诃夫开始与斯坦尼斯拉夫斯基、丹钦科等人合作，对舞台艺术进行重大改革。同年，由斯坦尼斯拉夫斯基导演的喜剧《海鸥》在莫斯科艺术剧院上演并获得空前成功。后来，高翔着的海鸥形象成为这座剧院的院徽。1899年，《万尼亚舅舅》在莫斯科艺术剧院上演。1900年，他创作并发表了四幕正剧《三姐妹》。这一年，契诃夫当选为俄国皇家科学院名誉院士。

1902年，为抗议俄国皇家科学院无礼撤销高尔基的名誉院士称号的决定，契诃夫与柯罗连科发表声明放弃各自的名誉院士称号。

1903年，契诃夫完成了卓越的悲喜剧《樱桃园》。1904年1月17日，由斯坦尼斯拉夫斯基执导的《樱桃园》在莫斯科艺术剧院首演并大获成功。

1904年6月，契科夫因哮喘严重赴德国疗养，7月15日去世，享年44岁。他的遗体被运回莫斯科安葬。

契诃夫创造了一种风格独特的抒情心理小说。他截取平凡生活的片段，用精巧的细节对生活和人物作真实描绘，抒发他对丑恶现实的不满和对美好未来的向往，把褒扬和贬抑、欢悦和痛苦融化在作品之中。

契诃夫戏剧创作的题材、倾向和风格与他的抒情心理小说基本相似。他不追求离奇曲折的情节，只描写平凡的日常生活和人物，以此揭示社会生活的重要方面。契诃夫的剧作中有丰富的潜台词和浓郁的抒情味。他的现实主义富有鼓舞力量和象征意义，《海鸥》和《樱桃园》就是这一艺术追求的典范。斯坦尼斯拉夫斯基、丹钦科以及莫斯科艺术剧院与契诃夫进行了创造性的合作，对舞台艺术作出了重大革新。

代表作品

《伊凡诺夫》《海鸥》《万尼亚舅舅》《三姐妹》《樱桃园》等。

作品赏析

《海鸥》

《海鸥》是俄国戏剧界19世纪末具有轰动效应的名作，标志着契诃夫成为一个成熟的戏剧家。《海鸥》的显著特色是它的双重主题：一是爱情主题，二是带有浓郁抒情色彩的艺术主题。两个主题互相渗透、互相促进，从不同角度揭示了作品的思想内涵。

剧中充满了复杂的爱情纠葛：特里波列夫爱妮娜，妮娜爱特里果林，阿尔卡基娜爱特里果林，波琳娜爱多尔恩，玛莎爱特里波列夫……这些爱情故事像生活本身一样，平淡而又杂乱,但实质上是由一条强有力的潜流贯穿着,作者通过表面平淡而又杂乱的故事揭示了一个真理:个人的幸福和全社会的幸福是紧密相关的,爱情和根植于现实生活的崇高理想是联系在一起的。剧中的爱情故事没有一个得到完美的结局。特里波列夫和妮娜的爱情,由于艺术道路的不同而夭折了;特里果林的爱情是低级、庸俗的;玛莎对特里波列夫的爱情,到头来也只是单相思……这一系列的故事说明,爱情若离开美好的理想,就不可能开出绚丽的花朵。作者用讥讽的态度描写了小市民的庸俗浅薄,这样的爱情只能引人发笑。契诃夫一再强调《海鸥》是一出喜剧,具有发人深省的含义。

契诃夫善于挖掘隐藏在生活背后的、深刻的、内在的戏剧因素。他将日常的、偶然的、局部的琐事拼接起来,构成支配观众心灵的主题。《海鸥》充满浓郁抒情色彩的艺术主题隐藏在生活潜流下。这个主题充满了诗意,只有真正献身于人民的艺术家,才是生活的强者,才能成为展翅高飞的海鸥。剧情既揭示了艺术家的使命和艺术道路的艰辛,又强调艺术家必须有克服重重困难的勇气和坚持到底的毅力。

剧中的主题主要是通过对照手法揭示的,即特里波列夫和妮娜两个青年不同艺术道路的对照。特里波列夫走的是一条远离现实生活的颓废主义道路。他有才华,也想在艺术上有所创新,但是他的生活圈子太狭隘,他远离人民,远离社会现实,没有找到艺术的源泉。他个性软弱,屈服于小市民生活的压力,成了一只被生活折断翅膀的海鸥。这种苦闷消沉的情绪导致他走上颓废主义的艺术道路,在遭受爱情和艺术的双重失败后自杀。导致他毁灭的根本原因,是他的生命没有积极强大的支撑点。而妮娜走的艺术道路不同。妮娜是个外貌和心灵都很美丽的姑娘,她热情活泼,积极追求美好的理想。在追求艺术的道路上,爱情曾为她带来烦恼和痛苦。在她和特里波列夫之间曾有过热烈而纯洁的爱情,后来,她发现这个男人太脱离实际,性格太脆弱,对她的艺术事业不可能有所帮助,于是,她离开特里波列夫,投入已经成名的作家特里果林的怀抱。她的第二次爱情产生于对"天才的敬佩",她幻想这个作家能在事业上指引她,帮助她。但是,特里果林并不像她所想象的那么高尚,他和妮娜恋爱只不过是逢场作戏。他很快就抛弃了她,回到了阿尔卡基娜的身边。妮娜的爱情之梦破灭了,一连串的打击接踵而至。但妮娜并没有被压垮,她勇敢地面对严峻的现实,逐步成熟起来。妮娜成为一只展翅高飞的海鸥,冲破一切障碍,在艺术广阔自由的天空中勇敢地飞翔。

契诃夫的剧本没有惊人的事件,没有峰回路转的外部冲突,没有冗长的哲学和道德议论,而是遵循生活本来的逻辑,以常见的、平凡的、琐细的细节揭示人物精神世界的变化。抒情诗意和哲理性是契诃夫戏剧独具的风格。高尔基指出了契诃夫的这种双重结构:一方面,契诃夫在表面上表现直接的现实;另一方面,作品中潜藏着诗意的概括,这种概括有一种内在的音乐性和思想性。丹钦科在《文艺·戏剧·生活》中说:

"莫斯科艺术剧院就是契诃夫的剧院。"①

文化驿站

契诃夫与莫斯科艺术剧院

莫斯科艺术剧院以演出话剧为主,是俄罗斯重要剧院之一。创始人是斯坦尼斯拉夫斯基和丹钦科。

1898年6月14日是俄罗斯剧坛历史上值得纪念的日子,在这一天,斯坦尼斯拉夫斯基带领的业余剧院成员与丹钦科任教的莫斯科交响乐团协会的戏剧班携手建立了莫斯科大众艺术剧院。该院成立后演出的第一部话剧是托尔斯泰的《沙皇费多尔·伊凡诺维奇》(10月27日首演)。1898年12月27日由斯坦尼斯拉夫斯基和丹钦科共同导演的《海鸥》大获成功。《海鸥》成为契诃夫的戏剧成名作,也使莫斯科艺术剧院成为有影响力的著名剧院。从此,莫斯科艺术剧院就把"飞翔的海鸥"绘制在舞台的大幕上,作为剧院的标志。1901年,剧院改名为莫斯科艺术剧院。

此后,契诃夫又为剧院创作了《万尼亚舅舅》《三姐妹》和《樱桃园》等剧作。斯坦尼斯拉夫斯基均参加了上述剧目的导演工作并扮演主要角色,这些剧作的演出均获得成功。从此,契诃夫的剧作得到公众认可,成为世界剧坛的一流作品,莫斯科艺术剧院因演出这些作品,成为俄罗斯一流的剧院,而契诃夫的剧目也成为剧院的保留剧目,在俄罗斯和国外巡回演出。

从建院到1905年,莫斯科艺术剧院以演出契诃夫及高尔基的剧作为标志,也曾演出过俄国和外国的古典和现代名剧,如莎士比亚的《威尼斯商人》、哥尔多尼的《女店主》、奥斯特洛夫斯基的《白雪公主》、托尔斯泰的《黑暗势力》、霍普特曼的《沉钟》和易卜生的《史托克曼医生》等。

1918—1922年,剧院附设了4个培养新生力量的戏剧实验培训所。1922—1924年,剧院到西欧和美国演出,扩大了俄罗斯现实主义表演艺术的影响。1919年,剧院名字中增加"模范"二字,改称莫斯科模范艺术剧院。

十月革命10周年上演的《铁甲列车14-69》成为剧院发展史上的又一座里程碑。1932年,剧院改称莫斯科高尔基模范艺术剧院。卫国战争时期,剧院上演了柯涅楚克的《前线》、西蒙诺夫的《俄罗斯人》以及克朗的《海军军官》,并派遣演出队分赴前线,为红军战士演出。20世纪五六十年代,剧院在列宁形象的创造上有很大成就,《克里姆林宫的钟声》《悲壮的颂歌》都获得高度评价。1970年,叶甫列莫夫出任剧院总导演,剧

---

① 孙静.现代主义视角下的契诃夫戏剧研究[D].南京:南京师范大学,2012.

院进入新的发展时期。反映当代"科技革命"的现代剧成了剧院20世纪70年代初的主要演出剧目。1973年,剧院获列宁勋章和红旗勋章,1978年,剧院获十月革命勋章。

1987年,莫斯科艺术剧院一分为二,依旧留在旧址的剧团由叶甫列莫夫任总导演,剧院以契诃夫命名。而新建的剧院保留了高尔基的名字。从此,剧院的正式名称为莫斯科国立契诃夫模范艺术剧院。剧院的标志是海鸥,飞翔着的海鸥形象成了剧院的院徽。

剧院里设有话剧博物馆。博物馆藏品丰富,凡与剧院一百多年来的发展有关系和起到重要作用的文字、图片、实物都在展览之列。《海鸥》首演的海报、舞台美术设计图、舞台立体效果模型等均被陈列在显著位置。

2004年,两座剧院均将院名中的"模范"二字去掉,改称"莫斯科契诃夫艺术剧院"和"莫斯科高尔基艺术剧院"。俄罗斯戏剧专家童道明指出:"虽然莫斯科艺术剧院的资历没有国家模范小剧院老,但如果论在俄罗斯戏剧界的地位,莫斯科艺术剧院却占据头把交椅。"①

阿·马·高尔基

> 人的天赋就像火花,它既可以熄灭,也可以燃烧起来。而逼使它燃烧成熊熊大火的方法只有一个,就是劳动,再劳动。
>
> ——高尔基

人物生平

阿·马·高尔基

马克西姆·高尔基是阿·马·彼什科夫(Алексей Максимович Пещков,1868—1936)的笔名,他是苏联作家,社会主义、现实主义文学奠基人,政治活动家,苏联文学的创始人。《童年》《在人间》《我的大学》是他的自传体小说三部曲。他的代表作还有长篇小说《母亲》和剧本《小市民》等。1927年10月22日,苏联科学院在高尔基从事创作35周年之际授予他"无产阶级作家"称号。他还被授予列宁勋章,是苏联共产党中央委员会委员。

高尔基1868年生于下诺夫哥罗德的一个木工家

---

① 360百科.莫斯科艺术剧院[EB/OL].[2019-03-22].https://baike.so.com/doc/5867835-6080690.html.

庭。他4岁丧父,被母亲带回外祖父母家。高尔基10岁时,外祖父破产,高尔基不得不早早干活谋生。他拾垃圾、当信使、做杂工、卖鸟、当售货员、画圣像,做过守夜人、铁路职工等,还在律师事务所做过杂工。1892年,处女作《马卡尔·楚德拉》的发表使他在文学界崭露头角。

高尔基从小酷爱戏剧,曾梦想当一名杂技演员。后来,他经常与一些青年学徒做各种即兴的表演游戏。1883年,高尔基在家乡的一个剧团做过一段时间的龙套演员。

高尔基在文学创作方面颇有名声时,对戏剧活动依然饶有兴趣。1897年夏天,他在乌克兰的波尔塔瓦省曼奴洛夫村休养时,特地为当地一个农民业余剧团担任导演,并在一出戏中饰演未婚夫的角色。

1898年,莫斯科艺术剧院的现实主义演剧倾向吸引了高尔基,促使他提笔写戏。1901—1905年,他先后创作了《小市民》《底层》《避暑客》《太阳的孩子们》和《野蛮人》等剧本。特别是《小市民》《底层》这两个剧本,展现了现实生活中工人的新形象,表现了他们为自己权利而斗争的决心与乐观情绪。这两部剧先后在莫斯科艺术剧院上演,在当时俄国的剧坛引起轰动,确立了高尔基在俄国剧坛的地位。此后,他一部接着一部地创作戏剧作品,仅在十月革命前就完成了13部剧本。

1906年,高尔基完成长篇小说《母亲》和剧本《敌人》,其创作达到了新的高峰。《母亲》塑造了世界文学史上第一批自觉为社会主义斗争的无产阶级革命者的英雄形象,是社会主义现实主义文学的奠基作。

高尔基不仅是伟大的文学家,也是杰出的社会活动家。他组织成立了苏联作家协会,并主持召开了全苏第一次作家代表大会,培养文学新人,积极参加保卫世界和平的事业。

高尔基的作品自1907年起就开始被介绍到中国。他的优秀文学作品和论著是全世界读者的共同财富。[①]

代表作品

高尔基的戏剧代表作有《小市民》《底层》《敌人》《避暑客》《太阳的孩子们》《野蛮人》等。

---

① 360百科.高尔基[EB/OL].[2019-03-22].https://baike.so.com/doc/5341456-5576899.html.

作品赏析

《小市民》

1901年的俄国正处于大革命前夕，高尔基敏锐地洞察到动荡中的人们的内心冲突和对社会不确定性的惶惑，《小市民》描写了一个家庭里父子两代人的冲突，揭露了资产阶级保守派与自由主义者的矛盾，是一部反映小市民阶层与无产阶级思想冲突的现实主义戏剧。该剧在莫斯科艺术剧院首演。

《小市民》讲的是别斯谢苗诺夫一家的生活。别斯谢苗诺夫是老一代小市民的典型。他愚昧无知、专横顽固、自私自利。他坚持旧的生活秩序，竭力维护腐朽的道德观念，害怕一切新生事物。别斯谢苗诺夫想按自己的意志统治全家，但他的女儿小学教师塔季雅娜、儿子大学生彼得都有了自己的追求，他的养子火车司机尼尔更是与这个小市民家庭格格不入。别斯谢苗诺夫寄希望于彼得，但彼得使他伤透脑筋。彼得对家庭和社会都有所不满，曾被学校开除。他追求的是庸俗的安逸生活，最终与旧制度、旧思想妥协，与父亲和解。而塔季雅娜因喜欢尼尔而不得，自杀未遂，最后也倾向于和父亲妥协。

戏剧的真正冲突在别斯谢苗诺夫和尼尔之间展开。尼尔是火车司机，他热情、乐观、朝气蓬勃。他有坚定的革命信念，他认为现有的社会制度和生活秩序必须改变，工人会成为生活的主人，他说："谁劳动，谁就是主人。"他清醒地看到：权利不是被给予的，权利是争来的。

高尔基借剧中人之口指出，小市民的生活态度是由他们缺乏精神追求所决定的，他们脱离劳动，陷入个人主义的泥沼，无益于社会的同时，也毁灭了自己。而火车司机尼尔则是对人生有清晰认识的新人，他认为生活充满着由自己掌握的乐趣，并按照自己的理想来建设生活。他有一句台词至今仍值得人们学习："要紧的是我喜欢生活！人能活在世上——这就是天大的乐趣啊！"

剧本以别斯谢苗诺夫一家的纠葛，揭示了19世纪末20世纪初俄国种种社会力量之间的冲突，特别是以尼尔为代表的俄国新生力量的崛起。尼尔也成了世界戏剧文学中第一个具有阶级自主意识的产业工人形象。[1]

---

[1] 豆瓣小组.zz 小市民[EB/OL].(2006-05-11)[2019-03-22].https://www.douban.com/group/topic/1086729/?_i=5412748rv2WHJC.

文化驿站

高尔基死亡之谜

据说1936年6月18日,高尔基死在一个女人的怀里,她是高尔基的秘书兼情人穆拉,也是斯大林安插在高尔基身边的卧底。半个多世纪后,一份秘密材料表明,高尔基死前吃了一颗有毒的糖……

穆拉是在十月革命后由高尔基的朋友介绍给他的秘书,相处不到两个月,51岁的高尔基就不可遏止地爱上了27岁的穆拉,并写了《克里姆·萨姆金的一生》一书送给穆拉。穆拉想念她留在家乡爱沙尼亚的孩子,要回家去探望他们。由于当时苏维埃共和国跟爱沙尼亚不通往来,她从芬兰湾偷越边境。1920年1月,突然传来穆拉被边防军抓获的消息。高尔基亲自前往莫斯科营救她,甚至找到包括列宁在内的许多领导人帮忙。他得到的答复是:如果高尔基不离开俄国,穆拉就得不到释放。1921

高尔基和穆拉

年,高尔基带上被释放的穆拉和一大家子人,前往意大利的索兰托定居。

1928年夏天,穆拉又消失了,高尔基决定前往爱沙尼亚。按照信封上的地址找到穆拉的家时,他却发现那里没有穆拉,也没有孩子。高尔基还弄清楚了一个惊人的事实:孩子们的父亲并没有死,他当时定居于英国。更大的打击是,等高尔基从爱沙尼亚赶回来时,他的许多手稿、档案以及跟各国名人往来的书信,全部消失了。他的前妻告诉他,穆拉回来过。

种种迹象让人不禁怀疑,这一切都是有关部门为控制他而精心策划的,穆拉极有可能隶属于契卡(全俄肃清反革命及怠工特设委员会)。高尔基感到心寒,之后一病不起。1936年6月3日,高尔基迷迷糊糊地听到有人呼唤自己,是穆拉正在他床前忏悔。

有关人士分析,穆拉很早就被培养为特工,十月革命后,她跟丈夫罗卡特潜入苏维埃共和国活动,但被契卡抓获。契卡以罗卡特的性命为要挟,要她去色诱高尔基,掌控其一切动态。但长期的相处使她爱上了高尔基。1924年,列宁去世,契卡终于释放了她的丈夫。穆拉认为离开高尔基的时机到了,她假装回爱沙尼亚,并给高尔基写了分手信,但在反复纠缠中,她跟高尔基走到1928年。此间,穆拉因提供的情报越来越没有价值被契卡怀疑。1928年夏,当高尔基到爱沙尼亚找她时,身在英国的穆拉知道事情再也瞒不住了,也知道一旦她彻底离开高尔基,契卡可能采取极端手段。于是,她飞回意大利,将高尔基不利于苏联政府的书稿和信件全都带走,从此隐匿。

关于高尔基的死,据说是特工头目给了穆拉几颗糖果并吩咐她:"要么你把糖吃下,但高尔基还是要死,要么你让高尔基吃下,你可以活。"当时,高尔基身边有两个值夜班的医生,穆拉于是将糖果倒在卧室里的一个盘子里,想诱惑他们将糖果吃掉。但她万万没想到,主治医生也是个契卡,18日2时左右,他哄骗半夜醒来的高尔基吃下了糖。2时30分左右,高尔基停止了呼吸。[1]

第三节　20世纪的戏剧艺术

弗·艾·梅耶荷德

人物生平

弗·艾·梅耶荷德(Всéволод Эми́льевич Мейерхо́льд,1874—1940)是俄国导演,演员,戏剧理论家。与斯坦尼斯拉夫斯基并列为20世纪最重要的戏剧大师。其戏剧理论著作《论戏剧》提出了与写实主义戏剧分庭抗礼的假定性戏剧理论。

梅耶荷德1874年2月9日出生于奔萨城的一个日耳曼家庭。1895年,他高中毕业后进入莫斯科大学法律系。1896年,梅耶荷德转学到莫斯科戏剧音乐学院,受业于涅米罗维奇-丹钦科。1898年,他随老师加入莫斯科艺术剧院,在《海鸥》一剧中扮演特里波列夫。1902年,他脱离莫斯科艺术剧院,在外省组织剧团进行戏剧革新探索;1905年,应斯坦尼斯拉夫斯基邀请回莫斯科主持戏剧实验演出,又因与斯坦尼斯拉夫斯基意见不合转投彼得堡的柯米萨尔日芙斯卡娅剧院任总导演。1908年之后,梅耶荷德在彼得堡亚历山大剧院和马林斯基剧院当导演,以"达佩尔图托博士"之名组织实

---

[1] 360百科.高尔基[EB/OL].[2019-03-22].https://baike.so.com/doc/5341456-5576899.html.

验性的演剧团体,导演了梅特林克、布洛克和安德烈耶夫等人的一系列带有象征主义倾向的剧作,其中以安德烈耶夫的《人之一生》最为引人注目。1923年,他创办的这家剧院被正式命名为梅耶荷德剧院。此后,这家剧院上演了由他执导的《怒吼吧,中国!》《臭虫》《澡堂》《序曲》等具有现实革命内容的剧作。与此同时,他还导演了一批古典名剧,如奥斯特洛夫斯基的《森林》、果戈理的《钦差大臣》、格里鲍耶陀夫的《智慧的痛苦》、小仲马的《茶花女》等。

弗·艾·梅耶荷德

1918年,梅耶荷德加入苏联共产党。之后三年,他先后担任了彼得堡戏剧管理局和全苏联戏剧管理局的领导职务。1920年,梅耶荷德提出"戏剧十月革命"的口号,要求运用新的戏剧形式反映新的戏剧内容。1918年,他与马雅可夫斯基合作,在他一手创办的俄罗斯联盟第一剧院导演了苏联第一部反映革命斗争的戏剧《宗教滑稽剧》,创造了符合国内战争年代群众精神需求的"群众大会戏剧"。某种程度上讲,他创造了真正的人民艺术。

梅耶荷德开创了一个属于他的戏剧时代。但好景不长,1936年,他的戏剧革新实践被指责为"形式主义"。1938年,苏联政府下令关闭梅耶荷德剧院,他本人则被关押。1940年2月2日,梅耶荷德在莫斯科被秘密处死,他的表演学说被禁止。然而,梅耶荷德对世界现代戏剧的影响,早在他远赴巴黎、柏林、美国巡演的十几年里就已经深入人心。英国的布鲁克、波兰的葛罗托斯基以及德国的布莱希特等人都曾受惠于他的理论。1955年,梅耶荷德被平反,苏联最高法院为他恢复了名誉。

梅耶荷德的戏剧理论著作《论戏剧》于1913年问世,提出了"假定性戏剧"的理论。梅耶荷德认为,一切戏剧艺术的最重要本质是它的假定性。他广泛使用舞台新形式,如不闭大幕、公开检场、灯光特写等,这些都是借助假定性解放舞台的艺术手段。他认为戏剧舞台不是一般地反映生活的镜子,而是放大镜。他提出"戏剧电影化"的口号,把电影手法移植到戏剧舞台上来。如《森林》里的桥、《钦差大臣》里的活动平台,都能起到类似电影特写镜头的作用。在梅耶荷德眼里,导演艺术是一种创造性的艺术,"导演是舞台演出的作者"。他在导演古典名剧时往往会结合时代要求对剧本做出崭新的解释。此外,他也十分重视舞台演出的节奏感,认为节奏感是导演最重要的素质之一。

梅耶荷德是个戏剧革新者,他不仅在表演艺术上提出了"有机造型术"的概念,还创立了"构成主义"。他要求演员接受体操、马戏和芭蕾的各种训练,具有更强的可塑性。他借鉴构成主义雕塑——各种平面和材料用玻璃条或钢丝等"线条"交叉联系起来,构筑反写实的构成主义舞台,在这个舞台上取消大幕,裸露空墙壁,灯光不加掩饰,还装置了平台、斜坡、扶梯、跑道、栏杆、轮盘等组成的布景,这些布景像建筑用的脚手架,也是演员活动所必需的支点。

梅耶荷德重视观众的意见,从排练开始到演出结束,他的演出都建立在观众的评价当中。他热情赞美东方戏剧并从中汲取营养,他认为中国的戏剧艺术是赋予动作以巨大意义的戏剧艺术之一。

梅耶荷德从1902年开始进行了三十多年的戏剧实验,以一系列富有创造力、表现力和高度风格化的舞台演出,改写了现实主义传统,成为对现代戏剧有重要影响的导演之一。

代表作品

《丁达奇尔之死》《人之一生》《宗教滑稽剧》《森林》《钦差大臣》《小木房》《沙皇费奥多尔·伊凡诺维奇》《孤独》《安提戈涅》等。①

作品赏析

《钦差大臣》

果戈理

梅耶荷德一生演出和导演了许多戏剧作品,《钦差大臣》是他的巅峰之作。

《钦差大臣》是俄国讽刺作家果戈理的代表作,发表于1836年。故事发生在俄国的某个小城市。这个城市在粗鲁又贪腐的市长和一群本身是歹徒而实际是笨蛋的官吏主宰下,腐败不堪。当这群贪官污吏风闻首都已派出微服私巡的钦差大臣时,每个人都慌乱得不知如何是好。此时,突然听闻有一位叫赫列斯达可夫的人正投宿于城内唯一的旅馆里,于是,他们误认这个外形不凡而实际上因赌博而辞官返乡、途经此地的男人为钦差大臣。市长立刻在

---

① 360百科.梅耶荷德[EB/OL].[2019-03-24].https://baike.so.com/doc/9052653-9383402.html.

家里开了一个盛大的欢迎会,并不断贿赂这位年轻人。在市长等人的百般奉承之下,青年的心里升起一个邪恶的念头——向市长的女儿求婚。而市长则以为只要和他攀上关系,就能打开在首都升官发财的门路,所以欣然允诺了这门婚事。然而,这名青年却因担心骗局被揭穿而匆忙逃走。当市长官邸里正处于热闹的高潮时,邮政局局长手捧一封信走进来。青年人并非钦差大臣的消息被众人得知,正当大家震惊之际,真正的钦差大臣来了。帷幕就在大家呆若木鸡时缓缓落下。

这部作品改变了当时俄国剧坛充斥着从法国移植来的思想浅薄、手法庸俗的闹剧的局面。果戈理用喜剧这面镜子照出了当时社会中的达官显贵的丑恶之处,揭露了俄国社会的黑暗、腐朽和荒唐。

1926年,梅耶荷德排演的《钦差大臣》对果戈理的剧作进行了结构性的改编,不但将果戈理的五幕喜剧切分为三幕15场戏,而且在喜剧中引入了悲剧性。除此之外,角色处理上也有很大突破,采用了一主三辅的平台布景,设计了可以移动的小平台。演员的表演则聚焦于三个舞台因素:行动、音乐和空间。行动不再是语言所勾勒的形体,而是具体造型的展现。音乐是情绪感染的时间,通过空间形象表现出来,从而完成时间的空间化。《钦差大臣》就是按照奏鸣曲的路子设计的,每一次新的即兴表演就是一个主题的变化。

《钦差大臣》曾经无数次被搬上俄罗斯的戏剧舞台,是许多剧院的保留剧目。但在俄苏戏剧史上没有一台演出像1926年梅耶荷德导演的《钦差大臣》那样引人注目,仅在1927年就出版了三本评论集,针对《钦差大臣》演出的剧评、论文、杂文多达数百篇,其中既有如潮的好评,也有无以数计的恶贬,由此引发的大辩论更是史无前例。不同阵营、不同派别的评论家、作家纷纷加入论战的行列,针锋相对,或支持赞扬,或攻击批评。毫不夸张地说,梅耶荷德导演的《钦差大臣》是20世纪戏剧史上重要而奇特的现象之一。[①]

文化驿站

梅耶荷德与梅兰芳

1935年,梅兰芳应苏联对外文化协会的邀请,率团前往苏联做短期访问演出,在莫斯科和列宁格勒一共演出了14场。他的演出不仅征服了苏联观众,也震撼了苏联艺术家的心。斯坦尼斯拉夫斯基等苏联文艺界著名人士都前来观看,盛赞梅先生高超的艺术造诣。其中一位观众就是名声显赫的戏剧导演梅耶荷德,他对梅先生的表演推

---

① 徐琪.梅耶荷德与《钦差大臣》[J].戏剧艺术,2009(5):53-59.

崇备至。虽然两人语言不通,但艺术使他们惺惺相惜、引为知己。多年以后,梅兰芳仍经常想起他,生前还曾想写一篇纪念梅耶荷德的文章。

梅耶荷德与梅兰芳

梅兰芳在莫斯科期间,演出了京剧《贵妃醉酒》《打渔杀家》《汾河湾》《剑舞》等剧目。梅耶荷德与夫人几乎每场必到。梅兰芳也几次去梅耶荷德剧院观摩《茶花女》等名剧。梅耶荷德看过梅兰芳的戏后感慨万分,认为中国戏曲中的动作如同优美的舞蹈,特别是对梅先生手的动作称赞不已。在结束莫斯科的演出之后召开的有众多文艺界名人参加的"梅兰芳艺术研讨会"上,梅耶荷德说:"在我国舞台上,我没有见过哪一位女演员能像梅兰芳博士那样体现女性的妩媚。"他还戏谑地说:"看过梅博士手的舞姿,是否可以把我们所有演员的手都砍掉呢?因为这些手都没有用了。"他热情赞美东方戏剧,认为中国戏剧是赋予动作以巨大意义的戏剧艺术之一。①

阿·瓦·万比洛夫

人物生平

阿·瓦·万比洛夫(Александр Валенинович Вампилов,1937—1972)是果戈理、

---

① 1935年4月14日中苏戏剧家讨论会记录(未删节版)的四个看点(附录)[EB/OL].(2019-02-11)[2022-05-18].http://www.meilanfang.com.cn/index/show/catid/48/id/308.html.

契诃夫传统戏剧的继承者,苏联戏剧的开拓与创新者。他在苏联戏剧文学史上占据重要地位,形成了颇具影响力的"万比洛夫流派"。

万比洛夫1937年8月19日生于伊尔库茨克州的库杜里克。父亲是中学校长,1938年因受诬告而被镇压。母亲是数学老师。万比洛夫在库杜里克度过了中学时代。1955—1960年,他就读于伊尔库茨克大学文史系,与后来的作家拉斯普京成了同学和好友。1958年,他在伊尔库茨克的地方报纸上发表了10篇短篇幽默故事,由此开始了文学创作生涯。1961年,这些作品被收集成册,以"巧合"为名在伊尔库茨克出版,当时他用的是笔名A.萨宁。这些作品像一个个精巧的舞台剧,成了日后其戏剧人物和故事的雏形。大学毕业后,万比洛夫在伊尔库茨克的《苏联青年》报社做了一名编辑。

1962年,万比洛夫创作了独幕剧《与天使在一起的20分钟》和《密特朗巴什事件》,但没有得到发表的机会。1964年,独幕喜剧《窗户朝着田野的房子》(1962)在《戏剧》杂志上发表,这是万比洛夫第一次发表戏剧作品。这些剧作已显示出其创作的独特之处:对俄罗斯腹地普通人生活的关注、善于用轻松幽默的语言展现故事情节和揭示人物心理、对人际关系善意却又严厉的打量、善于展示人物复杂而丰富的生活,等等。生活中的小事往往成为万比洛夫对人物真正的道德考量。这种满含忧伤的抒情与讽刺的戏剧气氛,在他后来的创作中都有所保留和强化,使人们更多地将他的艺术风格与俄罗斯19世纪的戏剧传统,特别是契诃夫的心理现实主义戏剧传统联系起来。

1966年,万比洛夫的第一个多幕剧《六月的离别》发表。这部抒情喜剧是作者对大学生活的纪念。它讲述了一个大学生在走向生活时遇到的道德拷问和命运考验。在后来的抒情喜剧《长子》(1968)中,这一主题得到深化。它以一名大学生无意间冒充老乐手"长子"这一偶然事件为基础,展现了人物的精神实质,也对"父"与"子"的关系提出了新的人道主义的见解,表现了正在成长的年轻人对爱与宽容的理解和对苦难的同情,被称为当代戏剧史上"独特的哲理寓言剧"。

1967年,万比洛夫创作了代表作《打野鸭》。而《去年夏天在丘里木斯克》(1972)则是他的绝笔,与《打野鸭》一样,它同样表现了自我丧失与自我毁灭的主题。不同的是,该剧的着眼点却在展现主人公的道德觉醒。与此主题紧密相关的是两个主要人物的命运:一个是有天赋却过早厌倦并远离现实生活的侦查员沙曼诺夫,一个是淳朴内向的小镇姑娘瓦莲京娜。他们在偏僻的泰加森林里偶然相遇,瓦莲京娜的悲剧命运把沙曼诺夫从精神麻木中唤醒。该剧充满着诗意的象征,同时也以尖锐道德冲突、浮雕似的人物类型、戏剧性的日常生活将人们带进了经典的传统戏剧氛围里,被评论界认为是当代戏剧史上最契诃夫式的作品。

1972年8月17日,万比洛夫在贝加尔湖溺水身亡。

纵观万比洛夫短暂的生命和艺术历程,作为一位天才的戏剧家,他在生前并没有得到完全的认同,却以最快的速度进入创作的成熟期,形成了独特的艺术风格。与契诃夫一样,万比洛夫把自己的作品称为"戏剧"或"悲喜剧",但几乎没有人会把他的作品当成"纯粹"的喜剧来读或演。人们常称其为"严肃的喜剧"或"寓言故事"等,它像一个体裁的综合体,其中心理剧的因素尤为突出。此外,他的戏剧作品有着明显的契诃夫戏剧的"日常性"特点,最接近契诃夫风格的作品是《去年夏天在丘里木斯克》。他的"写实"具有契诃夫式的象征意味。同时,万比洛夫戏剧还有着果戈理式的怪诞风格。

万比洛夫在苏联的知名度很高,被誉为"敢向阿尔布卓夫和罗佐夫挑战的艺术家"。在短暂的创作生涯中,他写出了五个多幕剧、一个独幕剧和两个戏剧小品,塑造了一系列苏联青年的典型形象。直至今天,万比洛夫仍被戏剧评论家津津乐道。

代表作品

《与天使在一起的20分钟》《密特朗巴什事件》《窗户朝着田野的房子》《六月的离别》《长子》《打野鸭》《去年夏天在丘里木斯克》等。[①]

作品赏析

《打野鸭》

《打野鸭》是万比洛夫的一个三幕剧。剧本的基本情节是主人公的六段回忆。故事开始于这样一幅场景:某市区住宅楼里,不满三十岁的青年工程师齐洛夫突然收到一男孩受人之托送来的花圈和挽联,似乎是在给他送终。哀乐声中,齐洛夫开始了自己的六段回忆,他的精神堕落状态渐渐呈现在观众面前。他不好好工作,背着妻子同情妇打得火热,同时又去欺骗另一个少女。他对父亲毫无恻隐之心,以致老父含怨而亡。最后,他看破红尘,打算自杀。戏剧的结尾以他醒悟过来,同朋友一起去打猎结束。

《打野鸭》给苏联的戏剧舞台塑造了齐洛夫这个苏维埃时代的"多余人"形象,标志着万比洛夫的创作进入了新阶段。齐洛夫有他的矛盾性,他很聪明,很清醒,他感到自己斗不过周围的黑暗势力,现实生活没有出路,这是他高于一般人的地方。他作为苏联当代社会众多普通人的代表,与社会现实存在诸多矛盾,反映了那个时代的人的精神面貌。打野鸭去,这是贯穿全剧带有象征意义的主题,也是齐洛夫起死回生的一线

[①] 360百科.万比洛夫[EB/OL].[2019-03-27].https://baike.so.com/doc/6383378-6597030.html.

希望。万比洛夫运用戏剧独特的表现手法刻画人物性格,以超前的意识塑造了齐洛夫这个典型形象,唤起人们沉睡的心灵,让更多的人投入真正的生活。

这个剧本是苏联戏剧界争议最大的一个。引起分歧的主要原因是作者对主人公的态度模棱两可,非褒非贬。其实万比洛夫的目的仅仅在于真实地把社会中的这种性格和盘托出,请观众去思考,而不是由创作者去评判。

象征,是万比洛夫戏剧艺术风格最突出的特征之一,"打野鸭"就具有象征意味,而"郊外"和"外省"同样具有特定的象征意义。潜台词是心理剧最常用的艺术手法,在潜台词的运用方面,万比洛夫比当代俄罗斯其他剧作家更突出。它赋予舞台内在的张力,也为人物的行动提供了充分的心理依据。"内心独白"这种人物揭示自我的方法,在万比洛夫的剧作里得到了最大限度的发挥。从思想层面讲,《打野鸭》没有简单地把笔触停留于揭示社会的阴暗面上,对生活意义的追问,对现代人孤独状态的描述,以及对善良和亲情的向往,才是该剧向世人发出的令人震撼的强音。[①]

文化驿站

"万比洛夫之谜"

在俄罗斯当代戏剧史上,阿·瓦·万比洛夫的遭遇十分引人注目,他的生命只有短暂的35年,其主要作品仅有《六月的离别》《长子》《打野鸭》等几部。他笔下的主人公都是年轻人,都身处偏僻乡村,看似平庸却又不甘于自己的处境,时时面临痛苦的内心挣扎,需要做出痛苦的选择,而作者最后往往没有替他们做出任何选择,每部戏的结局都耐人寻味。除了一部独幕剧,没有一部大的作品在作家生前演出过,更没有引起批评界的关注和社会反响。他的作品曾被指责是"荒谬的""平淡的""过分日常生活化"和"缺乏戏剧冲突"的。但是,在他去世十年之后,他每一部作品的上演都成了戏剧界的新闻和人们关注的焦点。与阿布卓夫和罗佐夫一道,万比洛夫如今已无可争议地被列为俄罗斯的当代经典剧作家。不过,人们仍然难以理解,万比洛夫的作品何以在20世纪60年代四处碰壁,而在其去世后又备享殊荣。文学史在论及万比洛夫及其艺术命运的话题时,常常会用"万比洛夫之谜"一词来概括这个现象。[②]

---

① 常青田.万比洛夫的《打野鸭》[J].上海戏剧,2004(11):32-33.
② 360百科.万比洛夫[EB/OL].[2019-03-27].https://baike.so.com/doc/6383378-6597030.html.

维·谢·罗佐夫

人物生平

维·谢·罗佐夫

维·谢·罗佐夫（Виктор Сергеевич Розов，1913—2004），俄罗斯剧作家，苏联作家协会理事。罗佐夫出生于知识分子家庭，自幼喜欢戏剧。出于对戏剧的热爱，他在读了一年工业技术学院之后，走上了科斯特罗马剧院的舞台。1934年，罗佐夫进入莫斯科革命剧院戏剧学校学习，毕业后留在该剧院做演员、导演。1941年，卫国战争爆发后，他应征入伍，并在一次战斗中身负重伤。在养伤的一年里，罗佐夫广泛接触社会各阶层人士，了解他们的生活状况，听到了许多有趣而令人深思的故事。这为罗佐夫的创作积累了丰富的素材，也坚定了他成为作家的志向。伤愈出院后，罗佐夫再登舞台，并应邀到中央铁路运输剧院担任导演，后因在艺术追求上和剧院领导不一致、不断发生摩擦而遭解雇。此后，罗佐夫为了谋生，曾到许多单位求职，但遭受了不少白眼。生活的磨难给罗佐夫带来了强烈的创作欲望，同时也坚定了他要揭露生活矛盾的创作思想。

战争结束后，他作为导演和演员应邀参与哈萨克斯坦儿童青年艺术剧院的创立工作，并将冈察洛夫的《平凡的故事》搬上舞台。1996年，现代人剧院根据罗佐夫的剧本重排此剧，获苏联国家奖。1943年，他凭着对战争的清晰记忆完成了自己的第一部剧作《谢列布里斯基一家》。剧本描写了青年一代在卫国战争中的遭遇，以及战争对人的道德品质的考验。1956年，这部剧本以《永生的人们》为名发表。1957年，作者将其改编为电影《雁南飞》，于1958年获第11届戛纳国际电影节最高奖。

1949年，罗佐夫入高尔基文学院学习，1952年毕业。学习期间，他创作了令他声名大噪的剧本《她的朋友们》。它是罗佐夫受一篇新闻报道启发创作的。这篇报道讲述了一个失明的姑娘在女伴们无私的帮助下读完大学的故事。罗佐夫将故事的背景从大学改为中学，其中也不乏作者自己的人生体验和感受。该剧对社会冷漠、无情以及官僚主义作风的揭露与抨击，引起了极大的社会反响。1953年，罗佐夫的毕业之作

《生活的一页》被搬上舞台。这些早期剧作还没有脱离当时苏联文坛流行的说教风格，不过，其中已有了某些属于作家自己的东西。

1952年以后，苏联文坛掀起了一股"写真实"的浪潮，戏剧观众也期待着在舞台上看到真实的生活，而不是那种人为夸大生活中的光明一面的作品。罗佐夫的剧作《祝你成功》(1954)应运而生，为作者带来了巨大声誉。该剧描写了一群即将进入大学的青年人，他们没有按照别人的安排去走生活的道路，摈弃了说大话、说假话的社会习气，提出了"做一个什么样的人"这个根本性的问题。主人公安德烈以其真实、生动的形象征服了观众。这种剧作家与青年之间充满信任、坦诚的对话，在当时的剧坛上是不同寻常的。这部以描写"无与伦比的生活真实"为特点的作品，受到了观众和评论界的一致好评，给当时的苏联剧坛带来了强烈的冲击。

进入20世纪70年代，"生产题材剧"十分繁荣。罗佐夫也在这方面做了一些尝试，创作了喜剧《处境》(1973)和《四滴水》(1974)。《处境》展现的是一场围绕"奖金"问题的争论。主人公列辛科夫因为发明创造得到了一笔数额可观的奖金，在别人都以羡慕的目光关注这笔财富的时候，他表现出了一种对金钱的超然。结尾处，无可奈何的主人公在被妻子逼着去领奖金的路上又被一则广告所吸引，于是掉转头回家继续钻研发明去了。而《四滴水》则是一个很特殊的剧本，它由四个小戏（即《辩护人》《账目两清》《不能代替的人》和《节日》）组成。它们的共同主题就是对社会阴暗面的揭露和抨击。"四滴水"这一名称也颇具深意，罗佐夫说自己这部小戏之小，就像"四滴水"，能折射出大千世界的万象百态，它更像是"四滴药剂"，能唤醒人们的正义感和良心。从舞台效果看，罗佐夫的这两部作品没有取得预想的成功，其原因可能是过多的说教妨碍了其艺术天赋的发挥。但是，它们体现了罗佐夫在体裁和形式方面的不断探索。

20世纪70年代以后，罗佐夫的作品变得更加尖锐。《聋人之家》(1978)就表现了这种趋势。这部戏在发表时受阻，写成后的转年才在《戏剧》杂志上得以发表(1979年第2期)。自那以后，这部戏就成了苏联剧坛的经典。在《聋人之家》中，我们能够充分领略罗佐夫讽刺艺术的丰富色彩。该剧的中心人物苏达科夫是一个物质利益的攫取者，他在那个即将崩溃的家庭里仍然享有绝对的"权威"。作者把这种对生活麻木、毫无反抗意识的人称作"聋人"。

在当代俄罗斯的剧坛上，罗佐夫是艺术生命最持久的一位。他的剧作虽屡遭批评，但仍拥有众多的读者和观众，他的许多剧作成了俄罗斯各主要剧院的保留剧目。对丑恶的羞耻感、对社会的责任心和对良知的追求是这些作品真正的主题。在艺术风格上，罗佐夫更多地继承了契诃夫的戏剧传统；在题材的选择上，他偏重伦理道德问题，往往把社会地位低微的小人物当作同情和歌颂的对象；在写作手法上，他注重刻画人物的内心世界，语言上追求契诃夫式的"生活化"，台词富有深意，是俄罗斯当代心理现实主义戏剧的代表作家之一。

2004年9月28日，罗佐夫在莫斯科去世，享年92岁。①

代表作品

《永生的人们》《追求欢乐》《力量悬殊的战斗》《婚礼之日》《游艺人》《校庆日》《在路上》《晚餐前夕》《四滴水》《聋人之家》等。

作品赏析

《追求欢乐》

喜剧《追求欢乐》首次涉猎了反对"拜金主义"、反对虚假的知识分子小市民情趣和人的内心空虚这一主题。作者用近乎讽刺的笔法，描绘了剧中人物莲娜奇卡的形象。为了突出主题的尖锐，罗佐夫创造出了一个不同寻常的隐喻——父亲的马刀。奥列格·萨文用这把军刀劈掉了新式家具。"罗佐夫的青年人们"反对父母的过分控制，渴望从他们所憎恨的成熟人那个装模作样的世界里逃出来，寻求一种独立的生活。这个形象成了20世纪50年代后期的时代象征。剧中"每个姑娘都喜欢人家对她另眼相看"，成为罗佐夫描写女性的经典名言。这些话在今天仍不失现实的意义。

《婚礼之日》

《婚礼之日》是罗佐夫的又一部探索性作品，于1964年发表在《新世界》杂志上。在这部作品里，他把注意力集中于道德问题。剧中没有以往作品所表现出的那种人物性格冲突，戏剧冲突完全内化于人物的内心深处。主人公米哈伊尔违背了自己情感的愿望，将感情的选择等同于尽"道德义务"，准备娶他不爱的姑娘纽拉为妻。这件事的对错、情感与责任的冲突这一主题在两个人物的内心活动中得到具体体现。

剧情围绕着一桩婚事展开：米哈伊尔和纽拉即将举行婚礼。曾和米哈伊尔相爱过的克拉娃突然回来。米哈伊尔对克拉娃的爱远甚于对纽拉的感情。米哈伊尔的朋友瓦西里劝他至少把原定的婚期推迟一下，好好想一想。米哈伊尔在感情上虽然倾向于克拉娃，但理智上却坚持要和纽拉结婚，为了让理智战胜感情，他决定如期举行婚礼。纽拉一直把米哈伊尔视作最理想的爱人。克拉娃在城里刚一出现的时候，她还惧怕失去米哈伊尔。待到举行婚礼时，纽拉做出了艰难却明智的选择，她脱掉婚纱，主动宣

---

① 360百科.罗佐夫[EB/OL].[2019-04-22].https://baike.so.com/doc/1101080-1165087.html.

布婚礼无效,把米哈伊尔送回到他心爱的姑娘身边。

文化驿站

电影《雁南飞》

1957年,罗佐夫将《永生的人们》改编成电影剧本,由米哈伊尔·卡拉托佐夫导演,这就是电影《雁南飞》。这部电影于1957年10月12日首映,轰动了世界影坛。1958年,《雁南飞》获第11届戛纳国际电影节金棕榈奖和摄影大奖。

电影讲述了战争年代一对恋人的悲情故事。薇罗尼卡沉浸在爱情的欢乐中,憧憬着幸福的生活。然而,战争爆发了,鲍里斯报名参军,薇罗尼卡感到一种前所未有的慌乱。鲍里斯走了,薇罗尼卡赶到车站时,只看到鲍里斯随着队伍渐渐远去。战争带来了毁灭,薇罗尼卡在德军飞机的空袭中失去了自己的家和父母。她寄居在鲍里斯家里,和鲍里斯的祖母、父亲、妹妹以及表弟马尔克生活在一起,远在前线的鲍里斯是她活下去的唯一精神寄托。可是,鲍里斯一直杳无音信。她不知道,鲍里斯已经在执行侦查任务时中弹牺牲。当鲍里斯扶着树干慢慢倒向泥泞的沼泽地时,眼前浮现的是薇罗尼卡身披白纱,她和他挽着手走出家门,四周环绕着鲜花和亲人的笑脸……薇罗尼卡还在等待,但渐渐失去了信心。在一个可怕的夜晚,当全城陷入空袭的恐怖之时,她犯下了无可挽回的错误——她失身于马尔克。她和马尔克结婚了,这时的薇罗尼卡才真正陷入永无尽头的痛苦之中:她不仅失去了亲人,还失去了真正爱过她的人,因为她背叛了爱情,背叛了前方的战士——这在那沉重苦难的时期是不可原谅的。马尔克是个市侩,他逃避战争,和投机分子混在一起,还把薇罗尼卡心爱的玩具小松鼠(鲍里斯临行前给她的礼物)送给一个关系暧昧的女人。薇罗尼卡认清了马尔克的面目,决心与他分手。她在医院里做护士,细心照料从前线下来的伤员。有一次,一个伤员收到未婚妻要求断绝关系的信,情绪失控,医院院长(鲍里斯的父亲)赶来安慰伤员,痛斥那些背叛前线战士的女人。他的话像利剑一样刺痛了薇罗尼卡的心,她奔出医院,恍惚地奔向一座铁路大桥,她想到了死……忽然,一个幼小的孩子摇摇晃晃地走到铁轨上,不远处,一列火车正急速驶来,薇罗尼卡奋不顾身将小孩救起。那是个孤儿,他的名字也叫鲍里斯。薇罗尼卡把孩子抱在怀里,她明白,自己应当勇敢地活下去。

薇罗尼卡还在等待,她坚信自己会等到鲍里斯的音信。有一天,家里来了一个从前线回来养伤的年轻战士,他是鲍里斯的战友,他告诉了薇罗尼卡鲍里斯牺牲的消息。然而,薇罗尼卡不愿意相信,仍然抱着一线希望苦苦等待——她相信鲍里斯是不会死的,他是永生的人。战争结束了,一队队战士从前方归来,薇罗尼卡手捧洁白的鲜花来到人山人海的车站广场,这是她最后一次看见鲍里斯的地方。战士们走出车厢,但是不见鲍里斯的身影。薇罗尼卡看到了和鲍里斯一起报名参军的斯捷潘,斯捷潘告诉她,鲍里斯的确已经牺牲。薇罗尼卡泣不成声,她在欢乐的人群中边走边哭。一位老人轻声劝慰她:要永远怀念牺牲的战友,也要迎接新的生活……薇罗尼卡望着鲍里斯的战友们,望着欢笑的人群,泪光闪闪的脸上露出了勇敢的微笑。她把手中的鲜花一枝枝地分送给身边的战士、姑娘、老人,还有孩子们。头顶上,一队大雁正在晴朗的天空中飞过……

《雁南飞》是20世纪50年代苏联卫国战争电影的一次空前的成功,它的感染力首先来自剧中人物形象和社会生活的真实性。作品塑造了鲍里斯这样的纯洁无畏的战士,但更多的笔墨则用于描写薇罗尼卡这样一个有着性格弱点的平凡的姑娘。她在苦难中成长,在悲痛中理解生活的意义。她从个人的悲剧和痛苦中看到国家、民族的苦难,从而把自己的命运与祖国、人民的命运联结在一起。影片的主旋律是悲壮的,结尾却是光明、灿烂的:薇罗尼卡与迎接前方战士的人们融在一起,共同走向未来的新生活。

《雁南飞》是苏联诗电影的代表作之一。卡拉托佐夫是20世纪50年代诗电影的积极倡导者,他宣称"真正的电影必须是诗电影"。在摄影技巧上,电影摄影不应是客观记录,而应带有强烈的情绪色彩——这就是当时苏联电影领域的"情绪摄影"理论。摄影师乌鲁谢夫斯基在"车站送行""鲍里斯牺牲"等段落中创造了情绪摄影的典范,"鲍里斯牺牲"这一段落更成了电影史上的经典段落之一。

《雁南飞》的艺术感染力也离不开演员的精彩表演。扮演薇罗尼卡的塔吉扬娜·萨莫伊洛娃(后来参演《安娜·卡列尼那》)、扮演鲍里斯的阿列克谢·巴塔洛夫(后来参演《莫斯科不相信眼泪》),以及扮演鲍里斯父亲的瓦西里·梅尔库里耶夫(1954年参演卡拉托佐夫的《忠实的朋友》)等表演艺术家的完美演出为影片增色不少。[1]

---

[1] 《雁南飞》影评[EB/OL].(2019-01-13)[2019-04-23]. https://wenku.so.com/d/b898eeee1cb1c44263809dae58445e4f.

第三章 电 影

概 述

一、俄罗斯电影发展简史

电影最早诞生于法国。1888年10月,法国电影发明家路易斯·普林斯在英格兰西约克郡利兹城进行了一项具有里程碑意义的工作,他把自己的单镜头摄影机和伊士曼柯达公司的纸质胶片连接,拍摄了《朗德海花园场景》和一段利兹大桥的街景,这便是电影的开端。1895年,法国的卢米埃尔兄弟在巴黎组织了世界上首次电影公映活动。1896年,俄国首家常设电影院出现在圣彼得堡。直到1908年,俄国才拍出自己的电影,第一批艺术片出现于1916年。1919年,全俄谢·阿·格拉西莫夫国立电影大学(1992年更名为全俄国立电影学院)建成,它是世界上第一所国立电影学院。同年,列宁签署电影国有化法令,这是苏联电影事业的开端。国内战争年代占据苏联银幕中心的是新闻纪录片,主要反映红军的英勇战斗和工农群众的事迹。国内战争结束后,苏联电影事业有了进一步的发展,导演们开始拍摄反映革命历史和苏联现实的新影片。1925年,谢·米·爱森斯坦导演了无声影片《战舰波将金号》,影片主题是歌颂1905年革命。这部电影在世界电影史上首次采用了蒙太奇的剪辑手法,被称为里程碑式作品。

20世纪30年代,有声电影的出现是世界电影史的转折点,苏联的一批作家开始创作电影剧本,作曲家开始为电影谱曲,戏剧演员转而从事电影表演。20世纪20年代,电影方面的革新主要在剪辑、节奏和群众场面上,30年代则转向剧情安排、人物性格塑造以及语言、音乐、歌唱、音响等表现手法的运用。20世纪30年代末到40年代初,苏联电影在主题、体裁和风格方面趋于多样化,拍摄了动画片、喜剧片、纪录片和科普片。

20世纪50年代中期以来,苏联拍摄了不少以卫国战争为题材的影片,这些影片的思想艺术倾向几经变化。50年代的作品着重表现下级官兵的战壕生活、战争中人们的悲剧性命运和战时普通人的心理。60年代以后的作品逐渐转向表现苏联官兵的英雄行为,并把激烈的战斗和前线的日常生活结合起来,影片着力表现的不是事件本身,而是在关键时刻人的心理和道德情操,这也是70年代战争题材影片的鲜明特性之一。

戈尔巴乔夫时期放宽了文化限制,电影界发生巨大变化,主要表现在:(1)出现了反对斯大林的影片。(2)重新审查过去发行的影片。苏联影协成立了一个专门委员会,调查近20年来禁止放映的25部影片,公映了克利莫夫导演的《垂死挣扎》等影片。(3)放宽进口电影的标准。过去被严格禁止的流亡西方的苏联导演安德烈·塔可夫斯基的作品《乡愁》和《牺牲》也在莫斯科上映。

苏联时期有电影从业人员30万人,电影制片厂39个,其中,拍摄故事片的制片厂有19个。苏联设有国家电影委员会,负责领导电影事业。1965年成立的苏联电影工作者协会是电影艺术工作者的专业联合组织。苏联从1958年起以举办全苏电影节的形式展映所有制片厂的影片。苏联电影从《战舰波将金号》开始登上国际影坛,20世纪30年代以后经常参加戛纳、卡罗维发利、威尼斯等国际电影节,屡次获奖。苏联电影在134个国家上映,在世界影坛上享有盛誉。从1959年开始隔年举行一次的莫斯科电影节,放映来自五六十个国家的几百部影片。20世纪80年代,苏联每年摄制故事片约150部,电视片100多部,科普片1000多部,动画片约130部。

俄罗斯的电影产业主要集中在莫斯科和圣彼得堡,莫斯科有莫斯科电影制片厂、高尔基儿童与青年中心电影制片厂、联盟木偶电影制片厂、中央科学电影制片厂。圣彼得堡有列宁电影制片厂、文献和科普电影制片厂,在叶卡捷琳堡和其他一些城市也有电影制片厂。1991年苏联解体之后,俄罗斯电影业陷入了困境。之后的10多年间,俄罗斯电影业发展十分不均衡。1991年的电影产量为430部,而1996年的产量仅为26部。20世纪90年代,影片产量有所回升,进口影片,尤其是美国影片占据着俄罗斯的市场。以1995年为例,俄罗斯全年上映影片共286部,其中,美国电影就有111部。

进入21世纪,俄罗斯大力加强对国产电影的扶植,通过了《电影法》,为发展"民族电影"铺平了道路。政府组织机构也进行了调整,撤销了主管电影的电影委员会,电影归文化部管理;政府设专项电影基金;制片厂设备得到更新;电影院逐步改建,采用最新的放映设备;莫斯科国际电影节改为一年一次,并由政府拨款资助。俄罗斯私营电影公司发展迅速,私人资本投资于电影业,完全进行商业化运作,投拍了一批新影片。2003年,俄罗斯年轻导演安德烈·兹维亚金采夫的处女作《回归》夺得第60届威尼斯电影节金狮奖,标志着俄罗斯电影重回国际舞台。[1]

二、电影艺术的美学特征

电影是一种综合性的艺术。文学(电影剧本)、绘画(布景、绘画艺术的经验在影片拍制过程中的运用)、戏剧(演员的表演)、摄影(电影拍摄)等各种艺术都作为有机成分融汇在电影艺术中。其中的任何一个成分都不是可有可无的,而是创造统一的电影视觉形象的手段。电影艺术的这种综合性决定了它具有以下不同于其他艺术的特点。

其一,电影直接依赖于科学技术的发展水平。电影的出现是以光学、化学、电学、摄影技术、视觉生理学等科学技术的高度发展为基础的,可以说,它是近代科学技术的产儿。正因如此,电影技术的发展和综合水平的提高总是伴随着新技术和艺术手段的发明和发展。

从无声电影到有声电影,从黑白片到彩色片,从窄银幕到宽银幕,再到凹形宽银幕,这是电影摄影机能力不断提高的几个重要阶段,而这一切都与科学技术的发展相关联。

其二,电影的特点与其说是靠词语,不如说是靠视觉形象发挥作用的。从这个角度而言,电影剧本在许多方面不是更接近于戏剧,而是更接近于叙事文学。电影编剧与戏剧编剧不同,他们不受舞台的种种局限,摄影机能从各种不同的角度,在各种不同的空间和地点拍摄事件和人物,不论其规模有多大。电影中的故事情节可以在时间和空间上自由转换,摄影机前的舞台没有戏剧舞台的那些局限性。

其三,电影拥有丰富多彩的特有手段,如蒙太奇、特写、改换摄影角度等。当然,也少不了演员的艺术表演和创造。但只有演员的艺术创作还不能叫电影,电影形象的形成主要靠镜头。镜头把所拍摄的一切,包括演员的活动记录下来,然后经过蒙太奇的处理,镜头与镜头就有了意义上的联系。电影中事件的节奏、主人公的活动和心理状

---

[1] 薛福歧.俄罗斯电影[EB/OL].(2008-09-19)[2019-04-25].http://www.peiyin.net/bbs/read.php?fid=2&tid=68192.

态也都获得了艺术的表现。

其四,电影作为一种综合艺术,由于使用了一系列特殊手段,在艺术史上完成了一个特殊的任务,即消除了各种空间艺术和时间艺术的裂痕,开辟了把空间表现扩展到时间范围的道路,建立了"电影时间"和"电影空间"这类独特的量度和表现与衡量这些关系的尺度,也就是创造了使时间滞留、停顿,把远物移近,从视觉上使过去、现在和将来衔接起来的可能性。而且,电影作为一种直接概括和深入生活的艺术,它的特殊表现力具有极大的感染力,符合现代人精神生活的要求。它巨大的艺术效能和宽广的创作范围都符合现代艺术发展的要求。

第一节　帝俄时期的电影

阿·阿·汉容科夫

人物生平

阿·阿·汉容科夫

阿·阿·汉容科夫(Алекса́ндр Алексе́евич Ханжо́нков,1877—1945),1905年还是年轻的顿河军大尉,第一次看电影,立刻就被这一科技奇迹深深吸引。退伍后,他决定在电影业施展身手,来到欧洲和那里的电影公司签订购买合同。凭着诚信务实的精神,他很快成为俄罗斯最知名的电影企业家。

1911年,他的公司拍摄了30多部故事片,其中包括世界上第一部长篇连续电影,这便是反映克里米亚战争的《保卫塞瓦斯托波尔》。

汉容科夫是一位具有远见卓识的企业家,他是将俄罗斯文学作品搬上银幕的第一人,他还建成了技术完善的制片厂,研究出制作布景的新方法。

1911年,制片厂成立了科普部,每年产出若干部科普电影。尽管这类影片不盈利,汉容科夫仍在影院设专场放映介绍电话、电报以及结核病等的科普影片。他还找来多位作家参与剧本创作，成立了剧本创作部。为了把生产电影设备和胶片的外国公司介绍到俄罗斯，他成立了国际部。1908—1916年，他的公司拍摄了约三百部故事片。到1916年末，他的公司拍摄的故事片、纪录片、动画片和科普片已在俄罗斯影坛占据领先地位。

1913年，年仅36岁的汉容科夫不幸因患上严重的风湿病而落下残疾，不得不在轮椅上度过余生。1917年春，他不顾健康状况，执意来到雅尔塔建设制片厂。十月革命后，国家颁布了电影工业国有化的法令。1920年，一贫如洗的汉容科夫带全家离开了祖国。

1923年，苏联政府邀请他回国主持电影公司公私合营的工作，后来任命他为苏联部长会议国家电影事业委员会顾问。1925年，他出任苏联电影制片厂的生产主管，仅用半年时间就让半瘫痪的生产恢复正常并着手拍摄新片。然而，1926年春，他和他的同事被指控浪费国家资金，尽管最终法庭因证据不足而宣判其无罪，但汉容科夫从此被禁止从事电影工作。当时还没有彩色胶片，只能使用技术手段将黑白电影翻拍成彩色电影。汉容科夫没有屈服于法庭的禁令，他来到雅尔塔开始研究彩色电影，经过一年的潜心努力，他向制片厂提交了自己的设计方案。他的设计受到了极大关注。1931年，政府还成立了专门委员会研究彩色电影。

在贫困生活的逼迫下，汉容科夫不得不向电影工业总局求助。苏联政府考虑到他的杰出贡献，决定从1935年1月开始，每月发给他350卢布的退休金，这在当时是一笔不小的数目。1945年9月，这位为俄罗斯电影事业的发展作出过巨大贡献的企业家与世长辞。

代表作品

《商人卡拉什尼科夫之歌》《沙皇选新娘》《16世纪的俄罗斯婚礼》《叶尔马克——西伯利亚的征服者》《为沙皇而生》。

作品赏析

《保卫塞瓦斯托波尔》

《保卫塞瓦斯托波尔》主要描述了克里米亚战争期间尼古拉一世、亚历山大二世以及塞瓦斯托波尔战役中的英雄们的事迹。为了保卫塞瓦斯托波尔，人们团结起来，妇女制造火炮，士兵建造防御工事。1854年，敌人向塞瓦斯托波尔发起第一波攻势，火力猛烈，俄罗斯军队奋力抵抗。海军上将高尔尼罗夫在马拉霍夫山冈上指挥士兵们向敌人射击。上将科尼洛夫在观察敌军阵地时，被击中身亡。孩子们也参加了保卫战，负责收集弹壳。1855年6月28日,敌人对塞瓦斯托波尔发起猛攻。人们加强了防御工事以抵御敌军步兵。同年8月27日,塞瓦斯托波尔人民抵御不住敌人的猛攻,决定向北转移,并破坏了炮台。

《保卫塞瓦斯托波尔》

电影《保卫塞瓦斯托波尔》拍摄于1911年,历时5个月,其中一部分场景就是在塞瓦斯托波尔战场遗址拍摄的。拍摄中采用了一些新方法,例如:首次使用两台摄影机同时拍摄;使用舰船小模型,移动摄影机从不同角度拍摄;采用高空俯视拍摄,邀请当年的参战者出演角色;等等。1912年,此片在全俄放映,好评如潮。为此,汉容科夫获得了沙皇的嘉奖,沙皇允许他在莫斯科的任何地方,甚至是皇家花园中拍摄。[①]

文化驿站

塞瓦斯托波尔战役

塞瓦斯托波尔战役,是1941年10月31日至1942年7月4日,苏联红军为防守和夺取塞瓦斯托波尔城和黑海舰队主要海军基地,与德军进行的一次战役。

这次战役中,德军及仆从国罗马尼亚王国共组织了第11集团军35万人(下辖3个德国军,2个罗马尼亚军,共计11个师的兵力),在曼施坦因的指挥下围攻塞瓦斯托波尔要塞。其正面是苏联南方面军下属的黑海舰队、独立滨海集团军、第51集团军的约23个师及配属分队,约27万人。

---

① 高珉.俄罗斯电影之父[EB/OL].(2004)[2019-04-28]. https://mall.cnki.net/magazine/Article/EYXX200406012.htm.

在进攻中,德军投入了前所未有的重炮部队,利用超重型榴弹炮攻击塞瓦斯托波尔外围的诸多要塞阵地,同时歼灭了从刻赤半岛来援的苏军第44军、51军等部队。最终,塞瓦斯托波尔因补给不济而陷落。

战役中,苏军在刻赤半岛损失约17万人,在塞瓦斯托波尔损失约7万余人,合计24万余人。

1991年苏联解体后,克里米亚和塞瓦斯托波尔隶属乌克兰,2014年3月重新归属俄罗斯。[①]

第二节 苏联及当代俄罗斯电影

谢·米·爱森斯坦

人物生平

谢·米·爱森斯坦(Сергей Михайлович Эйзенштейн,1898—1948)是苏联导演,世界电影的先驱,俄罗斯联邦共和国功勋艺术家(1935),艺术学博士(1939)、教授。他生于建筑师家庭,1915年毕业于里加实用学校,入圣彼得堡土木工程学院求学,后来决心从事造型艺术并转入美术学校。十月革命爆发,他参加红军,负责构筑防御工事,同时积极参加部队文艺活动。1920年,他到莫斯科第一无产阶级文化协会工人剧院工作。他以美工师兼导演的身份参加了根据杰克·伦敦的小说改编的话剧《墨西哥人》的演出。1921—1922年,他进入由梅耶荷德指导的高级导演班学习。1922年,他在《左翼艺术战线》杂志上发表了第一篇纲领性的美学宣言《吸引力蒙太奇》,引发了戏剧界长期的争论,并对电影艺术的发展产生了深远的影响。

谢·米·爱森斯坦

[①] 高珉. 俄罗斯电影之父[EB/OL]. (2004)[2019-04-28]. https://mall.cnki.net/magazine/Article/EYXX200406012.htm.

爱森斯坦在1923年把奥斯特洛夫斯基的剧本《智者千虑必有一失》拍成短片《格罗莫夫日记》，插在舞台剧中播出。1924年，他完全转入电影界，导演的第一部影片《罢工》(1925)被《真理报》评价为"第一部真正的无产阶级影片"。他用"吸引力蒙太奇"、群众场面、类型演员、外景拍摄代替了先前电影中一般的"情节"，例如在表现沙皇镇压工人罢工时插入了屠宰场杀牛的情节。影片中个别主人公的形象、演员表演和布景，都体现了他的纪实风格。影片《战舰波将金号》(1925)进一步发展了《罢工》的思想主题倾向和美学原则。影片中的石狮子和敖德萨阶梯等一系列场面、重大的历史题材、完美的节奏和剪辑这三者的结合使这部作品成为经典。在1958年布鲁塞尔国际电影节上，《战舰波将金号》被国际影评家评为电影问世以来12部最佳影片之首。

为纪念十月革命十周年，爱森斯坦接受了拍摄影片《十月》的委托。在这部影片中，他使用了理性电影的原则。不仅再现了1917年2—10月发生的一系列事件，还揭示了这些事件的含义。1950年，该片配上肖斯塔科维奇的音乐重新上映。1928年以后，他继续完成了被《十月》中断了的影片《总路线》，这部作品在1929年以"旧与新"的片名上映。这是苏联第一部表现农村合作化的影片。

1928年，爱森斯坦发表了与人合写的一篇名为"未来是有声影片"的文章，文章大胆预见了有声影片的出现，即画面与声音"对位"的前景。1929—1932年，爱森斯坦出访欧美，在法国拍了一部短片《感伤曲》(1930)，试验了声画对位法。后来，他又应美国派拉蒙公司的邀请，去好莱坞改编桑德拉尔的小说《絮特的黄金》和西奥多·德莱塞的小说《美国悲剧》，但均因揭露了尖锐的社会问题使制片人望而却步，而他又不同意按厂方要求修改。这两部电影未能完成。1932年，在美国作家厄普顿·辛克莱的资助下，爱森斯坦去墨西哥拍摄史诗片《墨西哥万岁》，但也没有完成。在这部影片中，他探索了单镜头画面的运动、节奏及结构。这部影片的8万米胶片在爱森斯坦生前始终未送到莫斯科。许多人将这些素材剪辑成《墨西哥风暴》《悲惨的狂欢节》等10余部影片，并在世界各地放映。直到1979年，经各方努力，有6万余米胶片集中到莫斯科，由爱森斯坦当年的助手、导演亚历山大洛夫剪辑成完整的影片《墨西哥万岁》。该片在1979年的莫斯科国际电影节上获荣誉金质奖。1935年，爱森斯坦开始拍摄《白静草原》，即将完成时，因为用诗意手法描写了现实生活，被批判犯了形式主义错误而功败垂成。做了检讨后，他到苏联国立电影学院导演系任教，他制定的导演实习课方法为电影导演的教学打下了基础。

后来，在斯大林的要求下，他在拍《亚历山大·涅夫斯基》(1938)时，将影片的叙事结构同古老的传说和民间故事联系起来，将影片的影像处理同古俄罗斯的壁画及建筑艺术交织起来，又将这两者同谢尔盖·普罗科菲耶夫的音乐相结合。其中，冰湖大战这场戏成为世界电影史上的经典。这部影片使爱森斯坦获得了斯大林奖金,三集系列片《伊凡雷帝》(第三集未完成)是他导演的最后的作品,也获得了斯大林奖金。拍摄这部影片时,在对伊凡雷帝的诠释上,他从普希金的历史剧《鲍里斯·戈东诺夫》中汲取了灵感,而在结构上则借鉴并超越了世界经典艺术家们的经验。这部多声部的影片成为世界电影又一座高峰。1948年2月,他因心绞痛死于拍片现场。

爱森斯坦的电影理论,在影片的总体结构、蒙太奇、声画框架,以及电影史理论等方面,都进行了多方面的开创性研究。此外,他关于艺术激情的本质、艺术方法、接受心理学等方面的著作,也在其理论遗产中占据特殊地位。苏联出版了六卷本《爱森斯坦文集》。各国的电影界人士都对他在艺术理论上的贡献给予很高的评价,大多数评论家认为电影史上或许没有人能超越爱森斯坦对电影的理解。[1]

代表作品

《伊凡雷帝》《墨西哥万岁》《亚历山大·涅夫斯基》《十月》《罢工》《战舰波将金号》等。

作品赏析

《战舰波将金号》

该片是向俄国1905年革命20周年献礼的影片,表现敖德萨海军波将金号战舰起义这一历史事件。影片主题宏大,具有史诗般的规模,既塑造了宏伟的群像,又有对细节的描写。丰富的蒙太奇手法和准确恰当的节奏使这部史诗片充满激情。敖德萨阶梯大屠杀一段不但气势磅礴,而且蒙太奇切换充分体现了场面的惊心动魄和场景中人物感情的起伏。有人说,如果这部影片是电影史上的经典之作,那么,敖德萨阶梯则是经典中的经典。随着这部影片的诞生,爱森斯坦的蒙太奇理论向前发展了一大步,对世界电影的影响也更显著了。

《战舰波将金号》海报

---

[1] 360百科.爱森斯坦[EB/OL].[2019-05-01].https://baike.so.com/doc/5836943-6049773.html.

《战舰波将金号》是第一部描写十月革命前夕的社会现实并将工农兵作为正面主人公加以塑造的革命影片,群众演员——包括爱森斯坦本人饰演的军舰上的神父——都演得非常成功。

影片描写的是1905年俄国革命中的一个真实事件。当时,沙皇专制制度已经腐败透顶,广大工农对沙皇统治的不满和反抗日益强烈,罢工浪潮遍及全国。1月9日是历史上著名的"血的星期日",沙皇政府血腥镇压和平示威群众,激怒了全国人民。人民的革命情绪也传到了黑海水兵中间。反动军官的无理欺凌使他们早已忍无可忍。一天,停泊在敖德萨港口外的波将金号战舰上的水兵,发现给他们做汤吃的肉全是臭的,于是同军官们争吵起来,并拒绝进餐以示抗议。舰长把全体水兵集合到甲板上,命令惩戒队向反抗的水兵开枪。但惩戒队员拒绝屠杀自己的弟兄,反动军官吉列洛夫斯基气急败坏,暴跳如雷。此时,水兵华库林楚克登上炮塔,振臂一呼,水兵们纷纷响应,把那些反动军官打得落花流水。水兵们占领了战舰,升起了革命的红旗(爱森斯坦别出心裁地让人用手工逐格涂在黑白电影拷贝上的),波将金号宣布起义。可是,华库林楚克却被穷凶极恶的吉列洛夫斯基开枪打死了。尸体被运到敖德萨港口时,市民们纷纷前来凭吊。接着,画面上展现出片片白帆,敖德萨市民乘着许多小帆船给宣布起义的战舰送来食品,支援水兵们的革命行动。

正当革命的热烈气氛达到高潮的时刻,突然传来阵阵枪声,沙皇反动当局的镇压开始了。反动士兵排成整齐的队列沿通向码头的阶梯走来,朝着无辜的市民开枪。面对这场惨无人道的屠杀,起义的战舰摇起了威严的大炮,向反动军队猛烈开火。入夜,一切复归平静,不祥的浓雾笼罩着战舰。黑海舰队的12艘军舰被调来镇压起义者。起义的士兵登上甲板,严阵以待。气氛骤然紧张起来。忽然,一片欢呼声打破了战前的寂静,被派来执行镇压任务的舰只上的水兵拒绝向起义的战舰开炮。波将金号以威

《战舰波将金号》剧照

武的姿态穿过12艘军舰列成的阵势,离开港口,驶向公海。其后一个镜头是高大壮观的起义战舰从画面深处直向观众驶来,象征着革命力量的不可战胜。

影片由五部分构成:"人与蛆""后甲板上的悲剧""以血还血""敖德萨阶梯""战斗准备"。其中,"敖德萨阶梯"一段是全片的高潮。导演爱森斯坦为了向观众展现沙俄军队的残暴,民众的无辜、恐慌和愤怒,以及水兵的英勇和正义,在这短短6分钟的片段中用了一百多个镜头。整齐武装的军队走下阶梯的镜头与人们惊慌逃跑的镜头不断切换,加强了画面的紧张感和屠杀的血腥气氛,刺激观众的视觉,加剧矛盾冲突,并加深了观众的印象。虽然手无寸铁的群众逃生的镜头都是一闪即过的,但观众依然能清晰地记得高位截肢的残疾人,手牵孩子的妇女,皱纹深刻的老人,惊慌失措的少女……士兵扫射的镜头与一个个受害者倒下的镜头相互切换,让人们充分认识到了沙皇的残暴。

1924年到1929年是苏联电影的黄金时期,涌现出一批经典之作,《战舰波将金号》就是其中最为著名的一部。该片是在乌克兰南部城市敖德萨拍摄,仅有几名职业演员,种种大场面是由一万多名市民和苏联海军士兵演出的。丰富的蒙太奇手法赋予画面以复杂的象征意义。

除了苏联,其他国家都禁止该片上映,但在一些秘密放映会上,这部影片得到观众热烈的赞许,并被各国电影资料馆争相收藏。当时除了卓别林的作品,没有一部影片赶得上该片的声誉,甚至连纳粹头子戈培尔都对它表示钦佩。

该片在1929年美国全国电影评议会评选1909年以来的4部"最伟大的影片"中名列第三。

文化驿站

蒙太奇

蒙太奇源于法语词"Montage",在法语中有"剪接"的意思。20世纪初,俄国导演爱森斯坦将其引用到电影创作中,发展为镜头组合的理论。电影中的蒙太奇由此产生。

电影的基本元素是镜头,而连接镜头的主要方式、手段是蒙太奇。蒙太奇是将摄影机拍摄的镜头,按照生活逻辑、推理顺序、作者的观点倾向及其美学原则连接起来的手段。首先,它是使用摄影机的手段;其次,它是使用剪辑的手段;最后,它是通过导演、摄影师和剪辑师的再创造来实现的。

蒙太奇一般包括画面剪辑和画面合成两方面。通过蒙太奇手段,电影的叙述在时间、空间的处理上取得极大的自由。蒙太奇不只是画面与画面的关系,还包括声音与声音、声音与画面的关系。蒙太奇具有叙事和表意两大功能,被划分为叙事蒙太奇、表现蒙太奇、理性蒙太奇三种基本类型。

埃·阿·梁赞诺夫

人物生平

埃·阿·梁赞诺夫

埃·阿·梁赞诺夫(Эльдар Александрович Рязанов,1927—2015)于1927年11月18日生于萨马拉,从小立志当一名作家。十年级毕业时,为了增长见识,他报考了敖得萨海员学校,并给学校寄去了入学申请。那年是1944年,卫国战争还在激烈地进行,通信很不畅通,他等了一年也没有接到入学通知,只好放弃。一天,他碰到一位打算报考国立全苏电影学院的同学,于是糊里糊涂地跟去考试,而且一试即中,16岁的梁赞诺夫成为该校导演系年龄最小的学生。

1950年毕业后,梁赞诺夫被分配在中央纪录电影制片厂,在那里拍摄了5年纪录片。他的才华被当时的莫斯科电影制片厂厂长、著名导演贝里耶夫发掘。贝里耶夫"几乎是强迫性地"要求他改行执导音乐剧,梁赞诺夫执导了第一部音乐故事片《春天的声音》,初试锋芒就展露了才华。1956年,他执导苏联第一部宽银幕音乐喜剧片《狂欢之夜》,无情地对官僚作风予以讽刺,一举成名。1966年起,他与剧作家埃米尔·布拉金斯基合作,共同创作电影剧本。他们的喜剧别具一格,有喜剧散文之称,这些影片也奠定了他的喜剧风格。20世纪60年代中期以后,他的喜剧片受到国际影评界的重视。1975年,他拍摄的爱情喜剧三部曲《命运的捉弄》《办公室的故事》《两个人的车站》广受好评,《两个人的车站》获得第36届戛纳电影节金棕榈奖提名。1984年,他将奥斯特洛夫斯基的舞台剧《没有陪嫁的女人》改名为"残酷的罗曼史"搬上银幕,这部影片讽刺人性的虚伪,获1985年第18届全苏电影节大奖。

梁赞诺夫的电影几乎全是喜剧片,他因而被称为"喜剧之父"。他的喜剧大体分为两类,一类是纯喜剧,如《狂欢之夜》《没有地址的姑娘》《意大利人在俄罗斯的奇遇》等;

另一类是悲喜剧,他后期的喜剧中有悲剧成分,往往由喜转悲。通过滑稽的场景和出人意料的情节变化让人们瞥见喜剧背后生活忧郁的本质,让人笑中带泪,松弛调侃的表层叙述下隐藏着生存境况的荒谬,是一种令人尴尬的真实。梁赞诺夫喜剧片的喜剧效果不是依靠误会和不协调的情节设置呈现的,而是常常把主人公置于一个真实的社会环境中,淡化经典喜剧所具有的假定性,使他遇到一系列难以置信但在生活中真的可能遇到的事情,从而挖掘出主人公真实的性格特征和内心世界,使主人公发生奇妙又令人信服的性格变化。《办公室的故事》和《两个人的车站》中男女主人公由争吵、敌对到理解、相爱的过程,那看似不可能的爱情故事,都是这种奇妙的性格变化的体现。

梁赞诺夫的喜剧主要有三大特点:平民化的风格、鲜明的讽刺批判精神和突出的文学性。第一,平民化的风格主要指他的镜头多关注小人物。他们为生活奔波,往往具有善良、热情的秉性,不惜为了尊严牺牲所有。梁赞诺夫通过平庸琐碎的日常小事描写这些人丰富的内心世界,展现他们的喜怒哀乐。第二,梁赞诺夫大胆针砭时弊,以幽默的方式反映社会弊端。他有意识地从生活中摘取那些具有时代气息和广泛社会批判意义的细节。比如,《老马》揭露了政府拖欠退休金和社会治安混乱的现实;《你好,小傻瓜!》批评了"俄罗斯新贵"现象;《狂欢之夜》里无情嘲讽了官僚作风;等等。第三,梁赞诺夫酷爱文学,曾出版诗集和小说集,也拍摨过一些文学名著改编的电影。梁赞诺夫喜剧电影具有极强的文学性,片中精彩的对话流露出诙谐和机智。影片里隽永含蓄的潜台词更是耐人回味。梁赞诺夫的电影难免带有特定时代的标记。但是,片中表现出来的对人性的认识、对个人幸福的关注、对爱情的歌颂等永恒主题,非但不会因时间流逝而过时,反而会因岁月的洗礼而历久弥新。

代表作品

《狂欢之夜》《命运的捉弄》《办公室的故事》《两个人的车站》《被遗忘的长笛曲》《你好,小傻瓜!》《老马》等。

作品赏析

《两个人的车站》

《两个人的车站》讲述了这样一个故事:钢琴家普拉东的妻子开车撞死了人,为了妻子,普拉东甘愿顶罪。在审判前的一个星期,普拉东赶回家见父亲最后一面。途中,他经过一个普通的、喧哗的车站。车站餐厅里,普拉东遇到了女服务薇拉。两人一开始因为普拉东抱怨餐厅的服务而结怨,之后却越聊越投机。原来,薇拉的丈夫因出轨

《两个人的车站》海报

离她而去，儿子留在她身边。普拉东还到薇拉家做客。两人的爱情之火就在相处的点点滴滴中点燃，他们最终步入爱河。后来，普拉东入狱了。在难得的家属探视日，薇拉千里迢迢来看他，两人在监狱外的木屋中度过了难忘的一晚。

这部电影获得了1983年戛纳电影节金棕榈奖提名。相对于当下电影领域题材年轻化和内容浅显化的趋势，《两个人的车站》具有成年人所特有的思维方式，它取材于人们在真实生活中可能遇到或已经遇到的素材，包括人们对生活的向往，需要担负的家庭责任，对爱情、事业的憧憬，等等。这一切都在短短的三天里，在一个陌生的车站上，在一对男女之间淡淡地，却又极其激烈地展开。

细数这部电影中出现的人物，除男女主角外，其他角色，如女主角薇拉认识的一个列车乘务员、车站上的两个同事等，出现都不超过十分钟。大量的电影镜头都由男女主角担纲演出。两个演员需要用对话和表演中完成整个电影的剧情，并保证剧情的连贯性和合理性。因为这部电影属于轻喜剧，所以他们还要在表演的过程中表达出对人生中不幸往事的无奈和在无奈中向往美好生活的乐观。①

弗·伊·普多夫金

人物生平

弗·伊·普多夫金（Всеволод Илларионович Пудовкин，1893—1953）生于奔萨，1920年，进入苏联国立第一电影学校学习。1922年，他转入库里肖夫的"实验工作室"学习与工作，协助库里肖夫做过电影语言方面的探索，并参加了《西方先生在布尔什维克国家里不平凡的冒险》(1924)和《死光》(1925)的拍摄。之后由于观点分歧，普多夫

---

① Dawn心禾.笑中带泪的生活悲喜剧：浅谈《两个人的车站》[EB/OL].(2019-04-20)[2020-01-02].https://www.jianshu.com/p/267d7ceec59b? utm_campaign=maleskine&utm_content=note&utm_medium=seo_notes.

金离开库里肖夫工作室,到俄罗斯国际工人救济委员会影片公司任导演。

1925年,他与 Н. Г. 史比科夫斯基合作摄制了影片《棋迷》,不久后又根据巴甫洛夫的条件反射学说拍了一部科普片《大脑的功能》。后一部影片的摄影师是 А. Д. 格洛夫尼亚,从此他们建立了长期合作。

20世纪20年代,普多夫金和爱森斯坦一道创立了蒙太奇电影理论。他在这一时期发表了重要的理论著作《电影导演和电影素材》《论电影编剧、导演和演员》《电影剧本》等,对当时的电影美学发展作出了贡献。

弗·伊·普多夫金

1926年,他参加《母亲》的拍摄,其现实主义美学观点得到充分发挥。他和编剧 Н.А.札尔赫依一起深入领会了高尔基原著的基本主题和革命激情,将其转化为电影语言。这是继《战舰波将金号》之后电影语言的又一次重大革新,其中"涅瓦河解冻"段落成为蒙太奇的典范。在指导演员的工作中,他力求把戏剧的表演技巧转化为电影的表演技巧,树立了以斯坦尼斯拉夫斯基体系的原则培养电影演员的范例。1958年,这部影片在布鲁塞尔国际电影节上被评为电影问世以来12部最佳影片之一。

1929年拍摄的《亚洲风暴》继续发展了普多夫金在《母亲》一片中探索到的美学原则。特点是表现手法丰富、目的明确、风格严谨、手法简练、节奏抑扬顿挫、注重演员表演,从而确立了斯坦尼斯拉夫斯基表演体系和银幕形象塑造的有机结合。这两部影片是20世纪20年代苏联电影的杰作,普多夫金的导演风格由此形成。

1932年,他拍了有声片《普通事件》(又名《生活得很好》),但并不成功。1933年,他在《逃兵》一片中实现了声画对位。

此后,他拍摄了一系列历史题材影片,如《米宁和波札尔斯基》《苏沃洛夫大元帅》《海军上将纳希莫夫》等。在这些影片里,他调动一切手段来创造鲜明的人物性格。在1947年的威尼斯国际电影节上,《海军上将纳希莫夫》一片的多名演员斩获了奖项。同年,该片还在洛迦诺国际电影节上获摄影奖。

他的最后一部作品是根据长篇小说《收获》改编的《瓦西里·鲍尔特尼科夫的归来》。

代表作品

《母亲》《圣彼得堡的末日》《成吉思汗的后代》《普通事件》《逃兵》《胜利》《俄罗斯航空之父茹阔夫斯基》等。

作品赏析

《母亲》

《母亲》讲述了十月革命前夕,一位母亲革命意识觉醒并为革命而牺牲的故事。尼洛夫娜的丈夫酗酒残暴,儿子巴维尔是个进步的工人,参加了反抗政府的游行罢工,被沙皇军队逮捕。尼洛夫娜在生活的磨砺下有了革命意识,参与营救工人的活动,但就在她与儿子在抗争队伍中重逢时,儿子却因镇压袭击而牺牲。母亲怀着满腔怒火,高举红旗走在罢工队伍的最前列,为革命呐喊,最终也牺牲了。

《母亲》剧照

《母亲》是苏联电影的杰作,也是蒙太奇理论大师普多夫金脍炙人口的代表作,改编自高尔基的同名小说。影片成功塑造了一个家庭妇女投身革命的转变过程,人物的性格刻画很有深度。但全片最成功的地方在于视觉表现力,也就是蒙太奇手法的精湛使用,在摄影构图上独具匠心,使用了细节描写以及大量的隐喻和象征手法。其中,高举的红旗、冰河的解冻等场景,寓意深刻,充满抒情意味,是反复被电影教科书引用的范例。

文化驿站

普多夫金与爱森斯坦的蒙太奇

普多夫金与爱森斯坦都是俄国电影大师,也都对蒙太奇素有研究。但两人的蒙太奇有着本质的区别。

普多夫金的观念曾在电影的发展中产生过极大影响,特别是他的理论强调电影的叙事性,这在一定程度上支持了20世纪三四十年代苏联和美国的情节剧模式。因此,他的观念在历史上也曾引发很大争议,尤其是同爱森斯坦的分歧。爱森斯坦指出:"普多夫金主张,蒙太奇只是镜头的组合,是为了阐明一个主题,把一个一个片段安排成序。我主张,蒙太奇是冲突,是两个元素的冲突迸发出的概念。我认为组合仅仅是一种可能,是一种特殊情况。"①

爱森斯坦的理性蒙太奇注重表现戏剧的冲突效果,通过冲突表现新的概念,形成一种完全不同于镜头本身的新的理解。而普多夫金的叙事蒙太奇注重连贯性,使蒙太奇起到连接镜头、推动情节发展的作用。在效果的呈现上,爱森斯坦注重隐喻,他认为蒙太奇不仅是产生效果的手段,也是阐明思想的手段,即通过某种电影语言及其表现形式阐明思想。普多夫金则认为蒙太奇意在揭示现实生活中的内在联系,是一种辩证思维的过程。它的主要作用在于对电影思想的清晰阐述,并层层深入地推动故事发展。在有声电影出现并流行后,由于声音、动作的连贯性不能随意切断,爱森斯坦的理性蒙太奇难以继续,而普多夫金的叙事蒙太奇得以衍生、继承和发展。

安·阿·塔可夫斯基

人物生平

安·阿·塔可夫斯基(Андре́й Арсе́ньевич Тарко́вский,1932—1986),生于俄罗斯札弗洛塞镇,是诗人阿尔谢尼伊·塔可夫斯基之子,曾就读于苏联电影学院,1961年毕业。1960年,塔可夫斯基完成了处女作《小提琴与压路机》,这是他的毕业作品,曾获纽约学生影展首奖。1962年,塔可夫斯基拍摄的第一部长故事片《伊万的童年》获第27届威尼斯国际电影节金狮奖。此后,他的每部作品均获得众多国际殊荣,很多评论

---

① 普多夫金的创作理念[EB/OL].(2016-05-27)[2018-05-04]. https://zhidao.baidu.com/question/1641693559055534100.html.

安·阿·塔可夫斯基

家视《安德烈·卢布廖夫》为他最伟大的作品。《安德烈·卢布廖夫》讲述了15世纪俄罗斯著名的圣像画家卢布廖夫漂泊的一生,并用史诗般的气势刻画出他对冷酷无情的时代进行的抗争。该片的主人公面临着一个重要的人生选择:一个艺术家的使命究竟是参与还是记录?当社会动荡、外族入侵时,他能坐视旁观吗?影片用黑白影像记录了他投入农民起义的场面,但在片尾,他重拾画笔、创造永恒的艺术作品时,画面上展现出斑斓的色彩。在经历了炮火、鲜血的洗礼后,卢布廖夫终于完成了《三圣像》。塔可夫斯基的最后一部作品《牺牲》荣获1986年戛纳影展评审团特别奖,同年12月,塔可夫斯基因肺癌病逝于巴黎,享年54岁。[①]

塔可夫斯基在电影艺术方面与费里尼、伯格曼并称为"圣三位一体"。塔氏作品以如诗如梦的意境著称,主题宏大,流连于对生命或宗教的沉思和探索。他的作品总是具有强烈的宗教气质。末世与拯救、精神的迷失与文明的危机,是贯穿他一生的创作母题。

塔可夫斯基的艺术创造不是自我表达或自我实现,而是以自我牺牲来创生另一种现实、另一种精神性存在。他执着于一种古老的信念:艺术家应当承担近似上帝的使命。影片《安德烈·卢布廖夫》蕴含了将艺术家与殉道者类比的主题。卢布廖夫对社会完全丧失了信心,在探寻信仰的旅程中历尽迷茫与痛苦。他数十年沉默不语,直到最终目睹了为纪念东正教先驱圣·乔治所铸造的大钟落成。在轰鸣的钟声里,他领悟到神与艺术的和谐,获得了信念的再生。

塔可夫斯基作品中的核心要素是时间与记忆,因为生命的意义在时间与记忆的维度中展开。以《镜子》为例,《镜子》是一部自传性作品,讲述一个艺术家的童年体验与成长。故事始于第二次世界大战爆发,跨越40年的岁月,完全吻合了导演本人的生平。塔可夫斯基的母亲在片中扮演艺术家的母亲,而他的父亲,著名的俄罗斯诗人,在画外音中朗读自己的诗作。塔可夫斯基说,这是他第一次决定用电影自由地表达生命中最为重要的记忆。

田园般的平静被大战的枪炮打碎,父亲出征前线。对死亡的恐惧与对父亲归来的

---

① 柏拉图梦见电子羊.如何评价导演塔可夫斯基?[EB/OL].[2018-05-09].https://www.zhihu.com/question/21308168.

焦灼期待,使艺术家的童年变得黯淡。终于从前线返回的父亲,却再度离开了他和母亲,投身于另一段恋情。与母亲相依为命、对父亲爱恨交织的复杂情感影响了他的一生。而后来长大成人的艺术家,却重演了父亲情变的故事……这一切都是塔可夫斯基生平的写照。影片中穿插了许多新闻纪录片,构成历史事件的时代坐标,又将个人的过去与现在、梦境与现实自由组接,创造出新的时空意义。塔可夫斯基认为,艺术的本质是捕获与再造时间。时间是不可逆转的,而记忆使生命得以重访过去。在他看来,"过去"比"此刻"更为真实,也更为久远,"此刻"稍纵即逝,如沙砾一般从指间滑落。只有通过记忆,时间才获得了"物质性的重量"。[1]

当年的观众看塔可夫斯基的电影时,有截然不同的两种反应,只不过呈现的结果令人惊异,从塔可夫斯基引述的影迷来信看,我们会有一个有趣的发现:学历越高的人似乎越看不懂塔氏的电影。

塔氏引述了几位工程师影迷的来信,这些信指责他的电影不知所云,无法触动人。塔可夫斯基的反击是引述普通观众的来信,以此证明他的电影其实一点也不晦涩。他讲过一个故事:《镜子》放映后,一群影评人看不懂电影,于是组织了讨论会,一直讨论到中午还没有结果。这时,打扫放映厅的女清洁工走了进来,对于这样的讨论会竟然要开那么长时间感到不可思议,随即清楚地讲出了她的理解:"一切都很简单,有个人病了,怕死,突然回想起自己给别人造成的痛苦,他想要赎罪,并祈求宽恕。"

在塔可夫斯基的电影世界里,理性和教条无用武之地,知识分子地位尴尬,能够拯救世界的反而是那些具有信仰的脆弱生灵:小孩、女人和疯子。在他的电影里,是小孩、疯子得以重生,因为他们放弃了思想和智力,转向了宗教,通过牺牲和受苦,最终得到重生。

代表作品

《牺牲》《乡愁》《潜行者》《镜子》《索拉里斯》《安德烈·卢布廖夫》《伊万的童年》《压路机与小提琴》等。

作品赏析

《伊万的童年》

《伊万的童年》是塔可夫斯基的故事片处女作,是苏联"解冻"时期战争题材电影的

---

[1] 文学报.塔可夫斯基:如镜像,如梦境 | 人物[EB/OL].(2016-06-06)[2017-05-03].https://www.toutiao.com/article/6293028883763560961/.

代表作。

《伊万的童年》海报

影片主人公名叫伊万,他的父母在二战期间被德国纳粹杀害。怀着对纳粹的仇恨,他加入了苏联红军,当了一名小侦查员,深入德军敌后执行危险的任务。红军中校认为战争不是孩子的事情,欲安排他到后方上学,伊万听了很恼火,但最后他还是留了下来。在伊万的强烈要求下,红军再次让他进行秘密的侦察活动,而这一次,伊万再也没有回来。战争胜利后,中校在敌人的材料中发现了伊万的档案,档案上写着伊万是被绞死的。①

从表面上看,这无疑是一部战争题材的影片。但影片并未对战斗英雄进行歌颂,而是从战争对一个孩子心灵的扭曲和异化的角度切入,深刻反省战争给人类带来的创伤:一场战争的胜利或许带来了胜利一方的集体利益,却严重伤害了每一个被迫卷入其中的个体。

在这部作品中,塔可夫斯基的诗化风格初露端倪。无论是从思想内涵还是艺术表现形式来说,这部影片都是创新之作,尤其是其独特的讲述方式和镜头语言。影片采用现实和梦境(幻觉)相互穿插结合的方式,来表现伊万坚毅的外表和稚弱的内心之间巨大的反差,让人身临其境地感受到一种难以言说的残酷。本片的镜头语言颇具特色。片中多处使用长镜头,在保证故事情节完整性和给予观众现实感之外,这些长镜头在导演的精心调度下,还有强烈的表现性。然而,影片独特的叙事方式和影像结构在当时的苏联曾引发激烈争论,甚至有人批评影片是玩弄形式,有神秘主义色彩,是对神圣的卫国战争的污蔑。让-保罗·萨特曾就当时的争论说:"这部影片是我近年来看到的最出色的影片之一。"该片在当年的威尼斯国际电影节上获得金狮奖。《伊凡的童年》的获奖,一举奠定了塔可夫斯基在世界影坛的地位,其后,他贡献出更多独具魅力的作品。

---

① 浅析塔可夫斯基《伊万的童年》中的镜头语言[EB/OL].(2017-12-12)[2018-05-03].https://max.book118.com/html/2017/1212/143897194.shtm.

文化驿站

《告别塔可夫斯基》

《告别塔可夫斯基》是一部 2000 年上映的法国电影。影片记录了电影大师安德烈·塔可夫斯基生命中最后的瞬间,并回顾了他的电影艺术生涯。1986 年冬,正在巴黎拍摄影片《牺牲》的塔可夫斯基突然得到一个消息:多年来被苏联政府扣为人质的儿子来到了巴黎。征得塔可夫斯基同意后,法国纪录片大师马凯立即带着摄影机赶往拍片现场,记录了这位当代电影史上别具一格的电影诗人最后的工作瞬间。一个月后,塔可夫斯基因病卧床不起,只能躺在床上观看刚刚拍完的电影素材。《告别塔可夫斯基》既是对塔可夫斯基拍摄最后一部影片的工作记录,也是对他毕生艺术道路的高度总结。①

尼·谢·米哈尔科夫

人物生平

尼·谢·米哈尔科夫(Никита Сергéевич Михалкóв,1945—)1945 年 10 月 21 日出生于一个声名显赫的文学艺术世家,家庭浓厚的艺术氛围为他走上艺术之路创造了良好的基础。他的父亲谢尔盖·弗拉吉米罗维奇·米哈尔科夫是著名的儿童文学作家,是苏联国歌和俄罗斯国歌的词作者、苏联教育科学院院士、俄罗斯功勋艺术家,是俄罗斯文化的代表人物。他的外曾祖父苏里科夫是 19 世纪俄罗斯伟大的画家,巡回展览画派最著名的两大代表人物之一,外祖父尤特·冈恰洛夫斯基是杰出的后印象派画家。他的母亲娜塔丽亚·彼得罗芙娜·冈察洛夫斯卡娅也是作家。在这样的家庭中成长,在哥哥安德烈·米哈尔科夫·冈察洛夫斯基的带领下,

尼·谢·米哈尔科夫

---

① 白毛毛.安德烈·塔可夫斯基电影风格浅析:以《伊凡的童年》为例[EB/OL].[2018-05-14]. https://wenku.baidu.com/view/e1a97ad9c67da26925c52cc58bd63186bceb9285.html.

米哈尔科夫从小就对文学和艺术有着特殊的爱好。

14岁时,米哈尔科夫初涉电影,在哥哥的年级作业中拍了一个女人离去的镜头。当时,安德烈刚入苏联国立电影学院学习,拍年级作业时,因女演员临时不在现场,便急中生智,让跟他前来看怎样拍电影的弟弟穿上女人的大衣和高跟鞋帮忙完成拍摄。从那以后,米哈尔科夫开始进入哥哥的圈子,经常参加安德烈的同学聚会,聆听刚刚迈进艺术殿堂的年轻人,如塔可夫斯基、什巴里科夫、乌尔班斯基、古拉亚等人对艺术的看法,为他们跑腿买烟。这些人后来都成为苏联电影界的著名人物。与电影界人士的交往使米哈尔科夫中学毕业时便下定决心要当演员。

米哈尔科夫先后在斯坦尼斯拉夫斯基话剧演员班和瓦赫塔戈夫剧院的史楚金戏剧学校表演专业学习。1963年,他考入史楚金戏剧学校。入学前,他已经在格奥尔基·达涅里亚的影片《我漫步在莫斯科》中扮演了讨人喜欢的小伙子——地铁建设者柯里亚一角。

在史楚金戏剧学校学习期间,米哈尔科夫因参加影片《呼应》和《不是最成功的一天》的拍摄,违反了学校不许学生拍片的规定,被迫退学,但他很快便考入苏联国立电影学院,直接插入著名导演米哈伊尔·罗姆(此人也是米哈尔科夫哥哥的恩师)的二年级班学习导演,并先后在《红帐篷》《曼舒克之歌》《万尼亚舅舅》等多部影片中扮演角色。米哈尔科夫很快步入苏联戏剧和电影明星之路。1971年,完成毕业作品《战争结束时平静的一天》后,他顺利地从电影学院毕业。

随后,米哈尔科夫被分配到莫斯科电影制片厂工作,很快获得了独立拍片的资格。然而,他完成第一部长片的案头工作就要投拍时,却突然应征入伍。这一举动源于莫斯科电影制片厂的一次党委会,会上讨论名人的孩子不去服役一事时,也提到了米哈尔科夫。听到这一消息,他主动报名参军,一周后,便到远离莫斯科的堪察加半岛的海军舰队当了一名水兵。

1974年,米哈尔科夫编剧并导演了他的第一部故事长片《敌我难辨》。影片大胆创新,运用了风格化的电影语言和新颖的电影手法与技巧。他初次执导拍摄影片便确立了艺术与商业并重的理念。

1976年,米哈尔科夫的第二部故事片《爱情的奴隶》为他确立了国际声誉。片中对浪漫理想与政治现实碰撞的描绘、精湛的技巧和"契诃夫式的机智"获得了赞誉。米哈尔科夫凭借此片获得了德黑兰电影节最佳导演奖。著名演员杰克·尼克尔森在看完影片后,将自己的一张照片赠给米哈尔科夫,赠言是"送给影片《爱情的奴隶》的导演,我已成为该片的奴隶"。

1977年完成的《一首未完成的机械钢琴曲》强化了他与契诃夫的联系。影片主要基于契诃夫的第一个剧本《普拉东诺夫》和其他几部小说改编而成。该片在苏联取得巨大成功后,又在圣塞巴斯蒂安、芝加哥、佛罗伦萨等国际电影节上频频获奖,进一步扩大了米哈尔科夫在西方的影响力。

1980 年的《奥勃洛莫夫一生中的几天》改编自伊万·冈察洛夫被誉为"俄罗斯对世界文学的重要贡献之一"的名著《奥勃洛莫夫》。该片以浓厚的俄罗斯韵味再次得到西方观众的青睐,获美国影评人协会最佳外语片奖。

米哈尔科夫认为每个时代都有自己的艺术标志,今天迫切需要的是关于善与恶的交谈和对妨碍我们生活的人与事的直接揭露。为此,他连续拍摄了《亲戚》(1981)和《没有证人》(1983)。《亲戚》从城乡差异、冷漠的人际关系、爱与亲缘关系的失落等角度入手,以幽默的方式探讨亲情主题。《没有证人》是一部纯粹的室内剧,借离异夫妻一夜的对话,对人性进行了层层剖析。

2005 年 9 月,米哈尔科夫暂时离开影协领导岗位,休假拍摄《烈日灼人》的续集《烈日灼人 2》。2005 年,米哈尔科夫受第 58 届戛纳电影节组委会邀请,担任该届电影节短片竞赛单元和电影基金会单元的评委会主席。2007 年,米哈尔科夫的新作《十二怒汉》入选第 64 届威尼斯电影节竞赛单元,它是一部翻拍经典的影片。2008 年 10 月 26 日,第 21 届东京国际电影节上,米哈尔科夫获得黑泽明终身成就奖(与陈凯歌同获)。2014 年 11 月 30 日,米哈尔科夫在北京亲手将邦达尔丘克国际电影节最佳男演员的奖状与奖牌颁给了演员王大治。

代表作品

《敌我难辨》《爱情的奴隶》《一首未完成的机械钢琴曲》《奥勃洛莫夫一生中的几天》《五个夜晚》《亲戚》《没有证人》《黑眼睛》《蒙古精神》《安娜成长篇》《毒太阳》《西伯利亚的理发师》《十二怒汉》《愚蠢的肥兔子》《雷贝格与塔尔夫斯基:〈潜行者〉的反面》《烈日灼人》。

作品赏析

《西伯利亚的理发师》

珍是美国科学家罗伯特·麦克莱恩从本国请来的一名风尘女子。由于资金问题,麦克莱恩制造新型伐木机"西伯利亚的理发师"的计划被迫搁浅,他请珍来到莫斯科,妄图以珍的美貌和交际手段骗取政府的下一笔投资。

在前往莫斯科的列车上,珍遇到了士官生安德烈·托尔斯泰,温文尔雅的托尔斯

《西伯利亚的理发师》海报

泰对这个神秘的美国女人一见钟情。而珍了解到托尔斯泰所在军校的校长拉德洛夫将军与亲王关系密切,于是施展技巧诱惑拉德洛夫,没想到将军却对珍动了真感情。机缘巧合之下,托尔斯泰听到了珍与拉德洛夫的对话,误以为她在欺骗自己,一直深爱着珍的托尔斯泰忍无可忍,在歌剧演出的现场用琴弓打伤了拉德洛夫。拉德洛夫借题发挥,最终托尔斯泰被认定谋杀亲王未遂而流放西伯利亚。尽管珍赶上了最后的送别,但是,在火车站,托尔斯泰始终没能和珍见最后一面。事件过后,拉德洛夫因保卫皇室有功而升职,珍也如愿以偿地得到了那笔款项。

多年后,已经嫁给罗伯特的珍随丈夫和他的伐木机一同来到西伯利亚,打算把托尔斯泰带走,却得知托尔斯泰与女仆已养育有几个孩子。珍伤心离去。

远在美国的军营里,珍与托尔斯泰的儿子作为新兵来到军队服役。他同父亲一样执着的性格打动了教官。

电影用一个令人惆怅的爱情故事远离可能涉及的俄罗斯革命年代的历史背景。通过这对不得已和固执的男女,表现出爱的伟大和无奈。俄罗斯人个性中传统文化铸造的魅力吸引着世人,哪怕一些美好会随时间流逝,但始终有不变的东西存在于俄罗斯人的性格中。[①]

文化驿站

来自普京的生日祝福

2005年10月21日,在米哈尔科夫60岁生日之际,总统普京不仅发了贺信,还亲自到米哈尔科夫家表示祝贺。贺信对米哈尔科夫的创作给予了积极的评价:"您是具有鲜明而非同寻常的思想的人,富有才华而慷慨大度的人,这些年来成果累累。作为一位杰出的、集演员、导演、编剧于一身的专业人才,您通过电影成功地体现了自己丰富的潜力。您的影片具有幸福的命运,它们获得各种最具威望的奖项,观众熟悉并喜

---

① 西伯利亚的理发师[EB/OL].(2009-03-12)[2011-05-03]. https://max.book118.com/html/2017/0202/87955829.shtm.

欢它们。您的负有责任的公民立场，积极的教育活动和社会活动受到真诚的尊重。"普京到米哈尔科夫家里时，送给米哈尔科夫一幅画有教堂风景的画，并祝酒说道："我和俄罗斯成千上亿的人一样，喜欢尼基塔·米哈尔科夫，喜欢他的创作，喜欢他本人。他是我们的偶像之一。当然，他出身于俄罗斯最大的艺术创作之家，但是，他做的一切都是他本人做的。这正是他获得所有胜利的主要长处。"在其生日之际，普京还签署总统令，"因对祖国文化和艺术的发展作出的杰出贡献，因多年来的创作活动"，授予米哈尔科夫"祖国功勋勋章二级奖章"。

2020年10月21日，因疫情原因，普京以视频连线的方式，向米哈尔科夫祝贺75岁生日。视频连线前，普京以俄联邦总统的名义签署命令，将"劳动英雄"这一文化事业上的最高荣誉称号授予米哈尔科夫。两人连线时进行了真诚的对话，普京还举起酒杯，以香槟向导演道贺。①

安·彼·萨金塞夫

人物生平

安·彼·萨金塞夫（Андрей Петрович Звягинцев，1964—）于1964年出生于新西伯利亚，1984年从新西伯利亚的表演学校毕业。1986年，他来到莫斯科国立戏剧大学读书，主修表演，曾参与多部独立电影的演出。

安·彼·萨金塞夫

2000年，萨金塞夫担任数部电视电影及连续剧导演，其间认识了电视台创办人迪

---

① 百度百科.米哈尔科夫[EB/OL].[2018-05-09].https://xuewen.cnki.net/R2006111450001119.html.

米哲里斯尼夫斯基,后者邀请他开拍《回归》。2003年,萨金塞夫拍摄了处女作《回归》,《回归》斩获了多项大奖:第19届法国电影恺撒奖最佳外国电影奖、第60届威尼斯国际电影节电影未来奖——最佳处女作奖、第60届威尼斯国际电影节最佳影片金狮奖、第53届洛迦诺国际电影节金豹奖、第60届威尼斯国际电影节路易吉·德·劳伦蒂斯奖、第60届威尼斯国际电影节天主教文化奖等。一时间,各地媒体争相采访导演,想听听他对自己的得意之作的看法,他却认为自己的诠释会影响观众对该片的观感并限制其想象力,所以拒绝回答相关问题,但在其亲自撰写的短文中提到,故事以寓言的方式透视人生的处境,观众只要循着这个方向欣赏,定会看出真正的意思。[①]2011年,他拍摄了电影《伊莲娜》,获得2011年戛纳电影节评审团特别奖。2014年,他拍摄的《利维坦》获得了第45届印度国际电影节最佳影片金孔雀奖、第58届伦敦国际电影节最佳影片奖、第67届戛纳国际电影节最佳编剧奖。2017年上映的《无爱可诉》获第70届戛纳电影节主竞单元评审团奖、伦敦电影节主竞赛单元最佳影片奖、第30届欧洲电影奖最佳摄影奖、洛杉矶影评人协会奖最佳外语片奖、第90届奥斯卡金像奖最佳外语片提名奖。

代表作品

作为导演:《无爱可诉》《伊莲娜》《实验5IVE》《秘密》《外传》《将爱放逐》《回归》《黑房》。

作为编剧:《伊莲娜》《实验5IVE》《外传》《黑房》。

作为演员:《如此荒唐》。

作品赏析

《利维坦》

《利维坦》是一部由安德烈·萨金塞夫执导,阿列克谢·谢列布里亚科夫、耶伦娜·利亚多娃和弗拉季米尔·弗多维琴科夫等主演的俄国剧情片,于2014年5月23日在戛纳电影节上映。片名源自英国著名政治哲学家托马斯·霍布斯1651年出版的名著《利维坦》,讲述国家契约和公民的关系。

该片讲述了科里亚一家面对市长强行征收房屋和土地的故事。故事背景设在俄国西北部巴伦支海沿岸的一座港口小城。主人公科里亚和前妻的儿子,以及年轻貌美

[①] EVERVEIL.安德烈·日瓦金采夫小组[EB/OL].(2008-01-26)[2015-05-09].https://www.douban.com/group/82154/.

的现任妻子利里娅过着平静的生活。科里亚有自己的小楼，小楼底层经营着汽车修理店。当地腐败的市长以公用设施建设为名前来强行征收房屋和土地，科里亚悲剧生活的序幕就此拉开。市长盯上了科里亚一家所住的房子，企图强占那块土地。从警察局到法院，一切都在行为粗鲁、以驯服不顺从的人为目标的市长的掌控之下。这部影片讲述的故事虽然发生在巴伦支海附近的小城中，但也可能发生在任何一个国家，发生在个人利益与政权利益发生冲突并且能够提前明确谁会赢得争斗的时候。

《利维坦》海报

该片根据《约伯记》改编而成。片中有超过 15 个角色，这些演员大多与导演多次合作。影片以俄国西北部科拉半岛基洛夫斯克为取景地。制片人表示，影片处理的是一些当代俄国最重要的社会问题，是有关现代人的爱和悲剧的故事。

《利维坦》获得了许多国际大奖，为俄罗斯电影赢得了国际声誉。

《回归》

《回归》是安德烈·萨金塞夫的处女作，也是他最著名的电影之一。

影片讲述了这样一个故事：从小与母亲相依为命的两兄弟伊凡和安德烈，在一次争吵、追逐回家后，发现他们已经失踪 12 年的爸爸——一个只在一张褪色照片中出现过的男人突然回到家中。母亲出于对两个儿子教育的考虑，要求他们的父亲和儿子们单独相处几天。于是，晚餐之后，父子三人开始了一趟荒岛之旅。刚开始，伊凡和安德烈都不免对能重新拥有父亲感到好奇与兴奋，但随着旅程的进行，父亲渐渐显露出专断与暴躁，他只顾着看漂亮女人、蛮横无理，最后还出尔反尔，居然中途让孩子们自己回家。遇上困难时，父亲袖手旁观，让两个小孩自己想办法。倔强的弟弟伊凡对父亲的行为非常不满，他每时每刻都在反抗，争取自己被爱的权利。

《回归》海报

哥哥安德烈对父亲的威严甚为崇拜,他看不到父亲表现出来的种种不是,当父亲中途要他们离开的,他不是像伊凡那样去责怪父亲,而是在想是不是自己做错了事。不过,他有个最大的毛病——毫无时间观念,父亲让他去找一家餐馆,结果他站在一家旅店门口傻看了三个小时。在表面平静的荒岛上,父子之间的矛盾毫无缓和下来的意思,而伊凡强烈的自我意识在每一次短暂的平静中肆意生长。最后,不可挽回的结果终于发生了,为了抓住发了狂的伊凡,父亲从灯塔上掉了下去。

两个小家伙被这突如其来的死亡震慑住了,安德烈此时终于表现得像一个哥哥,虽然路途遥遥,但是他决定把爸爸搬回去。兄弟俩艰难地挪动着父亲的身体,直到上了船,过了海。但糟糕的事情再次发生,父亲的尸体最后还是随船沉到水中。失落的兄弟俩精疲力竭地回到车中,伊凡无意翻出那张褪色照片,可是爸爸的位置却空无一人。而安德烈在旅途中拍摄的很多张照片中,也没有任何一张上出现过父亲的身影……[1]

文化驿站

安德烈·萨金塞夫出任第 18 届上海国际电影节评委会主席

2015 年 6 月 13 日,第 18 届上海国际电影节开幕。上海国际电影节作为中国唯一的国际 A 类电影节,发展迅猛,吸引了一批国际优秀的电影人担任国际评委。近几年,受邀出任金爵奖评委会主席的包括巩俐、汤姆·霍伯、让-雅克·阿诺、巴瑞·莱文森、吴宇森、丹尼·博伊尔、王家卫、吕克·贝松等。2015 年,俄罗斯导演安德烈·萨金塞夫受邀出任第 18 届上海国际电影节主竞赛单元"金爵奖"评委会主席。[2]

安·尤·克拉夫库克

人物生平

安·尤·克拉夫库克(Андрей Юрьевич Кравчук,1962—)于 1962 年 4 月 13 日生于圣彼得堡,是俄罗斯知名的电影导演、编剧。他早先就读于圣彼得堡大学数学系,毕业前夕结识了俄国知名导演阿列克谢·日尔曼和弗拉德米尔·文格罗夫,被引荐进入

---

[1] 时光网.回归(2003)[EB/OL].[2006-07-06].http://movie.mtime.com/14619/plots.
[2] 百度百科.上海国际电影节[EB/OL].[2015-10-03].https://baike.baidu.com/item/%E4%B8%8A%E6%B5%B7%E5%9B%BD%E9%99%85%E7%94%B5%E5%BD%B1%E8%8A%82?fromModule=lemma_search-box.

电影圈担任助理导演。克拉夫库克自此转而从影,并重新考进圣彼得堡影视学院,全力攻读导演专业。毕业后,他进入了俄罗斯电视台,将电视编导视为成为电影导演的跳板。1992—2001年,克拉夫库克大展才华,编写及执导多部备受赞誉的影片,并拍摄纪录片。

20世纪90年代末,俄罗斯遭遇金融风暴,大量孤儿被迫上街乞讨,悲天悯人的安德烈·克拉夫库克以此为题材摄制纪录片,并与知名编剧安德鲁·罗曼合作,拍摄出他的首部剧情长片《寻找幸福的起点》。该片讲述了一个孤儿通过自学认字后到街上寻找妈妈的感人故事,影片不仅勇夺柏林影展"水晶熊奖"最佳

安·尤·克拉夫库克

影片,还被德国儿童福利联盟评为年度最佳影片。一鸣惊人的安德烈·克拉夫库克,更因此片连拿全球影展6项大奖,成为俄罗斯备受赞誉的新生代商业导演。电影《无畏上将高尔察克》是他的第二部作品。①

代表作品

《寻找幸福的起点》《无畏上将高尔察克》等。

作品赏析

《寻找幸福的起点》

《寻找幸福的起点》讲述了一对没有孩子、经济富裕的夫妻从意大利来到俄罗斯,想在儿童之家领养一个孤儿的故事。孤儿院由两个相互斗争的派别经营。除了官方的行政部门,腐败的院长与贪婪成性的女领养掮客暗自勾结,还有一群类似于黑帮组织的人控制着孩子们。

这对意大利夫妇最后挑选了一个6岁的男孩凡亚·松赛夫。孤儿院的其他人给凡亚起了一个绰号——意大利佬。他们非常嫉妒凡亚,想象他将在阳光灿烂的意大利过着安逸舒适的一生。看到其他年长的孩子只能靠偷抢或卖淫维持生计,勇敢的小凡

---

① 百度百科.安德烈·克拉夫库克[EB/OL].[2015-11-05].https://baike.baidu.com/item/%E5%AE%89%E5%BE%B7%E7%83%88%C2%B7%E5%85%8B%E6%8B%89%E5%A4%AB%E5%BA%93%E5%85%8B/15666336.

亚却另有打算，他决定寻找自己的亲生母亲。他开始自学认字，就是为了能看懂锁在孤儿院办公室里的个人档案。把档案偷到手之后，凡亚偷偷溜出了孤儿院，搭上了一辆开往城市的火车，孤儿院的工作人员和警察们则紧追不舍，担心凡亚会把他们好好的一宗有可能成交的领养交易搞砸。

凡是孩子作为主角的电影，通常都能轻易俘获观者的情绪。如果再以孤儿千里寻母这样的感人题材来演绎，一定会是最有力的催泪弹和票房保证。但是，这部电影并不打算以此为卖点。在这部长片处女作中，安德烈·克拉夫库克以机智辛辣的笔调，揭露了俄国的非法收养问题。《寻找幸福的起点》正是根据新闻里一个俄罗斯小男孩的真实故事改编的，他是被人遗弃的孩子，一直想找到自己的母亲。影片简单而感人，不仅碰触了俄罗斯的经济、社会问题（单身女性无力抚养小孩，孤儿院里黑幕重重），还揭露了领养制度背后的利益交换，所有这一切都建立在最单纯的孺慕之情上，道出爱与亲情的重要性。饰演凡亚的小男孩柯里亚·史比里道诺夫的表演极为生动，天真可爱却又不可思议地精准，紧揪着观众的心。

《寻找幸福的起点》获得第55届柏林国际影展暨第28届儿童电影节最佳儿童电影及儿童评审团奖、第13届圣彼得堡国际影展观众票选最佳影片、第23届 Poznan Ale Kino! 青少年观众国际影展首奖、2005年阿姆斯特丹国际影展首奖等奖项。①

文化驿站

狄更斯式的银幕孤儿

《寻找幸福的起点》是一则来自俄罗斯的黑暗传奇故事，影片从一开始就把观众带至这片富饶的大地，在这个养育了无数生灵的地方，到处是弃儿和痛苦。影片的中心人物是一个6岁的孤儿凡亚，而他从小生活的孤儿院，很容易让人联想到文学巨匠狄更斯笔下的世界。过于拥挤的空间和惨无人道的生活，这是一个绝望的地方，每当有一个新的生命降临，这种绝望便更加强烈。

导演克拉夫库克站在孤儿的角度，以同理心看待孤儿。然而，与狄更斯《孤星血泪》里的孤儿，或者与"千里寻母"类题材相比而言，本片自有独到之处。"寻找"，代表积极主动的精神；"幸福"，是更加美好的情感经验，也是一种期许的态度，同时预示了光明的未来；"起点"，绝非白忙一场跑回原点，而是找回真爱、开启新生。

---

① 百度百科.寻找幸福的起点[EB/OL].[2013-05-06].https://baike.baidu.com/item/％E5％AF％BB％E6％89％BE％E5％B9％B8％E7％A6％8F％E7％9A％84％E8％B5％B7％E7％82％B9/2756559? fr＝aladdin.

卡·盖·沙赫纳扎罗夫

人物生平[①]

卡·盖·沙赫纳扎罗夫

卡·盖·沙赫纳扎罗夫（Карéн Геóргиевич Шахназáров,1952—）于1952年7月8日出生于克拉斯诺达尔市。父亲是亚美尼亚人，母亲是俄罗斯人。1975年，沙赫纳扎罗夫毕业于莫斯科国立电影学院，1976年起在莫斯科电影制片厂做导演，1979年独立执导了第一部故事片《好心人》。1980年，他的电影剧本《太太邀请的男伴》被搬上大银幕。1983年，音乐剧电影《爵士乐中的我们》让沙赫纳扎罗夫名声大噪。这部电影获评《苏联银幕》杂志最受欢迎电影，此外还荣获多个国际奖项。1957年的《通讯员》获莫斯科国际电影节特别奖。1995年的《美国女儿》获上海国际电影节特别奖。

1998年起，沙赫纳扎罗夫担任莫斯科电影制片厂集团公司总经理。2008年起，他成为莫斯科国立大学电视督学最高委员会成员。

沙赫纳扎罗夫是俄罗斯功勋艺术家，曾担任第一届上海国际电影节"金爵奖"国际评委，其作品曾入围戛纳国际电影节，并多次获得卡洛维法里电影节的奖项。他既是电影导演，又是电影编剧、制作人、散文家。

代表作品

《怀恋的冬夜》《通讯员》《零城》《暗杀沙皇》《美国女儿》《死亡骑手》《消失的帝国》《第六病房》《白虎》。

[①] 百度百科.卡伦·沙赫纳扎罗夫[EB/OL].[2015-06-08].https://baike.baidu.com/item/%E5%8D%A1%E4%BC%A6%C2%B7%E6%B2%99%E8%B5%AB%E7%BA%B3%E6%89%8E%E7%BD%97%E5%A4%AB/3968874? fr=aladdin.

作品赏析

《美国女儿》

影片主人公阿廖沙是莫斯科一家小酒吧的乐手,妻子莲娜与他分道扬镳,三年前去了美国,高攀上了一个美国富翁,改名为爱伦。阿廖沙决定去美国领回自己已经7岁的女儿阿纽塔(已改名为安)。亲情的力量使安马上接受了父亲,愿意与父亲一同回到祖国。这种意外转折让爱伦和她的丈夫无法接受,他们试图以金钱为代价诱劝阿廖沙改变带走女儿的决定。然而,阿廖沙却不为所动。爱伦和丈夫又想用警察的强硬手段让这个固执的人回心转意。这时,安做出了惊人之举。她离家出走,赶到父亲那里。父女二人在美国的各公路车站间辗转,躲避警方的搜寻。计划就要顺利实现之际,安生病了。为了女儿的健康与安全,阿廖沙向警方自首。

《白虎》①

《白虎》海报

俄罗斯电影《白虎》是由卡伦·沙赫纳扎罗夫执导、弗拉迪米尔·伊雷因主演的动作奇幻影片,2012年5月3日在俄罗斯上映。该片以二战为背景,讲述了一名苏联坦克兵决心摧毁德军"白虎"坦克的故事。

二战即将结束,激烈的持久战使苏联军队和德国军队都日渐疲惫。随着进攻力度逐渐猛烈,苏军惊恐地发现,敌方派出了一种势不可挡的巨型坦克——"白虎"。"白虎"屡屡从战场的硝烟中幽灵般地出现,将苏军的坦克部队轰炸得车毁人亡后,转瞬消失。最可怕的是,没人能证实"白虎"确实存在,但也没人敢否认。直到有一天,苏军指挥官决定建造一辆超级坦克——T-34坦克的变种。坦克操作团队中有一个神奇的人物,他曾在操纵坦克时被炸得体无完肤,出人意料的是,他不仅活了下来,还几乎痊愈,并回到了坦克驾驶室内。他不记得自己的名字,也不记得过去发生的一切,却拥有了一种特异功能——理解"坦克的语言"。他坚信神秘的"白虎"确实存在,并决心摧毁它,摧毁这一战争、暴行和流血的象征。

---

① 百度百科.白色虎式[EB/OL].[2015-04-09].https://baike.baidu.com/item/%E7%99%BD%E8%89%B2%E8%99%8E%E5%BC%8F/5783189?fr=aladdin.

该片获得了第 26 届俄罗斯尼卡奖最佳影片提名、最佳服装提名,以及第 15 届上海国际电影节"金爵奖"最佳影片提名。

文化驿站

俄罗斯国家电影尼卡奖

尼卡奖是俄罗斯最重要的年度电影奖项之一,由俄罗斯电影艺术与科学学会主办。尼卡奖始于 1987 年,是为了模仿奥斯卡而设立的。尼卡奖的名字取自胜利女神耐克,尼卡奖的奖杯则借鉴了胜利女神的形象。奖项的评选最开始是由电影制作人同盟决定的。到了 20 世纪 90 年代初,500 多名对俄罗斯电影作出过杰出贡献的院士组成了一个特殊团体,此后,由这个团体来评选尼卡奖的奖项。

第四章 音 乐

概 述

一、俄罗斯音乐发展简史

俄罗斯音乐的起源应当追溯到遥远的古代。它与古斯拉夫人的文化和日常生活相连,也与他们的信仰、风俗和仪式有关。在历史发展过程中,俄罗斯音乐逐渐成长壮大,形成了具有俄罗斯民族特征的音乐文化。

17世纪,西欧器乐开始传入俄国。17世纪后半叶,俄罗斯人的日常生活里出现了多声部世俗歌曲。这种歌曲主要在贵族家庭里演唱。

18世纪是俄罗斯音乐发展真正的转折时期。这个时期对俄罗斯具有重要的历史意义,正如普希金所说:"俄罗斯像一艘抛了锚的战舰,在斧头的敲击声和大炮的轰鸣声中驶入欧洲。"这一时期,俄国文化同西欧文化建立起广泛的联系,俄国出现了新的学校、科学院和艺术院等。1736年,圣彼得堡创建了第一座歌剧院,作曲家们把俄罗斯歌曲的曲调引入了歌剧,赋予歌剧音乐鲜明的民族色彩。可以说,18世纪是俄罗斯民族音乐创作的萌芽期。

19世纪可称为俄国古典音乐的世纪。俄国此时出现了许多举世闻名的音乐家,如格林卡、柴可夫斯基、穆索尔斯基、鲍罗廷等。这些音乐大师的创作能够取得如此光辉的成就,不仅因为他们有伟大的天才和极高的技巧,还因为他们具有进步的世界观和音乐观,对所生活的时代有深刻认识,并能在作品中充分反映这一切。19世纪,浪漫曲、歌剧、舞剧、交响乐、室内乐等各种音乐体裁的创作都有所创新。[①]

19世纪末至20世纪初登上乐坛的青年音乐家的风格与19世纪的传统不同,他们的作品敏锐、狂热,甚至充满激动不安的情绪。最突出的代表是斯克里亚宾和斯特拉文斯基,他们的成就受到国际音乐界的充分肯定。斯特拉文斯基创作的舞剧在巴黎的"俄罗斯音乐季"演出时,引起了整个欧洲的注意。

十月革命给俄罗斯带来了巨大转折。十月革命到20世纪30年代是苏联音乐的探索时代。音乐家、作曲家开始探索现代题材、体裁和音乐语言,这导致了音乐语言的多样化,也促使各种音乐流派产生。

卫国战争骤然改变了苏联人民的生活进程,当然也包括音乐生活。作曲家创作出许多优秀的战时歌曲,它们成为对卫国战争的历史纪念,如亚历山德罗夫的《神圣的战争》,布兰特为伊萨科夫斯基的词谱写的《在靠近前线的森林里》等。

战后的音乐创作大概可以分为三个阶段:战后初期、20世纪50年代至70年代、20世纪80年代以后。

战后初期,音乐创作的主题是歌颂英雄主义和人民在卫国战争中的功勋,以及保卫和平、反对战争等。

20世纪50年代至70年代是新老两代音乐家交替的时期,许多老一代音乐家都与世长辞了,如阿萨菲耶夫、米亚斯科夫斯基、普罗科菲耶夫、沙波林等。他们的学生成长起来,逐渐走向创作的兴盛期,如斯维里多夫、卡巴列夫斯基、赫连尼科夫、佩伊科等。在他们之后又出现了如谢德林、季先科、加夫里林等更年轻的音乐家。

20世纪80年代以后,苏联音乐出现了一个较大的变化,即广泛接受外来音乐的影响,这突出地表现在歌曲创作方面。这一时期,通俗歌曲,尤其是摇滚乐大为流行。许多歌曲是对外国歌舞团演出的流行歌曲的模仿。当然,也有从苏联音乐传统中发展而来的东西。苏联音乐的创作主题多种多样,青春的主题占主要地位。此外,西方早已流行的爵士音乐、摇摆舞音乐也在青年中传播开来。此时还出现了一种值得重视的新现象:诗人自己作词作曲、自己演唱,如阿库扎瓦、维索茨基、玛特维耶娃等。他们的词曲在风格上都很成熟,各具特色,深受广大听众的欢迎。

20世纪90年代以后,俄罗斯通俗歌曲的创作逐渐形成了自己的风格,演唱技巧也更加成熟,并且出现了古典音乐和通俗音乐共存的局面。

[①] 百度文库.俄罗斯音乐史简介[EB/OL].[2015-06-05].https://wenku.baidu.com/view/2943da1f7075a417866fb84ae45c3b3567ecddf9.html.

二、音乐的美学特征和音乐欣赏

(一)音乐艺术的美学特征

音乐作为一种独立的艺术形式,在物质材料和构成方法两方面有其独特的美学特征。

按照美学所下的定义,音乐是以在时间上流动的音响为物质手段来表现人的思想观念、感情和审美感受,从而形成一定的"音乐形象"的艺术活动。这就是说,构成音乐的物质材料是音响,但不是一般的音响,而是乐音。这种乐音按照一定的结构、曲式、旋律组合起来反映特定的情感起伏,间接曲折地反映现实生活和人的思想感情变化的关系,欣赏者以其审美感受能力,运用联想和想象,在内心唤起一定的情感意向。所以,就其本质而论,欣赏者对音乐的感受先是情绪的感染和激发。可见,音乐的美不仅表现在音结构本身,还体现在寓于音结构之中的内容上,体现在音乐的内容与形式的完美结合之中。因此,为了弄清音乐的美与审美的本质和规律,首先要研究音乐与现实美的关系、音乐的内容与形式的特殊性和音乐美的结构形态等问题;其次,无论是音乐创作、表演还是欣赏,都是一系列的审美心理过程;最后,音乐总是与一定的社会生活和文化背景相联系,从而具有一定的社会性和社会功能。[1]

(二)音乐欣赏

音乐欣赏是一种使音乐完成其社会功能的音乐实践活动,就是说,通过聆听音乐作品引起听者的美的感受、情感体验、想象和理性等方面的相应反应。由于音乐的内容不像绘画的视觉形象那样富有直观性和具体性,也不像文学那样具有明确的语言概念,而是比较抽象的,并且稍纵即逝,无迹可寻,难以捉摸,因此,对音乐的领悟往往更困难一些。但事实上,即便不理解音乐内容的人也常常能够被它的形式吸引,音乐也有它比较大众化的一面。

音乐欣赏完全是个人的审美行为,欣赏者的音乐知识、音乐实践、音乐才能及文化水平等决定着其音乐活动的深度。欣赏者对作品的欣赏不能只停留在外在的结构上,而要在情绪上受到感染,进而理解作品所表达的感情和思想。联想和想象的能力在这

---

[1] 百度文库.什么是音乐美学[EB/OL].[2017-08-09].https://wenku.baidu.com/view/abd51f6e227916888486d781.html.

里起着十分重要的作用。但这并不是随意的想象和联想,而是艺术的想象和联想,要符合所欣赏的艺术的特征。善于想象和联想之外,欣赏者还必须对欣赏的对象具备一定的知识储备。

第一,对作品的创作时代背景和作者的创作思想要有明确的了解。这是理解一部音乐作品的基础。缺少这方面的知识,对作品便难有正确、深入、细致的领会,也无法产生丰富的想象和联想。

第二,对音乐的民族特征也必须有一定的了解。俄罗斯作曲家格林卡有一句名言:"创造音乐的是人民,作曲家不过是把它编成乐曲而已。"一切音乐作品都根植于民间音乐,都有各自的民族特点。有些作品与具体的民间音乐保持着密切联系,有些则体现了民族音乐语言的某些特征。

第三,对作曲家的创作个性必须有基本的把握。作曲家的创作个性就是他在创作中表现出来的独特性。作曲家生活的时代、环境不同,民族不同,素养不同,性格、气质也不同,他们所运用的创作方法、构思和音乐语汇自然也不同,在乐曲中所表现出来的心理特征、社会特征、哲学思想以及艺术风格自然也千差万别。

第四,要有关于音乐标题的知识。器乐作品有标题音乐和无标题音乐之分。标题音乐是作曲家以某一部文学作品或戏剧,抑或是某个历史传说、某一首诗等为题材,按自己预先拟定的文学情节而创作的。为了便于听众对乐曲内容有明确、具体的理解,作曲家常常用一段文字比较详细地写出乐曲的情节,标在总谱上。有的作曲家则用几个字概括地标明乐曲的基本主题,也就是给乐曲起个名。即使是标题音乐,在音乐表现上也是很概括的,只是为理解乐曲提供一些联想的线索。

无标题音乐,就是乐曲没有标题。是不是无标题的乐曲就不好理解了呢?也不尽然。无标题音乐作品的创作规律和方法与标题音乐的并无本质差别,也是作曲家在一定的社会生活中创造出来的,表现某种生活印象使他产生的心绪、思想和感情,也有一定的情节性、戏剧性的内容和心理内容。无论是标题音乐还是无标题音乐,都是以特有的情绪感染人的。所以,关键是要把握音乐感染人的情绪、激发人的情感的普遍规律和手段。

第五,了解音乐结构和语言功能也很重要。作曲家创作乐曲和文学家写小说、诗歌一样,也有其表情达意的手段,即音乐的结构和语言。音乐的基本结构由三部分组成:节奏,它在时间上控制音乐的运动;旋律,它意味着乐音(音符)的线性排列;和声,它处理不同乐音同时发声的关系。此外,还有节拍、速度、力度、音区、音色、复调、调式、调性等重要成分。一个个单音是没有任何情感色彩的。乐曲的思想内容、其中倾注的人的情感和乐曲的艺术美,之所以能通过乐音传达,要靠上述各种因素把乐音按一定的规律组合起来。这样,作曲家所要表达的内容和情感就通过无生命的音符表现出来了。①

第一节　19世纪俄罗斯音乐

米·伊·格林卡

人物生平②

米·伊·格林卡

米·伊·格林卡(Михаил Иванович Глинка,1804—1857)是俄罗斯伟大的古典音乐家,俄罗斯民族音乐乐派的开创者,俄罗斯古典音乐的奠基人,被称为"俄罗斯音乐之父"。他以天才、光辉的创作为世界音乐宝库增添了许多财富,被公认为具有世界意义的古典音乐大师。

格林卡于1804年5月20日出生在斯摩棱斯克附近的庄园里,童年时就对民间乐曲产生兴趣,向农奴乐师学习小提琴、钢琴,是农奴乐队音乐会的常客。1818—1822年,他在圣彼得堡的贵族寄宿学校学习,同时继续学习音乐,经常到剧院去欣赏莫扎特、罗西尼和法国音乐学院教授凯鲁比尼等人的知名歌剧,跟奥地利指挥家贝姆学小提琴,向爱尔兰钢琴家菲尔德学钢琴。德国钢琴家、作曲家迈耶尔则是格林卡学习乐理的老师。

从贵族寄宿学校毕业后,格林卡就职于交通委员会办公厅,但他一门心思搞音乐,创作了不少室内乐作品和钢琴曲。

1830年,格林卡来到他向往已久的意大利,向米兰音乐学院院长巴西利学习作

---

① 冯敬华,李平.欣赏音乐应该具备的条件[J].剧作家,2006(3):135.
② 百度百科.米哈伊尔·伊万诺维奇·格林卡[EB/OL].[2015-06-05].https://baike.baidu.com/item/%E7%B1%B3%E5%93%88%E4%BC%8A%E5%B0%94%C2%B7%E4%BC%8A%E4%B8%87%E8%AF%BA%E7%BB%B4%E5%A5%87%C2%B7%E6%A0%BC%E6%9E%97%E5%8D%A1/609125?fr=aladdin.

曲,他先后到过那不勒斯、罗马和波伦亚等地,结识了贝利尼、多尼采蒂等人,熟悉和了解了意大利歌剧。正是在意大利这个歌剧的故乡,他进一步接触到举世闻名的作曲家的创作,包括罗西尼和贝利尼的歌剧。尽管格林卡对意大利无与伦比的声乐艺术和歌剧十分赞赏,最终他还是发现意大利曲调有许多与他格格不入的地方。他首次产生了创作俄罗斯民族歌剧的想法。格林卡认为,歌剧的音乐应该是歌剧艺术整体的一部分,而不是一个个单独的插曲。在意大利停留了三年多后,他又去了维也纳和柏林。他向音乐理论家济格夫里德·德恩系统学习了和声、赋格和作曲。1934年4月,格林卡因父亲突然病逝而回国,此时他开始创作歌剧《伊万·苏萨宁》。

1836年11月27日,《伊万·苏萨宁》问世,12月9日在圣彼得堡大剧院首次公演。这部大型歌剧的成功确立了格林卡"第一位俄罗斯古典音乐作曲家"的地位。1837—1839年,他担任宫廷唱诗班乐长,并着手创作以普希金的叙事诗为题材的俄罗斯第一部大型神话歌剧《鲁斯兰与柳德米拉》。此外,格林卡还以普希金的10首诗谱写了浪漫曲,如《美人啊,请别在我面前歌唱》《夜晚的清风》《玫瑰》《我记得那美妙的瞬间》等。其中,《我记得那美妙的瞬间》(1838)已成为世界音乐会上最受人喜爱的保留节目之一。这些浪漫曲都和普希金诗歌的主题相联系,主要表现对生活和爱情的歌颂,情绪欢快明朗,音乐表达细腻,形式优美,艺术形象鲜明完整。可以看出,普希金对格林卡的创作有着十分重要的影响,使他的创作风格发生了很大变化,其作品变得更加健康、明快而热情。格林卡出色领悟到并表现出普希金诗作中的抒情气氛,节奏很有浮雕感。

尽管在创作《鲁斯兰与柳德米拉》的年代里,格林卡的个人生活和创作都出现了许多波折,他还是发表了许多佳作,如他以H.库科利尼克的诗谱写的12首浪漫曲,于1840年在"向圣彼得堡告别"的总标题下发表。这个集子里的作品包括了当时声乐作品的各种形式和体裁,像一部格林卡时代俄罗斯浪漫曲的独特的百科全书。

1844年春,格林卡再度出国旅行,先到法国,一年后又去了西班牙。西班牙独特的充满激情的民歌吸引了格林卡,他从中有所借鉴,创作了两首西班牙交响序曲:《阿拉贡霍塔》和《回忆马德里的夏夜》。这两首乐曲首次将异国风情和音乐体裁纳入俄国音乐的创作范畴,丰富了俄国的音乐文化。1847年回国后,格林卡完成了《回忆卡斯蒂里亚》。值得一提的是,此时他创作了著名的《卡玛林斯卡亚幻想曲》,实现了把俄罗斯民歌交响化的夙愿。

格林卡晚年依然坚持创作,虽然已成为音乐大师,但他仍然不断学习,掌握艺术的新形式。此时,他对俄罗斯古代宗教歌曲产生了兴趣,找到了代代相传的歌曲的灵感和技巧。1852—1854年,格林卡旅居巴黎,1856年,他赴柏林再度向德恩学习对位,并研究中世纪音乐。1857年2月15日,格林卡客死他乡。几个月后,他的遗体被运回圣彼得堡安葬。

格林卡的创作极其丰富,几乎囊括了全部主要的音乐体裁:歌剧、戏剧音乐、交响乐、钢琴曲、浪漫曲、室内乐。他最大的贡献是创造了俄罗斯古典歌剧,他的歌剧对俄罗斯交响乐的发展起了巨大的作用。他首先以歌剧形式创作交响乐,而且完全摒弃歌剧中带道白的"混合"原则,这种大胆的创新堪称对当时俄罗斯所有歌剧的一种挑战。总之,格林卡的创作大力推进了俄罗斯民族音乐文化的发展,深深影响了后继的乐坛巨子,甚至可以说,20世纪苏联各民族的音乐流派均是在格林卡现实主义创作原则的影响下成长壮大的。

代表作品

歌剧:《伊万·苏萨宁》《鲁斯兰与柳德米拉》

管弦乐:《阿拉贡霍塔》《卡玛琳斯卡娅》《回忆马德里的夏夜》等

室内乐:《弦乐四重奏,F大调》、钢琴三重奏《悲怆》、中提琴和钢琴奏鸣曲等。

歌曲:《向圣彼得堡告别》《美人啊,请别在我面前歌唱》《热血中燃起希望的火焰》《我记得那美妙的瞬间》等。

作品赏析

歌剧《伊万·苏萨宁》

歌剧《伊万·苏萨宁》创作于1836年,主题是歌颂一个普通俄国农民为拯救自己的祖国而慷慨就义的英勇精神。这不是个人的悲剧,而是人民英雄的史诗。格林卡称这部歌剧为"祖国的悲壮歌剧"。

17世纪,俄罗斯举国奋起抗击波兰侵略者,并把波兰军队围困在莫斯科。胜利在望时,另一支波兰军队突然出现在农民苏萨宁的村庄,胁迫苏萨宁带领他们抄近路赶赴莫斯科解围。苏萨宁把敌人引进了荒无人迹的森林,最终与陷入绝境的敌人同归于尽。《伊万·苏萨宁》序曲概括地体现了歌剧的中心内容,曲中所有主题都取材于歌剧音乐,用奏鸣曲式写成。乐曲从庄严而响亮的引子开始,象征着俄罗斯祖国的形象,紧接着,双簧管奏出一支悲哀的旋律,诉说着俄罗斯人经受的苦难。引子过后,急速的第一主题描写了战乱中俄罗斯人民的惶恐和不安。在突然插入的乐段中,作曲家用波兰马祖卡舞曲的节奏代表波兰侵略者的形象。随后音乐进入明朗而宁静的第二主题,仿佛是苏萨宁对幸福生活的向往和追忆。音乐进入发展部后比较紧凑,用复调作曲技法揭示出紧张的矛盾冲突,并展示了苏萨宁死前大义凛然的场面。之后是胜利和凯旋的欢呼,全曲在威严而宏伟的乐声中结束。

《伊万·苏萨宁》是一部四幕歌剧,也是第一部用俄语演唱的歌剧。歌剧的整个音乐戏剧结构都是由古典原则决定的,即在相对完整、独立的乐曲形式内,清晰刻画每一个形象和描述每一个情节。格林卡在歌剧创作方面的独到之处在于,他首次在歌剧中把合唱提到主要地位,使合唱贯穿全剧,以表现歌剧的主人公——人民。

格林卡打破了之前占据统治地位的通俗歌剧的传统,创作出大规模的音乐戏剧性作品。思想内容的伟大和崇高与完美形式和艺术技巧的结合,使这部歌剧成为俄罗斯古典歌剧的奠基之作。歌剧中的群众场面和大合唱把人民表现为统一又强大的集体形象,这些用雄伟壮丽的清唱剧风格写成的场景,是观众了解整部作品艺术构思和思想的钥匙。从这以后,用人民史诗性大合唱衬托歌剧的手法便成为俄罗斯歌剧的一种传统。[1]

文化驿站

纪念格兰卡诞辰 200 周年邮票

2004 年,俄罗斯邮政为纪念格林卡诞辰 200 周年发行了一套纪念邮票,图案分别为格林卡的头像和他创作的歌剧《献给沙皇》和《鲁斯兰与柳德米拉》。

古典音乐

古典音乐常指 18 世纪下半叶到 19 世纪产生于欧洲的音乐潮流及创作风格,讲求严谨的结构、完美的形式、优美的旋律、精湛的技艺、和谐的音响与严密的逻辑。乐曲风格多以严肃、稳重为主,崇尚理性,对感情的表现较含蓄。这一时期出现了三个重要乐派:曼海姆乐派、柏林乐派和维也纳古典乐派。主要作曲家有巴赫、海顿、莫扎特、贝多芬等。

西方"古典音乐"这个概念通常有广义和狭义两种理解。

广义的古典音乐同流行音乐相提并论,包括了 20 世纪以前所有的西方严肃音乐。如果把西方音乐史简单划分为古典以前、古典、浪漫、现代四个时期的话,那么,这里的所谓古典音乐实际上包括了从古代到 19 世纪末的古典以前、古典和浪漫等几个时期

---

[1] 百度百科.米哈伊尔·伊万诺维奇·格林卡[EB/OL].[2015-06-05].https://baike.baidu.com/item/%E7%B1%B3%E5%93%88%E4%BC%8A%E5%B0%94%C2%B7%E4%BC%8A%E4%B8%87%E8%AF%BA%E7%BB%B4%E5%A5%87%C2%B7%E6%A0%BC%E6%9E%97%E5%8D%A1/609125?fr=aladdin.

的音乐。把古典音乐同流行音乐相比，可以看出流行音乐的特点是轻松、活泼，多用于娱乐、消遣，而古典音乐则反映较广阔的社会生活，具有更深刻的思想内容。在艺术形式上，流行音乐比较浅显、通俗，而古典音乐比较细致、复杂，往往具有较高的艺术水平。

狭义的古典音乐是指上面提到的西方音乐史上四个时期中的"古典时期"，即从18世纪初到19世纪20年代，包括从巴赫到贝多芬等一系列作曲家的创作。也有人认为古典时期应从文艺复兴时期的帕斯莱特里那（意大利作曲家，1525—1594）算起，或从歌剧产生的1600年算起。

阿·谢·达尔戈梅什斯基

人物生平

阿·谢·达尔戈梅什斯基

阿·谢·达尔戈梅什斯基（Александр Сергеевич Даргомыжский，1813—1869）于1813年2月14日出生在俄罗斯图拉地区的一个贵族家庭里。1817年，他随家人一起迁居圣彼得堡。此后，他一生都在圣彼得堡生活和从事音乐创作。

达尔戈梅什斯基自幼便有良好的音乐教养，5岁起学习声乐和钢琴，后又学习小提琴，他喜欢唱歌，也创作浪漫曲。1833—1834年，他师从格林卡学习音乐理论，师从德国音乐学家德恩学习通奏低音和对位。格林卡的民族历史歌剧《伊万·苏萨宁》对年轻的达尔戈梅什斯基有极大的启发。正是在格林卡的影响让他决定从事音乐创作。

19世纪30年代末，达尔戈梅什斯基根据雨果的小说《巴黎圣母院》创作了歌剧《爱斯美拉达》，之后，又以普希金的诗为题材创作了歌舞剧《巴克斯的庆典》。但这两部歌剧写得都不太成熟。

在达尔戈梅什斯基的音乐创作历程中，堪称里程碑的是他19世纪40年代以普希金的诗《少男少女》和莱蒙托夫的诗《我忧郁》谱写的同名浪漫曲。这些作品不仅表现出作曲家对诗的感悟能力，还反映出他对诗的不同情绪和风格的表现力。尤其是《我忧郁》这首浪漫曲，完美刻画出热恋中的女人对命运的思考，充满戏剧性。这些创作使他向歌剧的写作迈进了一步。此外,他为普希金的诗《磨坊主》谱写的歌曲对其向歌剧过渡也起了重要作用。

1844年秋,达尔戈梅什斯基到西欧旅行,来到欧洲音乐和戏剧活动的中心——巴黎。在这里,他结识了许多著名作曲家,了解了法国大歌剧的创作,观看了戏剧和音乐演出。他对法国的大歌剧不以为意,却对巴黎现实中发生的真实"戏剧"更感兴趣。同时,他更深刻地感受到民族音乐的价值。他于1846年回到俄国,开始研究俄罗斯民族音乐和民族语言的音调,并用民间歌曲等素材创作歌曲。不久,达尔戈梅什斯基结识了一批俄国进步作家和艺术家,后者对他的创作产生了很大的影响。

上述一切为达尔戈梅什斯基创作歌剧《水仙女》作了充分的准备。这部歌剧是以普希金的同名诗剧为基础于1855年创作的,它是继《鲁斯兰与柳德米拉》之后的又一部具有独特风格的俄罗斯歌剧。完成这部歌剧后,达尔戈梅什斯基创作的基本原则便确立下来,即用音乐的语汇直接地、力求真实地表现文字的内容。

1864—1865年,作曲家到华沙、莱比锡、巴黎、伦敦等地旅行,在布鲁塞尔演出了歌剧《水仙女》的片段和管弦乐幻想曲《小俄罗斯哥萨克》,大获成功。

19世纪50年代末至60年代初,俄国经历了一个重要的社会发展阶段。这一时期的中心事件是1861年2月19日废除农奴制。这种社会现实为文化领域带来了新思想的觉醒。这一时期,达尔戈梅什斯基的创作也翻开了新的一页,作品中出现了19世纪60年代特有的揭露性题材和值得同情的小人物形象,如戏剧性的歌曲《老班长》、讽刺歌曲《小蛆虫》等。这些作品使人联想到果戈理和陀思妥耶夫斯基笔下的小人物。在音乐中,这是非常大胆的开拓。

《水仙女》和一系列浪漫曲的创作为达尔戈梅什斯基带来了极高的声誉,吸引了一批青年音乐家,如鲍罗廷、穆索尔斯基等。1867年,达尔戈梅什斯基被选为俄国音乐协会圣彼得堡分会主席。晚年,他依然不断探索,又创作出一部歌剧《石客》。此时,他已身患重病,歌剧的一半是在床上写的。1869年1月17日,作曲家因患咽喉炎,未及写完他的歌剧便与世长辞了。未完成的部分由他人续写。全部歌剧的管弦乐曲都由里姆斯基-科萨科夫编写。这部深受青年音乐家和达尔戈梅什斯基的朋友喜爱的歌剧于1872年在圣彼得堡公演。

达尔戈梅什斯基是19世纪俄罗斯民族乐派的歌剧作曲家。他的早期作品受法国大歌剧影响,成熟时期的创作以《石客》为标志。他与格林卡一起,奠定了俄罗斯民族歌剧创作的基础。达尔戈梅什斯基的基本声乐原则是自然和真实,他主张"以音乐表达语言",他的歌剧以连续不断的朗诵性曲调为主要特色。

代表作品

管弦乐曲：诙谐幻想曲《巫婆》、幻想曲《小俄罗斯哥萨克》等。
歌剧：《爱斯美拉达》《水仙女》《石客》，歌舞剧《巴克斯的庆典》等。
歌曲：《磨坊主》等。

作品赏析

歌剧《水仙女》

《水仙女》是一部描写世态风俗的戏剧性的抒情歌剧。磨坊主的女儿娜塔莎和公爵相爱，在他们的爱情达到火热的程度以后，公爵抛弃了她，与另一位小姐结了婚。娜塔莎这位朴实的姑娘承受不了这种痛苦，投河自尽，变成了水仙女。磨坊主由于无法忍受巨大的悲痛而发了疯。娜塔莎成为第聂伯河的统治者，她决心复仇。

这是一个流传甚广、有许多版本的神话故事。但普希金把这一传统的浪漫故事变成了一部现实主义戏剧，以反对社会的不平等。这正是19世纪中期俄国最先进的文学艺术作品共同追求的主题，也引起了达尔戈梅什斯基的共鸣。他把《水仙女》构思成一部在纯朴、自然的生活背景上发生的表现深刻人性的心理悲剧。全剧自始至终充满了紧张的戏剧性斗争。为在矛盾的冲突中揭示登场人物的形象，作曲家在构思时突出了重唱的作用。这种戏剧性的刻画手法与《鲁斯兰与柳德米拉》的"肖像刻画"手法很不同。在格林卡的歌剧中，每个形象都在完整的独唱曲内得到概括的描绘；而在《水仙女》中，主要人物的性格是在交织着的矛盾和心理斗争中表现的。并且，人物性格都是动态发展的。例如，娜塔莎的音乐充分体现了她性格和感情的发展变化：从温柔羞怯到疑虑不安，进而绝望，以至最终决心复仇的果断与悲痛。

歌剧的情节和世态风俗背景由合唱曲体现。这些合唱曲都是作曲家对民谣加以独创性改编而成的。

传统上，具有严肃戏剧性的歌剧必须以历史事件为基础，必须包含崇高的英雄主义。而《水仙女》在俄罗斯音乐史上的重要意义就在于它打破了这一传统。达尔戈梅什斯基反其道而行之，以普通人的生活悲剧为题材，作出大胆革新。作曲家坚持了现实主义原则，抛弃了象征性的浪漫主义风格。在俄罗斯音乐史上，《水仙女》与格林卡的两部歌剧的地位相当，也是俄罗斯古典音乐中的典范。19世纪俄国的民族歌剧乐派都是从这些经典作品的创作方向中发展起来的。

文化驿站

法国大歌剧[①]

大歌剧是19世纪上半叶流行于法国的一种严肃歌剧,与当时的喜歌剧相对。它通常是四或五幕的大型歌剧,反映历史性内容,追求奢华的舞台效果,在剧中穿插华丽的芭蕾舞场面,不用说白,采用大合唱和大乐队等宏大场面。大歌剧最重要的代表作有梅耶贝尔的《法国新教徒》《非洲女郎》等。罗西尼的《威廉·退尔》、瓦格纳的《黎恩济》、威尔第的《阿依达》等都可归入此类。

德国作曲家梅耶贝尔(1791—1864)是大歌剧鼎盛期的代表人物,他为巴黎的皇家音乐学院写的一些大歌剧作品深受各地歌剧院的欢迎。他熟谙剧场的各种效果,也知道如何满足听众的需要。他的歌剧作品《恶魔罗勃》(1831)风靡一时。

法国脚本作家斯克里布(1791—1861)也写了很多具有大场面的大歌剧脚本,大部分都被梅耶贝尔采用,如《恶魔罗勃》《法国新教徒》和《先知》。值得一提的是,《非洲女郎》(1864)可谓大歌剧的代表作。全剧长达6小时,情节曲折离奇,场景令人赞叹。这部作品融合了音乐、舞蹈、盛大的合唱场面,取材于17世纪欧洲宗教战争等历史事件。

在大歌剧创作方面,意大利的贝利尼、罗西尼、唐尼采蒂,法国的柏辽兹、威尔第也取得了巨大成就。

彼·伊·柴可夫斯基

人物生平[②]

彼·伊·柴可夫斯基(Пётр Ильич Чайковский,1840—1893)至今仍是俄国最伟大、最受欢迎的作曲家。他在世界音乐史上颇负盛名,深受各国人民的爱戴。

柴可夫斯基是一位了不起的俄罗斯式音乐天才,十分重情,是极富旋律感的作曲家。他的心灵对戏剧性和苦难非常敏感,作品饱含悲痛或绝望。难怪斯特拉文斯基说"他是我们之中最俄罗斯的"。他同德国作曲家贝多芬、奥地利作曲家莫扎特和舒伯

[①] 百度文库.浪漫主义时期歌剧[EB/OL].[2016-06-06].https://wenku.baidu.com/view/c03de61fa02d7375a417866fb84ae45c3b35c214.html.
[②] 百度百科.彼得·伊里奇·柴可夫斯基[EB/OL].[2016-06-07].https://baike.baidu.com/item/%E5%BD%BC%E5%BE%97%C2%B7%E4%BC%8A%E9%87%8C%E5%A5%87%C2%B7%E6%9F%B4%E5%8F%AF%E5%A4%AB%E6%96%AF%E5%9F%BA/3968153?fr=aladdin.

彼·伊·柴可夫斯基

特、法国作曲家柏辽兹、波兰作曲家肖邦、匈牙利作曲家李斯特、捷克作曲家德沃夏克、挪威作曲家格里格等一样,用一生为世界音乐宝库留下了不朽的杰作。柴可夫斯基生前是俄罗斯音乐协会莫斯科分会主席、法兰西艺术院院士、英国剑桥大学名誉音乐博士。

柴可夫斯基生于乌拉尔的一个贵族家庭。他自幼羸弱,性情温柔,特别善于感受音乐。他最初获得的对于音乐的印象是民歌和浪漫曲。10岁时,柴可夫斯基被送进圣彼得堡法律学校学习,同时师从钢琴家昆丁格尔学习钢琴,并学习声乐,尝试作曲。1859年,他完成了法律学校的学业,到司法部供职。其间,他一直未放弃音乐学习,经常参加交际性钢琴演奏,并创作出一些作品。1862年,俄国第一所高等音乐学校——圣彼得堡音乐学院成立了。柴可夫斯基成为该校第一批学生。他在这里学习和声与复调,以及配器和作曲。由于司法部的职务与学习音乐之间存在矛盾,柴可夫斯基几经考虑,于1863年毅然辞去司法部的工作而完全献身于音乐事业。

1865年,柴可夫斯基以优异成绩毕业于圣彼得堡音乐学院,毕业作品为康塔塔《欢乐颂》,获得银牌奖。同年,应鲁宾斯坦之邀,柴可夫斯基来到莫斯科,任教于新成立的莫斯科音乐学院,并开始了他的创作活动。约十年间,柴可夫斯基写下了诸多早期名作,包括三部交响曲、钢琴协奏曲、歌剧、舞剧、管弦乐序曲、室内重奏等。由于教学任务繁重,柴可夫斯基为自己不能以全部精力投入创作而苦恼。但为了谋生,他不得不继续教学。

1876年,柴可夫斯基与梅克夫人建立了通信友谊,这给柴可夫斯基以极大的精神安慰。梅克夫人颇有文化教养,非常喜欢柴可夫斯基的作品。她从1877年开始,每年给予柴可夫斯基优厚的经济资助,柴可夫斯基得以辞去教职,全心全意投入创作。

从1877年到他去世的十多年间,是柴可夫斯基在创作上获得辉煌成就的时期。他的第四、第五、第六交响曲以及标题交响曲《曼弗雷德》,歌剧《叶甫盖尼·奥涅金》《马捷帕》《黑桃皇后》《伊奥兰特》,舞剧《睡美人》《胡桃夹子》《天鹅湖》以及许多浪漫曲等,都是这一时期创作的。

柴可夫斯基曾多次去西欧旅行,并于1891年赴美国指挥自己的作品。1893年5

月,他接受了剑桥大学授予的名誉博士学位,10月28日在圣彼得堡指挥《第六交响曲》的首演,11月6日因患霍乱逝世。

柴可夫斯基的作品大多以光明与黑暗、善与恶、生与死的斗争为主要内容,体裁广泛。他的歌剧音乐、芭蕾舞剧音乐和交响音乐及浪漫曲都有独特的风格,具有抒情性、戏剧性和强烈的情感,音乐构思深刻。柴可夫斯基是俄国最早接受系统学院音乐教育的专业作曲家,在借鉴西欧作曲方法的同时,将自己对俄国社会生活的感受、个人的心理和气质及对本民族音乐的深厚感情结合在一起,形成了鲜明的个人风格。

柴可夫斯基的作品数量非常多。他在一生中写出十部歌剧、三部舞剧、七部交响曲、四套交响组曲,一系列标题性交响序曲、幻想曲和器乐协奏曲,还有上百首浪漫曲和大量的钢琴作品。他的音乐语言深为欣赏者喜爱,他塑造的鲜明、深刻而有力的音乐形象具有令人心驰神往的巨大感染力。他逝世距今已有130余年,世界人民对他作品的喜爱有增无减,以柴可夫斯基的名字命名的世界性音乐比赛总是吸引着全世界的参赛者。

代表作品

管弦乐曲:《冬日的幻想》《小俄罗斯》《波兰》《第四交响曲》《第五交响曲》《悲怆》《曼弗雷德》。

交响幻想曲:《暴风雨》《里米尼的弗兰切斯卡》,幻想序曲《罗密欧和朱丽叶》《哈姆雷特》《1812序曲》《大雷雨》《意大利随想曲》《斯拉夫进行曲》,钢琴协奏曲三首,大提琴和管弦乐队《洛可可主题变奏曲》等。

室内乐曲:弦乐四重奏曲三首(包括《如歌的行板》),弦乐六重奏曲《回忆佛罗伦萨》,钢琴三重奏曲《纪念一位伟大的艺术家》等。

歌剧:《司令官》《雪姑娘》《近卫军》《铁匠瓦库拉》《叶甫根尼·奥涅金》《马捷帕》《黑桃皇后》等。

舞剧:《天鹅湖》《睡美人》《胡桃夹子》。

作品赏析

《第六交响曲》(《悲怆》)、《天鹅湖》组曲

《第六交响曲》是柴可夫斯基带有总结性的代表作,是一首悲伤的挽歌,是与生命的别离。这部具有真正哲学深度的交响曲是作曲家对人生最后的沉思。悲剧是哲学的艺术,任何悲剧中都有深刻的哲学思索。作曲家思索着人生的意义,乐曲深刻地体

现了个人的苦难和斗争、对生活的热爱、对幸福欢乐和爱情的热烈追求。这首交响曲中充满了柴可夫斯基本人对生活和世界的感受,体现了他内心深处的痛楚和绝望。音乐家曾言,他把整个心灵都放进了这部作品。

《第六交响曲》本不是标题音乐,《悲怆》这个标题是他的弟弟莫杰斯特建议添加的。这部交响曲虽然不是标题音乐,但它的音乐形象具有明显的标题性。全曲共分为四个乐章。

第一乐章,慢板,转不很快的快板,b小调,4/4拍子,奏鸣曲形式。序奏为慢板,低音提琴以空虚的重音作为引子,由低音管在低音区演奏出呻吟般的旋律,其他乐器则如叹息般地继续。乐曲自开始就笼罩在一种烦躁不安的阴沉气氛中。主部的第一主题快速而富有节奏感地奏出,给人以苦恼、不安和焦虑的印象。之后,乐曲的速度旋即转成行板,第二主题哀愁而美丽,犹如暂时抛却苦恼而沉入幻想中一般。本乐章的终结部十分柔美、温和,旋律在平静的伴奏下伸展,形成谜一样的结尾。

第二乐章,温柔的快板,D大调,5/4拍子,三段体结构。乐章自始至终贯以单纯的色彩,其构想似乎来自俄罗斯民谣。5/4拍子的分配方式为各小节的前半部分为二拍,后半部分为三拍,形成了不安定而又稍快的音乐。主部的主要旋律在乐曲开头由大提琴呈示,具有舞蹈般的节奏,荡漾着一丝不安的空虚感。中段为b小调,主旋律在定音鼓的单调节奏下奏出。

第三乐章,活泼的快板,G大调,4/4拍子,谐谑曲与进行曲混合而无发展部的奏鸣曲式。这一乐章反映了人们四处奔忙、积极生活的景象,有人认为这一乐章体现出作者对过去的回忆。本乐章第一主题为谐谑曲,具有意大利南部的民族舞蹈音乐塔兰泰拉舞曲的风格,轻快、活泼,与前两个乐章的主题形成对比。乐章的第二主题的主要旋律具有战斗般的感觉,但这一主题进行曲般的旋律中,并没有明朗、快活的气息,反而呈现出悲壮感。这一主题旨在表现人在苦恼爆发时所发泄出的反抗力量。此部分略经扩展后,再次出现诙谐曲主题而达到高潮。紧接着进行曲主题再现,乐章的终结部便在进行曲主题片段堆积的形态下强烈地结束。

第四乐章,终曲,哀伤的慢板,b小调,3/4拍,自由的三段体。本乐章的主题极为沉郁、晦暗(一般交响曲的终曲都是最为快速、壮丽的乐章,而本交响曲正相反,充分强调了"悲怆"的主题),悲伤的旋律在两声圆号的乐音的衬托下更显凄凉。本乐章在无限凄寂中结束,有深沉的悲怆之美。[1]

---

[1] 百度百科.悲怆交响曲[EB/OL].[2016-03-08]. https://baike.baidu.com/item/%E6%82%B2%E6%80%86%E4%BA%A4%E5%93%8D%E6%9B%B2/7618526?fr=aladdin.

《第六交响曲》被称为现代交响曲中最具感染力的作品。

《天鹅湖》组曲

《天鹅湖》的音乐是柴可夫斯基创作的第一部舞剧音乐。作曲家在创作过程中对传统的舞剧音乐进行了一些改革。在以前的舞剧中,音乐从属于舞蹈,是实用性的;而在《天鹅湖》中,音乐与舞蹈共同体现作品的内涵。通过这部作品,作曲家为把舞剧音乐提高到与交响乐和歌剧音乐同等的地位打下了基础。

《天鹅湖》是四幕幻想芭蕾舞剧,取材于俄国民间故事《天鹅公主》和德国童话《天鹅湖》。相传,有一种魔法能把少女变成禽鸟或别的动物。善良美丽的奥杰塔公主和她的同伴在天鹅湖边采花,遇上了恶魔罗德巴尔德,受其迫害而变成了一只头戴金冠的白天鹅。夜晚,她在湖边与齐格弗里德王子相遇,向他诉说了自己不幸的遭遇,并告诉他,只有忠诚的爱情才能使她摆脱魔法师的控制。王子与公主相爱了,并表示要永远爱她,请她参加王宫为他挑选新娘而举办的舞会。但是,公主受到恶魔的控制未能出席舞会。邪恶的罗德巴尔德化身武士,领着他的女儿奥吉莉娅来到舞会上,欺骗了王子。王子发现受骗,激动地奔向湖岸寻找奥杰塔公主,在奥杰塔和天鹅的帮助下,他最终战胜恶魔,与公主幸福地生活在一起。

《天鹅湖》的音乐像一首具有浪漫色彩的抒情诗,既具有质朴、浓郁的田园诗风格,又弥漫着魔幻气氛和神话色彩,从而形成了清新、抒情的独特格调。音乐在描绘场景、推动剧情发展、刻画主人公的内心世界等方面都起了十分重要的作用,因而深受世界各国听众的喜爱。

文化驿站

圣彼得堡音乐学院

圣彼得堡音乐学院(全称圣彼得堡国立 H. A. 里姆斯基-科萨科夫音乐学院),是位于俄罗斯圣彼得堡市的高等音乐教育院校,也是俄罗斯最早的音乐学院。

19 世纪中叶,在社会、文化、政治动荡与改革的环境中,新帝国社团兴起了。这个社团开展了广泛的活动,其中最主要的就是在俄国创建音乐学院。1862 年,由著名钢琴家、作曲家安东·鲁宾斯坦牵头在圣彼得堡成立了俄罗斯第一家音乐学院。最早的建院功臣有小提琴家亨利·维尼亚斯基、钢琴家加德勒·列日金斯基、钢琴家安东·鲁宾斯坦、作曲家尼古拉·扎列巴等。当时音乐学院教师短缺,课程体系也不完善。在这种情况下,学院仍然培养出了杰出的音乐大师柴可夫斯基。

圣彼得堡音乐学院建立后，几代俄罗斯歌唱家、钢琴家、指挥家、演奏家将具有鲜明特色的俄罗斯音乐演奏风格逐渐发展壮大。在帝国时代，大批来自意大利、波希米亚及德国等地的音乐家涌入俄国。他们定居在俄国，长期学习、研究俄罗斯音乐。而曾经来圣彼得堡访问演出的著名音乐家更是不胜枚举，如李斯特、柏辽兹、舒曼、瓦格纳等。圣彼得堡的管弦乐及合唱队在私营歌剧公司等各种演出场合与外国同行竞争并取得了成功。到了19世纪初，圣彼得堡在音乐艺术上已经能够与维也纳、巴黎、布拉格、伦敦及柏林等城市平起平坐。1824年，贝多芬第九交响乐的第二场演出时，贝多芬就是在圣彼得堡获得了撰写弦乐四重奏的委托书，而威尔第则在此得到了为歌剧谱曲的委托。自那时起，圣彼得堡鲜为人知的作曲学校出现在了大众面前。同时，具有俄罗斯民族音乐特征的作品体系也日益完善。①

米·亚·巴拉基列夫

人物生平

米·亚·巴拉基列夫

米·亚·巴拉基列夫（Милий Алексеевич Балакирев，1837—1910）在俄国音乐史上的地位和作用是与"强力集团"紧密联系在一起的。

巴拉基列夫出生在下诺夫哥罗德市。他的父亲是一位官员。他的第一位音乐教师就是他的母亲。4岁起，他便跟随母亲学习钢琴。巴拉基列夫曾师从埃斯利赫学习钢琴，后又自学钢琴，15岁时开始在音乐会上演奏。19岁时，巴拉基列夫迁往圣彼得堡，在这里结识了格林卡、格林卡的朋友和后继者达尔戈·梅什斯基，以及作曲家和批评家谢罗夫和斯塔索夫兄弟。其中，斯塔索夫很快就成为巴拉基列夫的挚友，他敏锐的思想和进步的世界观对巴拉基列夫产生了重要影响。19世纪40年代末至50年代初，巴拉基列夫熟悉了莫扎特、贝多芬、肖邦等人的作品。1862年，巴拉基列夫提出组

---

① 百度百科.圣彼得堡音乐学院[EB/OL].[2015-06-07].https://baike.baidu.com/item/圣彼得堡音乐学院/2563378? fr=ge_ala.

成"强力集团"的倡议,并与俄国指挥家罗乌金创办免费音乐学校。

19世纪50年代末和60年代是巴拉基列夫创作的高产时期。他的大部分杰作都在此时完成,如钢琴幻想曲《伊斯拉美》(1869),莎士比亚的悲剧《李尔王》的音乐(1864),《三首俄罗斯民歌主题序曲》(1864),交响序曲《1000年》(1864),交响诗《在捷克》(最初名为"捷克序曲",1867),以及以普希金、莱蒙托夫的诗谱写的浪漫曲等。此外,他还整理了许多俄罗斯民歌。

正当巴拉基列夫的创作处于高峰期时,他受到了意外的挫折。为了资助免费音乐学校,巴拉基列夫决定在故乡下诺夫哥罗德举办一场音乐会。但这次音乐会未收到预期的款项,导致音乐学校不得不停学。之后的一段时间里,他放弃了创作,到铁路管理局去工作。

重返音乐界以后,巴拉基列夫的创作失去了以往的热情,只有一部作品可与前期作品相提并论,即交响诗《塔玛拉》(1882)。在这部以莱蒙托夫的诗为题材创作的交响诗中,高加索自然风光的色彩、各种传说中多姿多彩的神秘世界得到了全方位呈现。

巴拉基列夫从19世纪90年代后期开始日渐衰弱,于1910年5月29日去世,被安葬在亚历山大·涅夫斯基公墓中格林卡、穆索尔斯基、鲍罗廷和斯塔索夫等人的墓旁。

巴拉基列夫一生热爱俄罗斯民间音乐,在收集和整理民歌方面作出重要贡献。他的交响音乐作品具有绘画性和史诗性特征,广泛吸收了东方民族音调,形象的对比多于戏剧性冲突,变奏的手法多于奏鸣曲形式的运用,这一切都与民间音乐密切相关。作曲家在创作中还运用了同时代浪漫派和印象派作曲的手法,对俄国交响音乐和抒情歌曲的发展有重要贡献。巴拉基列夫为发展俄罗斯主题交响音乐做了很多工作。他大胆地使用新的方式解决了19世纪60年代俄罗斯音乐发展中遇到的创新课题。他的一些作品成为格林卡和其他作曲家之间承前启后的重要一环。

代表作品

管弦乐曲:交响曲两部,交响诗《在捷克》《塔玛拉》,管弦乐序曲四首。
钢琴曲:钢琴协奏曲两首,钢琴奏鸣曲两首,钢琴幻想曲《伊斯拉美》等。
歌剧:《李尔王》的音乐。
其他:《俄罗斯民歌40首》,六首马祖卡舞曲,三首谐谑曲,三首夜曲,四首圆舞曲等。

作品赏析

钢琴曲《云雀》

巴拉基列夫改编的钢琴曲《云雀》简单纯朴，清新自然，具有明显的俄罗斯民歌风味，尤其是在歌唱的旋律和演奏的难度上实现了高度融合。

格林卡谱写了一部由十二首抒情歌曲组成的声乐套曲《向圣彼得堡告别》，这部声乐套曲被称为"格林卡时代俄国抒情歌曲的百科全书"。《云雀》是这一套曲中的第十首，它并不是套曲中最重要的曲子，但其流传的广泛度不亚于其他重要篇章。它的旋律简单纯朴，充满了大自然的清新气息，具有俄罗斯民歌风味。后来，巴拉基列夫把它改编成了钢琴曲，改编的《云雀》运用了变奏手法，融入了器乐化和个性化特征，钢琴曲内容更加丰富，表现力也更辉煌。

巴拉基列夫运用剪裁压缩的作曲技法，勾勒出了"鸟鸣音型"。通过观察五线谱，我们发现钢琴曲中的"鸟鸣音型"和原来声乐曲钢琴伴奏的前奏很相似，二者都是休止前半拍，都用前倚音模仿鸟鸣。引子部分共三句，每句有三个不同的和弦，变化着和声的色彩。巴拉基列夫在中音区以简单的右手单音符模仿歌曲《云雀》的主旋律，在高音区则用空旷的后十六分音符，表现云雀婉转鸣叫之后的回音，音区的一低一高，力度的一强一弱，使音乐从开始就形成了明暗色彩的对比。钢琴曲变奏部分旋律优美、宁静，又带有淡淡的忧伤。尾声也同样运用了剪裁压缩的作曲技法，再现了"鸟鸣音型"，做到了前后呼应。

巴拉基列夫在钢琴上追求宏伟的交响性音响。他不断探索，用高超的钢琴技巧来表达乐曲的内容。钢琴曲《云雀》中，既有柔美的人声形象化旋律，也有对钢琴家肖邦善用的创作技巧——华彩乐段的模仿。巴拉基列夫把华彩镶嵌在乐段中。

钢琴改编曲《云雀》几乎包含了钢琴弹奏的所有课题——音阶、琶音、双音、八度、和弦、跳音、颤音、倚音、震音、分解和弦等。这里有对触键指法的精心琢磨，有对歌唱性连音的运用，有对声部的控制，有对力度色彩的精妙体现，还有对节奏的把握和踏板的运用，特别是华彩乐段，既能展现弹奏技巧，又能体现演奏者个人对作品的理解和诠释。

从钢琴曲《云雀》中，我们感受到了俄罗斯民族固有的自由自在的感情抒发，还有曲中自然流露的洒脱和畅快，伴着悠长的歌唱性、宽广的旋律和深远的寓意。[①]

[①] 真八善八美.巴拉基列夫改编钢琴曲《云雀》[EB/OL].(2015-12-09)[2015-12-19].http：//www.360doc.com/content/15/1209/10/10220466_519036078.shtml.

文化驿站

"强力集团"

"强力集团",又被称为"五人强力集团""强力五人集团""五人团"等。19世纪60年代,由俄国进步的青年作曲家组成的"强力集团"(即新俄罗斯乐派),是俄罗斯民族声乐艺术创作队伍中的一支主力军。它不是一个单纯以友谊结合起来的音乐家集团,而是一个有共同思想和审美观的青年音乐家团体。小组的主要成员有巴拉基列夫、里姆斯基-科萨科夫、居伊、穆索尔斯基、鲍罗廷和评论家斯塔索夫。小组的首领是巴拉基列夫,最初,他是小组中唯一受过正规音乐训练的人,并且当时已是熟知古典音乐并积累了丰富经验的音乐家。"强力集团"的成员在小组集会时演奏自己的新作品,讨论各种音乐创作问题。这些青年音乐家都不是音乐学院的毕业生,而是音乐爱好者。穆索尔斯基曾在近卫军军团服役,里姆斯基-科萨科夫是海军军官,而鲍罗廷是化学教授。共同的艺术理想和对祖国民族音乐的热爱把他们联结在一起。他们追随着格林卡,把确立民族音乐风格作为奋斗目标。在巴拉基列夫的带领下,这些青年音乐家形成了鲜明的创作方向。他们的音乐是真正的俄罗斯音乐,是自己民族传统音乐的产物,没有受到意大利歌剧、法国舞剧音乐和德国交响乐的影响。对此,斯塔索夫在一篇文章中写道:"……在这个俄罗斯音乐家的小小的,但已经是强有力的集团里有多少诗意、情感、天才和技巧!"小组由此得名"强力集团"。

"强力集团"成员的创作个性各不相同,但他们的艺术趣味和世界观有许多共同之处,这是因为他们都生长在远离圣彼得堡的外省,广泛地接触到各种民歌和民间音乐,后者对他们获得的最初音乐印象有决定性的影响,这在某种意义上比在沙皇时代的艺术院里接受的教育还要好。除音乐以外,他们还研究俄国历史和民间传说。他们的美学思想与车尔尼雪夫斯基的颇为接近,并且他们也按照《艺术和现实的审美关系》的原则进行创作。

"强力集团"的作曲家们在19世纪60年代着手收集整理、改编和研究俄罗斯民歌,巴拉基列夫和里姆斯基-科萨科夫在这方面取得了突出的成就。他们的民间创作研究对此后俄罗斯音乐文化的发展有重要影响。19世纪70年代,这些青年音乐家的活动进入了一个新阶段,表现在两个方面:其一,他们为俄国专业音乐教育事业作出了积极的贡献;其二,他们在歌剧创作方面取得了相当可观的成就,其作品用旧题材反映新现实,为歌剧艺术增添了新的生命力。

总而言之,"强力集团"的音乐创作反映了俄罗斯人的思想、感受和期望,代表了俄罗斯音乐发展的方向。他们在音乐题材、体裁、表现手法的选择方面都有独到之处。他们力求做到思想内容和音乐形式的完美结合，力求把革新创造和祖国音乐的固有传统忠实地结合起来。"强力集团"为俄罗斯音乐的发展作出了重要贡献。①

穆·彼·穆索尔斯基

人物生平

穆·彼·穆索尔斯基

穆·彼·穆索尔斯基（Модест Петрович Мусоргский，1839—1881）在俄国音乐史上占有特殊的地位。他是19世纪俄罗斯民族乐派的代表人物之一。

他的创作以歌剧和歌曲为主，音乐极具戏剧性。他继承了达尔戈梅什斯基的声乐写作方法，以说话的语调为基础，创造出具有朗诵风格的曲调，并善于用音乐对戏剧动作进行逼真的描绘。他是所有古典音乐家中最具有现代色彩的。20世纪的许多音乐家都受过穆索尔斯基的影响，例如，俄罗斯作曲家斯特拉文斯基、普罗科菲耶夫、肖斯塔科维奇和斯维里多夫，法国作曲家德彪西，匈牙利作曲家巴尔托克等。但穆索尔斯基首先是他那个时代的时代精神和思想追求的反映者，他对生活中发生的一切都十分敏感。正因如此，他的作品才有着长久的生命力。

穆索尔斯基于1839年3月21日出生在俄国普斯科夫省卡雷沃村的一个地主家庭里。6岁起，他在母亲指导下学习钢琴。乡村生活和农奴保姆的哺育使他对农民和俄罗斯民间音乐怀有深厚的感情。1849年，穆索尔斯基进入圣彼得堡的彼得罗帕甫洛夫学校学习，1852年进入圣彼得堡禁卫军士官学校，同时学习钢琴，并尝试作曲。1852年，他出版了第一首作品——波尔卡《陆军准尉》（钢琴曲）。他于1856年毕业后曾在普列奥勃拉任斯基军团充任御前禁卫军，并先后结识了居伊、达尔戈梅什斯基、斯塔索夫和巴拉基列夫，这对他一生的艺术道路起了决定性影响。1858年，他辞去军

---

① 百度百科.强力集团[EB/OL].[2016-09-06]. https://baike.baidu.com/item/%E5%BC%BA%E5%8A%9B%E9%9B%86%E5%9B%A2/2975843?fr=aladdin.

职,在巴拉基列夫的指导下专事作曲,成为"强力集团"最激进的成员。

在政治思想方面,穆索尔斯基深受以车尔尼雪夫斯基为代表的俄国民主主义思想的影响,反对农奴制,主张音乐创作必须反映俄国的现实。

穆索尔斯基的早期作品是一些浪漫曲、弦乐曲及钢琴曲。19世纪60年代起,他开始探索创作歌剧,先后根据法国作家福楼拜的巨著《萨朗宝》和果戈理的喜剧《婚事》进行歌剧创作,但均未完成。1868年,他根据普希金的悲剧《鲍里斯·戈都诺夫》创作歌剧,显露出他作为一个心理艺术家的伟大音乐天才。这部歌剧后来成为他的代表作,是世界音乐史上一部划时代的杰作。19世纪60年代,穆索尔斯基还创作了享誉世界的交响诗《荒山之夜》(1867)。

在《鲍里斯·戈都诺夫》之后,穆索尔斯基又开始构思历史题材歌剧《霍万斯基叛乱》(1872—1880),并着手编写剧本。他称这部歌剧为"人民的音乐剧",以此强调人民在剧情发展中的作用。1874年,穆索尔斯基根据果戈理的中篇小说《索罗庆采市集》写作了一部喜歌剧,但没有完成。穆索尔斯基的许多作品,包括最著名的歌剧《鲍里斯·戈都诺夫》和《霍万斯基叛乱》在内,都是在他死后由里姆斯基-科萨科夫等人续写完成的。

19世纪70年代是穆索尔斯基创作的极盛时期,除《霍万斯基叛乱》和《索罗庆采市集》这两部歌剧外,他还创作了一些歌曲和钢琴曲。其中最有代表性的是《死之歌舞》(1875—1877)、《跳蚤之歌》(1879),还有为涅克拉索夫和舍甫琴科等人的诗谱写的歌曲。此外,他还创作了钢琴曲《图画展览会》(1874)等。

19世纪70年代初,穆索尔斯基过得十分悲惨。他曾同里姆斯基-科萨科夫住在一起,共用一架钢琴。但不久,里姆斯基-科萨科夫就结婚并出国了,"强力集团"也解体了,巴拉基列夫离开了这些朋友。尤其令穆索尔斯基痛苦的是,1873年夏天,他的好朋友、建筑师和画家哈尔特曼突然病逝,而另一位朋友斯塔索夫也离开了他。1874年,《鲍里斯·戈都诺夫》上演时,他居然遭到了原"强力集团"的朋友居伊严厉而恶意的批评。在极端孤独和痛苦的情况下,他借酒浇愁,这对他的身心健康产生了极大的危害。1881年,穆索尔斯基因癫痫病去世。

穆索尔斯基可称为少见的、具有多方面才能的音乐家。他富有独创性的作品无论是在19世纪还是在当代,都引起了听众的极大兴趣。他是最富民族色彩的音乐家,他认为自己的使命就是把直接来自生活的散文谱写成音乐,并创作出音乐的散文。他的创作风格深深植根于俄罗斯民间,音乐思维既忠实于俄罗斯音乐的古典传统,又与他生活时代的俄国艺术文化紧密相连。

代表作品

管弦乐曲:《荒山之夜》,钢琴组曲《图画展览会》(1886年在里姆斯基-科萨科夫努力下最终完成)。

歌剧:《婚事》《鲍里斯·戈都诺夫》《霍万斯基叛乱》(由里姆斯基-科萨科夫续作完成),《索罗庆采市集》(1886年由居伊续写完成)等。

声乐套曲:《儿歌》组曲七首,《死之歌舞》四首,《跳蚤之歌》等。

作品赏析

钢琴组曲《图画展览会》

1873年,圣彼得堡的美术学校举行了哈尔德曼的绘画遗作展览会,这一展览会成为穆索尔斯基写作这一首组曲的动机。这一钢琴组曲,不但是穆索尔斯基的代表性器乐作品,而且是19世纪俄国最有独创性的乐曲之一。乐曲由与"图画"有关的10首小品,以及有间奏功用的"漫步"主题组合而成。其配合之佳,表现了穆索尔斯基独有的大胆的创造性,这一作品时至今日依旧很受欢迎。这种直截了当的表现方式对后来的法国印象派有很大影响。这一组乐曲的出版是在作者逝世五年后(1886),在里姆斯基-科萨科夫的努力下才完成的。很多作曲家对于这一钢琴组曲的管弦乐编曲有着浓厚的兴趣,但人们现在一般只演奏由拉威尔改编的管弦乐曲。①

文化驿站

《鲍里斯·戈都诺夫》

《鲍里斯·戈都诺夫》是普希金创作的莎士比亚式的悲剧,充满了诗人对国家命运的思考、对历史的客观领悟和对人民力量的深信不疑。普希金破除了古典主义三一律的束缚,创造性地进行了戏剧改革,情节展开延续了七年多,并对人物性格做了广阔而细致的描绘。整部悲剧的艺术表现既忠实于史实,又十分大胆。

这部悲剧描述的事件发生在16世纪末至17世纪初,那是俄国历史上一个著名的"混乱时代"。一代雄主伊凡四世于1584年去世,他的第二个儿子费多尔继承皇位,第三个儿子被送到年幼亲王的封地乌格里奇。费多尔是个低能儿,不理朝政,爱作祷告和敲钟,喜欢看小丑表演,百姓叫他"傻瓜费多尔"。朝廷大权落在了鲍里斯·戈都诺

---

① 百度百科.图画展览会[EB/OL].[2016-09-08].https://baike.baidu.com/item/%E5%9B%BE%E7%94%BB%E5%B1%95%E8%A7%88%E4%BC%9A/6235645?fr=aladdin.

夫手里。鲍里斯·戈都诺夫是朝廷的重臣,并非显贵,也未受过良好的教育,但足智多谋。他把妹妹伊琳娜嫁给了沙皇费多尔。实际上,他独揽了一切政务。1598年,费多尔去世,贵族会议选举鲍里斯·戈都诺夫当沙皇。即位后,他继续打击豪门显贵。显贵的力量虽然被削弱,但又出现了农民起义的新危机。此外还有天灾和饥荒,1604年,伪德米特里和波兰人又来进犯,鲍里斯抑郁而死。他的儿子也叫费多尔,继承了皇位,但不久便被人杀死。

尼·安·里姆斯基-科萨科夫

人物生平[①]

尼·安·里姆斯基-科萨科夫(Николай Андреевич Римский-Корсаков,1844—1908)是俄罗斯民族乐派著名的歌剧和交响音乐作曲家之一。他的创作融汇了东方民族音乐的特点,运用欧洲19世纪浪漫乐派的技巧,具有鲜明的俄罗斯民族特征。其作品取材于俄国历史、民间传说和说唱文学,常把现实生活寓于民间文化的幻想境界和自然景象的描绘之中。里姆斯基-科萨科夫的一生经历了许多重要事件,如1853—1856年的克里米亚战争和1861年农奴

尼·安·里姆斯基-科萨科夫

制改革,还有1905年的俄国革命。他是许多苏联作曲家的老师。

里姆斯基-科萨科夫于1844年3月18日出生在诺夫哥罗德省齐赫文市的一个贵族家庭里。这座城市美丽的自然风光、古老的民间仪式和优美动人的民歌,都给童年时代的里姆斯基-科萨科夫留下了深刻的印象。他从6岁起学习钢琴,11岁时开始尝试创作。1856年,他被选入圣彼得堡海军士官学校,同时并未中断音乐的学习。这时他开始听歌剧,深深爱上了西方歌剧的音乐。后来,通过演奏格林卡的歌剧《鲁斯兰与柳德米拉》的音乐,他发现了和谐音响的乐趣,开始把歌剧片段改编成钢琴曲。1861

---

① 百度百科.尼古拉·安德烈耶维奇·里姆斯基-柯萨科夫[EB/OL].[2016-09-08].https://baike.baidu.com/item/%E5%B0%BC%E5%8F%A4%E6%8B%89%C2%B7%E5%AE%89%E5%BE%B7%E7%83%88%E8%80%B6%E7%BB%B4%E5%A5%87%C2%B7%E9%87%8C%E5%A7%86%E6%96%AF%E5%9F%BA-%E6%9F%AF%E8%90%A8%E7%A7%91%E5%A4%AB/3422036?fr=aladdin.

年底,他结识了巴拉基列夫,正是巴拉基列夫激发了他成为作曲家的强烈愿望。就在此时,里姆斯基-科萨科夫开始参加"强力集团"的活动,同这些青年音乐家的交往开阔了他的视野,他的《第一交响曲》就是在巴拉基列夫的直接指导下创作的。

1862年,里姆斯基-科萨科夫从士官学校毕业,成为一名海军准尉,在大约三年时间参加了一艘快船的巡航,到过英国、南北美洲、法国和意大利等地。这期间,他较少接触音乐,但在航海生活中所获得的鲜明印象丰富了他后来的创作,他被公认为最好的"海的风景画家"之一。1865年,里姆斯基-科萨科夫回到圣彼得堡,作为一名海军尉官,他却主要在音乐圈子里活动,积极进行"专业"创作,写了一些足以显示个人风格的作品,如歌剧《萨特阔》、第二交响曲《安塔尔》和歌剧《普斯科夫姑娘》等。

此外,他的创作还开辟了一个新的领域——东方音乐,这使他成为格林卡的直接继承人。1869年,里姆斯基-科萨科夫创作的描写6世纪阿拉伯民族英雄安塔尔的第二标题交响曲《安塔尔》,因东方音乐幻想的丰富而令听众惊叹。

在"强力集团"热烈讨论《石客》和《婚事》这些歌剧创作的过程中,里姆斯基-科萨科夫产生了创作第一部歌剧《普斯科夫姑娘》(1827)的想法。它取材于梅伊的剧作,再现了普斯科夫自由城反对伊凡雷帝的斗争。

里姆斯基-科萨科夫因《安塔尔》和《萨特阔》的成就而有了相当高的声誉和权威性。1871年,"业余爱好者"里姆斯基-科萨科夫被圣彼得堡音乐学院聘为作曲和管弦乐法教授,并兼任学院管弦乐队指挥。

1877年,里姆斯基-科萨科夫创作了《雪女郎》。这部歌剧取材于奥斯特洛夫斯基的诗剧《雪女》,采用了民间音乐的曲调,洋溢着明媚的春天气息。用作曲家自己的话说,他在创作时"倾听到民间创作和大自然的声音"。春天冰雪开始融化并流入小溪的雪女郎在里姆斯基-科萨科夫这里成了最美好的、温柔脆弱的、美丽的女性形象的象征。

但作曲家所创作的所有歌剧并不都是欢快、明朗而和谐的,有些歌剧反映的则是生活的另一方面,如《不死的卡谢》(1902),它可以说是反对专制制度的宣言。

1905年俄国革命期间,里姆斯基-科萨科夫积极投身社会和政治斗争,因此被解除音乐学院教授的职务。他的作品遭到禁演,本人也受到监视。最后,多亏圣彼得堡音乐学院新任院长格拉祖诺夫的邀请,他才重新回到音乐学院。1908年6月21日,里姆斯基-科萨科夫因心脏病发作而逝世。

里姆斯基-科萨科夫不但是一位著名的俄罗斯作曲家,而且是卓越的音乐教育家和音乐社会活动家。他一生创作了15部歌剧,包括音乐剧、史诗歌剧、神话歌剧、抒情喜剧和神怪歌舞剧等,其中最著名的如《普斯科夫姑娘》《五月之夜》《雪女郎》

《萨特阔》《沙皇的新娘》《萨尔坦王的故事》和《金鸡》等。可以说，里姆斯基-科萨科夫是俄罗斯歌剧艺术的巨匠。他的交响音乐作品与歌剧相比数量较少，但同样占有相当重要的地位。具有代表性的交响乐作品有《第一交响曲》、交响组曲《安塔尔》、《舍赫拉查德》、《西班牙随想曲》及《第三交响曲》等。他的交响音乐具有标题性、叙事性的特点和音画式的倾向，富有强烈的民族音乐、民间创作和东方音乐的色彩。他的杰作一直是世界交响乐音乐会上经常演奏的曲目。

西方音乐界给予了里姆斯基-科萨科夫极高的评价，认为其在19世纪下半叶所有俄国民族主义作曲家中，就创作和继承传统方面的作用而论，地位仅次于巴拉基列夫。他作品中新颖的和声对德彪西、拉威尔等人亦有重要影响。

代表作品

管弦乐曲：交响组曲《安塔尔》《舍赫拉查德》《西班牙随想曲》等。

室内乐曲：钢琴三重奏曲，C小调；弦乐四重奏曲，快板，降B大调。

歌剧：《普斯科夫姑娘》《五月之夜》《雪女郎》《萨特阔》《莫扎特和萨莱里》《沙皇的新娘》等。

歌曲：《夜莺和玫瑰》、《在海上》五首等。

论著：《和声学实用教程》等。

作品赏析

交响组曲《舍赫拉查德》[①]

《舍赫拉查得》（又名《天方夜谭》《一千零一夜》）是根据阿拉伯民间故事集《一千零一夜》写成的交响组曲。《一千零一夜》是对西方文学、绘画和音乐具有很大影响的作品。故事的主要线索是：苏丹王杀死了与人私通的王后，出于憎恨，他每日娶一个少女，第二天清晨就把她杀死。宰相的女儿舍赫拉查德自愿出嫁，以每夜讲一个故事的方式引起了国王的兴趣，她因此免受杀害并感化了国王，解救了众多无辜的少女。它的内容包罗万象，有寓言、童话，有恋爱故事、惊险故事、历史故事和名人逸事等，反映出中世纪中东和近东国家的社会制度、生活方式、宗教信仰和风土人情等。里姆斯基-科萨科夫以其中的个别情节为题材创作了这部交响组曲。他在这部作品总谱的扉页上写道："苏丹王山鲁亚尔认为女人都是不忠实的，他发誓要把自己的每个妻子在第一

[①] 百度百科.舍赫拉查德[EB/OL].[2016-09-08].https://baike.baidu.com/item/%E8%88%8D%E8%5%AB%E6%8B%89%E6%9F%A5%E5%BE%B7/541058? fr=aladdin.

夜之后全都处死。但是,舍赫拉查德王后由于善于用故事取悦丈夫而救了自己的性命。她的故事连续讲了一千零一夜,山鲁亚尔为好奇心所驱使,不断延缓她的刑期,最后完全打消了处死她的主意。"

这套交响组曲创作于1888年,同年在圣彼得堡首次演出。

组曲由四首乐曲组成,每首是一个乐章,由代表舍赫拉查德和山鲁亚尔的两个主题把无情节联系的故事联结起来。作曲家没有按照故事情节来建构乐曲的内容,而是借助于故事中几个人物和情景的音乐构思来描绘一个个音乐画面。乐曲中有两个贯穿全曲的主题,它们在各乐章反复出现。第一主导主题是舍赫拉查德主题,刻画了她的智慧和她美丽动人的形象,这一主题具有倾诉性。第二主导主题是苏丹王的主题,这个主题刻画了威严而残暴的苏丹王形象。

第一乐章 大海和辛巴德的船

乐曲开始时,是一段慢速度的引子,由上述两个主题构成:它一方面为听众介绍了整部组曲的中心人物,另一方面又为乐曲确定了东方音乐的基调。随之而来的是用奏鸣曲式写成的快板部分的第一主题。这一主题由苏丹王的主题衍化而来,它庄严而稳健,主要表现大海的气势。第二主题包含两支旋律,一个是用木管乐器奏出的沉静而均匀的自然音和弦,然后是长笛奏出的沉思的曲调作为答句。安详的节奏使人想到辛巴德的小船在无边的大海上平稳地行驶。第二支旋律由舍赫拉查德的主题借用而来,发展为一支连续不断的活跃的音流,造成海浪愈来愈汹涌澎湃的印象。

这个乐章是省略了展开部的奏鸣曲式,在呈示部的音乐达到高潮时便直接转入再现部。最后,在一段不长的尾声中,第一主题移入高音区,色彩明朗而轻盈,辛巴德的小船在金色的夕阳余晖中行驶在平静的海面上,逐渐消失在远方。

第二乐章 卡连德王子的故事

这一乐章用复三部曲式写成。舍赫拉查德开始讲一个扮成乞丐的王子经历的奇异故事,小提琴先奏出舍赫拉查德主题,接着,由大管悠闲地奏出的富有东方色彩的旋律把人们带入故事情节。这是一个富有幻想性和叙事性的阿拉伯风格的主题。经过三次变奏,它的速度不断加快,音色也不断变化,似乎卡连德王子的故事正在层层深入,描绘出故事的惊险和传奇色彩。其间出现了由长号和小号分别奏出的交战主题。接着是苏丹王主题的变形音调,仿佛是表现国王听到这故事时的反应。战斗主题展开后,是一段由单簧管连续演奏三次的补充乐句,描述听众对故事的惊叹。最后,音乐又回到战斗主题,情绪更加激烈。乐章的第三部分又出现了舍赫拉查德主题,提示听众她还在讲述。尔后,王子的主题变奏四次,雄壮有力。结尾是苏丹王主题,它在低音部隐约出现,表现苏丹王听到这个故事后的赞叹。

第三乐章　太子和公主

在这个乐章中,作曲家用无展开部的奏鸣曲式刻画出太子戛梅禄和公主白都伦的美好形象,呈现他们爱情的画面。

第一主题是太子的主题,温柔、宽广,如歌而又抒情,由弦乐器奏出;第二主题是公主的主题,旋律典雅,带有东方舞曲风格,比前一个主题更热情。这一主题由单簧管奏出,多次变奏,音乐色彩的变化极为丰富。再现部中第一主题后,又出现了舍赫拉查德主题,太子的主题在其背景上展开,这时乐曲的感情达到高潮。然后,公主的主题再现并热情展开。最后,木管乐器以流畅轻巧的下行乐句结束了这一乐章。

第四乐章　巴格达的节日和撞上立有骑士铜像峭壁的辛巴德的船

这是最后一首乐曲。主要描绘了两个情景,其一是巴格达节日的盛况和欢乐情景,其二是巨浪滔天的大海。乐曲曲调丰富多彩,是对整套组曲形象的巧妙概括。乐曲的结构比较自由,类似旋曲式。山鲁亚尔和舍赫拉查德的主题反复出现,是这一乐章的引子。随后是一个舞蹈乐曲旋律,它是乐曲的基本主题,急速,活泼,几乎贯穿整个节日场面。这段乐曲绝妙地描绘出东方生活的节日画面,色彩绚丽而丰富,欢乐的气氛一直在加强,造成了经久不息的狂欢的印象。突然,画面变换了,节日景象消失了,一场海上风暴降临了。长号强有力地奏出了海的主题,长笛和竖琴加强了风的呼啸声。辛巴德的船受到狂风恶浪的冲击,撞到了矗立着骑士铜像的峭壁上。尾声中,船的主题又一次出现,辛巴德并没有死,他又开始了新的航程。最后,乐曲在舍赫拉查德的主题中结束,似乎在向听众宣告故事讲完了。

文化驿站

甘为人梯的里姆斯基-科萨科夫

里姆斯基-科萨科夫为发展俄罗斯音乐文化而进行的多方面的活动,都结出了丰硕的成果:他在音乐学院教学 37 年,培养出众多人才,包括里亚多夫、伊波里托夫－伊凡诺夫、格拉祖诺夫和米亚斯科夫斯基等著名作曲家。他发扬了自我牺牲的伟大精神,进行了大量精细的修订、续写和配器工作,使一些与他同时代的俄罗斯作曲家的未完成作品,例如穆索尔斯基的歌剧《鲍里斯·戈都诺夫》和《霍万斯基叛乱》、鲍罗廷的歌剧《伊戈尔王》和达尔戈梅什斯基的歌剧《石客》等得以最后完成。他参加贝莱耶夫的新的音乐家小组的活动,并成为这个小组的一些创举的"顾问"——这个小组组织的"俄罗斯交响乐演奏会"和乐谱出版社,新的音乐家小组的活动对俄罗斯音乐作品的推广、宣传和发展起了很大的作用。[①]

阿·波·鲍罗廷

人物生平

阿·波·鲍罗廷（Александр Порфильевич Бородин，1833—1887）是俄罗斯人民的骄傲，因为在世界音乐史、艺术史上很少出现这样集多种天才于一身的音乐家。他不仅是天才音乐家，还是著名的化学家。

阿·波·鲍罗廷

鲍罗廷于1833年11月12日出生于圣彼得堡，父亲是格鲁吉亚公爵。鲍罗廷受到良好的教育，从小就表现出多方面的非凡才能。他轻而易举地学会了三种外语，并醉心于自然科学，尤其是化学。他8岁开始学习长笛和钢琴，9岁开始作曲，经常出席圣彼得堡的各种音乐会。但鲍罗廷还是对化学更感兴趣。他报考了医学院，决定献身科学事业，于1858年获医学博士学位。他被派往海德堡大学深造，在西欧学习、工作了三年，除德国以外还到过法国和意大利。当时，门捷列夫等科学家也在海德堡，鲍罗廷和他们成了朋友。在化学研究方面，鲍罗廷一点也不逊色于他的同行，他在海德堡写的文章至今仍有科研价值。在西欧期间，他并未忘记音乐，正是音乐活动使他结识了女钢琴家叶卡捷琳娜·普罗托波娃，钢琴家后来成了他的妻子。

1862年，鲍罗廷回到圣彼得堡，到他毕业的那所医学院任教。此时，他结识了巴拉基列夫，成为巴拉基列夫举办的音乐晚会的常客。不久，他参加了"强力集团"，业余从事音乐创作。在浓郁的音乐气氛中，鲍罗廷产生了强烈的创作欲望，开始创作交响曲。每首交响曲的创作都花费他很多时间，但最终都很成功。当他的《第一交响曲》

[①] 百度百科.尼古拉·安德烈耶维奇·里姆斯基-柯萨科夫［EB/OL］.［2016-09-08］.https://baike.baidu.com/item/%E5%B0%BC%E5%8F%A4%E6%8B%89%C2%B7%E5%AE%89%E5%BE%B7%E7%83%88%E8%80%B6%E7%BB%B4%E5%A5%87%C2%B7%E9%87%8C%E5%A7%86%E6%96%AF%E5%9F%BA-%E6%9F%AF%E8%90%A8%E7%A7%91%E5%A4%AB/3422036? fr=aladdin.

(1867)在巴拉基列夫的安排下首次演出时,听众都为鲍罗廷作品的成熟和完整而惊讶。这部交响曲反映出他作为作曲家的艺术幻想和作为科学家的精密科学思维的完美结合。

在《第一交响曲》之后,鲍罗廷开始创作《第二交响曲》(1876)和《伊戈尔王》(1869)。斯塔索夫为他提供了《伊戈尔王》的题材内容,并为其歌剧写了草稿。

《第二交响曲》十分成功,它富有歌剧的力量,斯塔索夫称它为"'勇士'交响曲",后来,"勇士"便成为《第二交响曲》的标题。这部交响曲没有立即被听众接受,却受到当时许多著名音乐家的高度肯定。

鲍罗廷耗费了18年的时间创作《伊戈尔王》,在他逝世后,这部作品由里姆斯基-科萨科夫和格拉祖诺夫续写完成。这部歌剧被人们称为史诗-叙事歌剧,取材于12世纪的俄罗斯史诗《伊戈尔远征记》。故事讲的是古罗斯伊戈尔大公在一次出师征讨多次入侵的波罗维茨人时,因作战失利而被俘,歌颂了古罗斯英雄人物的英勇气概。尤其令人惊愕的是,鲍罗廷虽然是圣彼得堡人,没有专门收集和研究过其他民族的音乐作品,但他能把欧洲东部波罗维茨人的音乐风格表现得十分准确。

除上述作品外,鲍罗廷还创作了《第三交响曲》(未完成),交响音画《在中亚细亚草原上》(1880),室内乐作品和以普希金、涅克拉索夫、列夫·托尔斯泰的诗谱写的浪漫曲等。

鲍罗廷深受俄国及德国、美国和比利时等国音乐界的敬重和广大听众的喜爱。不幸的是,1887年2月27日,他在圣彼得堡参加一场盛大的舞会时,因心脏病发作而猝然逝世。他的遗体被安葬在亚历山大·涅夫斯基公墓。墓碑上同时刻着他音乐作品的主题和他所研究的化学公式。

总体而言,鲍罗廷早期的作品比较短小,深受海顿、莫扎特、贝利尼等人的影响;1850年以后的作品富于浓郁的俄罗斯民间音乐特色和东方音乐风格;1877年以后的创作趋向抒情、温柔、明朗、平和。他的歌剧和交响曲具有史诗性和戏剧性,题材以歌颂民族英雄、揭示现实生活为主。他的成就与他和"强力集团"众人的合作密不可分。

代表作品

管弦乐曲:交响曲三首;交响音画《在中亚细亚草原上》。

室内乐曲:弦乐四重奏两首,钢琴三重奏曲,钢琴五重奏曲。

歌剧:《勇士》《伊戈尔王》,歌舞剧《姆拉达》。

歌曲:《幽暗的森林之歌》等。

作品赏析

《第二交响曲》(《勇士》)

《勇士》是鲍罗廷最为著名的交响曲。有人说要想了解俄罗斯的民族精神,只要听柴可夫斯基的《第六交响曲》(《悲怆》)和鲍罗廷的《第二交响曲》(《勇士》)就足够了。由此可见,鲍罗廷的这部交响曲具有多么强的民族性和代表性。评论家认为《勇士》"真正体现了俄罗斯灵魂"。乐曲中洋溢着俄国古代英雄豪迈的英勇气魄及对生活的热爱和对大自然的赞美。全曲由四个乐章组成。

第一乐章为快板,奏鸣曲式,表现俄罗斯勇士们聚会的场面。引子由大管和圆号奏出,然后是主部主题的第一主题的第一支旋律,曲调豪壮,令人联想到骑士飞身上马的英姿。这一主题由弦乐齐奏。接着,木管乐器演奏出连接部,之后由大提琴奏出优雅、抒情的第一主题的两支旋律。

第二章为急板,谐谑曲。短引子过后,出现木管演奏的谐谑曲主题,接着弦乐用切分音节奏出回应似的主题。中部由双簧管奏出富于乡土气息的主题,乐曲在定音鼓的鼓声中徐缓结束。

第三乐章为行板,三部曲式。先由竖琴和单簧管奏出优美的引子,然后,单簧管和圆号先后奏出典雅的古罗斯主题乐曲,令人想到古代游吟诗人歌曲的曲调。

第四乐章为快板,奏鸣曲式。这一乐章的音乐壮美而欢快。引子颇像鞑靼人的舞曲,第一主题苍劲有力,充满英雄气概。展开部以后,音乐达到宏伟壮丽的高潮。最后,乐曲在异常热烈的气氛中结束。

第二节　20世纪俄罗斯音乐

凯·安·居伊

人物生平[1]

凯·安·居伊(Цезарь Антонович Кюи,1835—1918)是俄罗斯作曲家、音乐评论

---

[1] 百度百科.凯撒·居伊[EB/OL].[2016-05-08].https://baike.baidu.com/item/%E5%87%AF%E6%92%92%C2%B7%E5%B1%85%E4%BC%8A/609783? fr=aladdin.

家。他是"强力集团"的成员之一。他写出了大量以声乐作品为主的乐曲,曾根据海涅、雨果等人的文学作品创作歌剧。

居伊1835年出生于普斯科夫省托罗别茨县卡列沃村,父亲是法国移民,曾在拿破仑的军队服役,母亲是贵族之女。5岁时,居伊就能用钢琴弹奏他听过的曲子。10岁时,他到圣彼得堡学习钢琴,后又师从格尔凯学钢琴,并尝试作曲,发表了第一首作品钢琴曲波尔卡《陆军准尉》。

1851年,居伊入近卫军士官学校,毕业后以准尉衔进入部队,1857年以上尉衔毕业于军事技术大学,

凯·安·居伊

后主要从事军事工程教学,1875年获上校军衔。俄土战争期间,他曾请求前往战区。1877年,居伊被派往战区,进行军事工程监测,巩固俄罗斯在君士坦丁堡的地位。1878年,他因在战争期间表现出色被任命为教研室副教授,并同时在三所研究院从事军事研究。1880年,居伊成为教授,1891年成为知名教授,升为少将军衔,1904年军衔升至陆军大将。

居伊是"强力集团"最激进的成员。早在1950年,他就创作了6首波兰诗曲。但是,他的创作活动真正得以发展是在他从研究院辞职之后。他写了10部歌剧,其中较著名的是1861—1868年间根据海涅的原著创作的《威廉·拉特克列夫》与1875年根据雨果的原著创作的《昂杰罗》。他还写了4部儿童歌剧:《雪勇士》《小红帽》《靴中猫》《小傻瓜伊万努什卡》,均为别开生面之作。此外,他也写了一些管弦乐、室内器乐和声乐作品。他的音乐虽有一定的戏剧性和形象性,但不如"强力集团"其他成员的作品那样具有鲜明的民族特色和独特的创作个性。19世纪80年代中期起,他积极从事音乐评论活动,先后在《圣彼得堡新闻》《艺术家》等报刊上发表文章,热情宣传"新俄罗斯乐派"的艺术主张,介绍西欧进步作曲家的成就。

代表作品

歌剧:《官老爷的儿子》《威廉·拉特克利夫》《昂杰罗》《上尉的女儿》,4部儿童歌剧《雪勇士》《小红帽》《靴中猫》《小傻瓜伊万努什卡》等。

钢琴曲:《陆军准尉》。

小提琴曲:《东方曲》。

文化驿站

"小傻瓜伊万努什卡"

"小傻瓜伊万努什卡"是大智若愚的俄罗斯象征性人物。"傻瓜伊万"或"傻瓜伊万努什卡"(伊万努什卡是伊万的爱称)是一位俄罗斯家喻户晓的童话人物。伊万心地善良,勤劳朴实,乐于助人。他貌似愚钝,实际上一点不傻,外表低调,非常内秀。他大智若愚,藏而不露,智勇双全,处事得当,充分反映了俄罗斯人的才华和品格,也体现了俄罗斯人对这类人的崇敬。

谢·瓦·拉赫玛尼诺夫

人物生平[①]

谢·瓦·拉赫玛尼诺夫

谢·瓦·拉赫玛尼诺夫(Сергей Васильевич Рахманинов,1873—1943)是伟大的俄罗斯作曲家、钢琴家和指挥家,19世纪末20世纪初俄罗斯音乐文化十分重要的人物。在诸多天才的俄罗斯音乐家中,就世界影响而论,很少有人能够同他相提并论。

拉赫玛尼诺夫生活的时代是世界历史和俄国历史经历最大震撼的时代。他是两次世界大战的目击者,也是俄国两次革命的见证人。这一切对他的创作既有积极的启发,也有悲剧性的影响。美国乐评人称拉赫玛尼诺夫为"才华横溢的天才""浪漫主义忧郁的化身"。

拉赫玛尼诺夫于1873年4月1日出生在诺夫哥罗德附近的奥涅格村父母的领地上。他继承了家族中父系方面的音乐天赋,自幼在家里受到良好的音乐教育,4岁学习钢琴,9岁进入圣彼得堡音乐学院。他12岁时,表兄亚历山大·济洛季把他接到莫斯科去学音乐。济洛季是音乐家李斯特的学生。他把拉赫玛尼诺夫介绍给著名钢琴

[①] 百度百科.谢尔盖·瓦西里耶维奇·拉赫玛尼诺夫[EB/OL].[2016-09-08].https://baike.baidu.com/item/%E8%B0%A2%E5%B0%94%E7%9B%96%C2%B7%E7%93%A6%E8%A5%BF%E9%87%8C%E8%80%B6%E7%BB%B4%E5%A5%87%C2%B7%E6%8B%89%E8%B5%AB%E7%8E%9B%E5%B0%BC%E8%AF%BA%E5%A4%AB/2914565?fr=aladdin.

教育家兹维列夫。在那里，拉赫玛尼诺夫接受了严格的训练。1889年，他考入莫斯科音乐学院，开始接受更为正规、系统的教育。除跟济洛季学习钢琴以外，他还跟随作曲家塔涅耶夫和阿连斯基学习作曲。1891年和1892年，拉赫玛尼诺夫先后以优异的成绩结束了钢琴和作曲的学习。他的毕业作品是独幕歌剧《阿乐哥》(1892)，以普希金的《茨冈》为题材创作，写得十分成熟，柴可夫斯基曾建议把它纳入大剧院的节目表。拉赫玛尼诺夫因毕业成绩优秀而获得大金质奖章。

拉赫玛尼诺夫的音乐生涯开始得十分顺利，他在作曲和钢琴演奏方面均取得了突出的成就，在听众中的影响日益扩大。但这种飞升突然中断，1895年，他创作的《第一交响曲》在演出时遭到了失败，不仅听众不能理解和接受这部作品，就连由天才指挥家格拉祖诺夫指挥的乐队都理解不了这部交响曲。这次失败使拉赫玛尼诺夫受到了沉重的打击，此后一段时间，他中断了创作，集中从事钢琴演奏和歌剧指挥等活动。在这些音乐活动中，他显示出卓越的天赋和启发演奏者灵感的才能。

1900年，拉赫玛尼诺夫又恢复了音乐创作，接连发表了各种体裁的音乐作品，如歌剧《吝啬的骑士》(1904)和《里米尼的弗兰切斯卡》(1904)，《第二钢琴协奏曲》(1901)以及一组钢琴序曲、浪漫曲等。人们普遍认为他在钢琴曲的创作中更充分地显示了自己的才能。其钢琴曲的独特风格是音响的洪亮和异常多样化。

1906年，拉赫玛尼诺夫离开了大剧院，先到佛罗伦萨，然后全家在德累斯顿住了三年。其间，他创作了《第二交响曲》(1906—1907)。

1909年春，拉赫玛尼诺夫回到莫斯科，此后陆续创作了《第三钢琴协奏曲》(1909)、《钢琴前奏曲集》(1910)等。这一时期，作曲家对象征主义产生了浓厚的兴趣。他以比利时象征主义诗人、剧作家梅特林克的剧本为题材创作了歌剧《蒙娜·万娜》的第一幕，以瑞士象征主义画家彪克林的名画创作出同名交响诗《死岛》(1909)，以俄罗斯象征主义诗人索洛古勃和巴尔蒙特的诗谱写了一组浪漫曲。

第一次世界大战前夕，俄国社会，当然也包括艺术界，都预感到即将到来的世界性大震荡。拉赫玛尼诺夫在他的第二、第三钢琴协奏曲中传达出了惊恐不安的情绪，这在他以美国作家爱伦·坡的诗谱写的乐诗《钟》(1913)中表露得尤其明显。

第一次世界大战期间，拉赫玛尼诺夫创作了《彻夜祈祷》(1915)，这是一组以古代教堂歌曲为主题的无伴奏合唱。这些歌曲都是俄罗斯人民一代一代传下来的，是俄罗斯古老文化的一部分。作曲家用自己的高超技巧把它们加工整理得更加完善，同时尽可能保持其史诗般的宏伟风格和忠实于信仰的崇高精神。

1917年底，拉赫玛尼诺夫到丹麦和瑞典巡回演出，从此未能再回到俄国。他实际上成了真正意义上的流亡者。他长期生活在美国，在那里度过了人生的最后25年，在美国创作的主要作品有《第四钢琴协奏曲》(1928)、《科列里主题钢琴变奏曲》(1934)、《第三交响曲》(1935—1936)和《交响舞曲》(1940)等。他的作品保持着俄罗斯式的敏感，因具有异国情调而令美国人感到新鲜。他的作品及现场表演都受到美国人的欢迎。

拉赫玛尼诺夫在美国创作的作品中最有代表性的是《交响舞曲》，它创作于第二次世界大战前夕，显露出对战争席卷欧洲的恐惧，最重要的是，这部交响舞曲饱含着作曲家对祖国命运的担忧和对她的深切怀念。乐曲中不时出现回忆主题，怀旧成为作品的实质内容，如《第一交响曲》和《彻夜祈祷》等。其中还出现了意味深长的象征主题——中世纪基督教的歌调《愤怒的日子》。这个歌调常被19世纪和20世纪的作曲家用作死亡的象征，拉赫玛尼诺夫用它来体现宿命论的思想。拉赫玛尼诺夫的后期作品喜欢使用变奏结构，显露出他比以前更为客观的态度。值得强调的是，拉赫玛尼诺夫还是一位著名的宗教音乐家，这方面的代表作如《彻夜祈祷》《愤怒的日子》和《约翰·兹拉乌斯特的弥撒曲》等。这些乐曲在西方影响很大，给年轻一代作曲家留下了不可磨灭的影响。

当第二次世界大战的战火蔓延到苏联时，拉赫玛尼诺夫表现出了极高的爱国主义热情。他为了给苏联军队募捐，举办了多场音乐会。然而，他并未亲眼看到胜利的到来。1943年3月28日，他死于癌症。虽然拉赫玛尼诺夫长期生活在国外，但他直到生命的最后一刻都忠实于俄罗斯音乐。

拉赫玛尼诺夫是一位跨世纪的音乐家，他的大部分作品创作于20世纪。20世纪的艺术流派甚多，音乐家众多，而拉赫玛尼诺夫凭借独具的天才和突出的成就获得了世界性声誉。他的创作是俄罗斯音乐文化的重要组成部分。今天，世界各国都在演奏他的作品。他力求让普通人都能理解他的作品，这一点与柴可夫斯基颇为相像。在乐曲所具有的深层抒情性和戏剧性方面，他与柴可夫斯基也有相近之处。同时，拉赫玛尼诺夫谱写的旋律特别美妙，他是一位天才的旋律作曲家。

代表作品

管弦乐曲：交响曲三首，交响诗《死岛》，《交响舞曲》，钢琴协奏曲四首，钢琴与乐队的《帕格尼尼主题狂想曲》。

钢琴曲：三重奏曲《悲怆》，《肖邦主题变奏曲》，两架钢琴曲《俄罗斯狂想曲》，《幻想音画》组曲，《音画练习集》，《科雷利主题变奏曲》等。

歌剧：《阿乐哥》《吝啬的骑士》《里米尼的弗兰切斯卡》。

合唱曲：合唱交响曲《钟声》，康塔塔《春天》。

歌曲:《练声曲》。

作品赏析

拉赫玛尼诺夫的《第二钢琴协奏曲》

拉赫玛尼诺夫共创作了四首钢琴协奏曲,乐评界一般认为第二和第三钢琴协奏曲成就最高。《第二钢琴协奏曲》是作曲家在经历了深重的创作危机之后,振作精神重新开始创作的最成熟作品之一。乐曲的基调是明朗的,充满了欢乐的情绪和温柔、诚挚的抒情色彩。不过,乐曲又明显流露出"大风暴"前夕的那种情绪,充满了在革命浪潮中对新生活的渴望及乐观的英雄主义。

第一乐章:中板,c 小调,2/2 拍子,奏鸣曲形式。开头,主奏钢琴弹出八小节如钟声一样灰暗而沉重的和弦。之后,出现管弦乐的充满力量的 c 小调,这是第一主题。在中提琴的引导之下,出现了由钢琴主奏的降 E 大调,这是第二主题。这一主题充满了甜美的伤感,被认为是最有拉赫玛尼诺夫特色的旋律之一。

第二乐章:肃穆而舒缓的三部曲式。开始的主题是从第一乐章抒情的副部主题派生的,带有沉思的乐念,与主部主题形成鲜明对比。

第三乐章:诙谐的快板,C 大调,2/2 拍子,近乎回旋曲。在弦乐的演奏告一段落之处,钢琴雄赳赳地奏出第一主题,并将此主题加以充分发展。双簧管和中提琴绵绵奏出了第二个主题,这与第一个主题形成了极明显的对比。乐章结尾,钢琴以强音对旋律加以装饰,并逐渐加快速度,最后,全曲在钢琴与全乐队合奏的强奏中结束。①

拉赫玛尼诺夫的《第三钢琴协奏曲》

《第三钢琴协奏曲》即 d 小调第二钢琴协奏曲,作于 1908—1909 年,1910 年 11 月 28 日由拉赫玛尼诺夫自己主奏钢琴首演,呈献给钢琴家约瑟夫·霍夫曼。全曲共三个乐章。

第一乐章:不太快的快板,d 小调,自由的奏鸣曲式。尽管整个协奏曲钢琴演奏部分的难度令人生畏,但整曲的开端却异常平和。弦乐与低音管轻柔的前奏让人联想到门德尔松的《小提琴协奏曲》。在这天鹅绒般的前奏的铺垫下,钢琴以八度音程表现出俄罗斯民歌般质朴轻快的第一主题。随后,重心移到乐队,钢琴做装饰,纷繁复杂的音型若颗粒般闪烁。短暂平息后,单簧管和圆号出现,浑厚中展现出一种安然和高亢,在

---

① 百度百科.拉赫玛尼诺夫第二钢琴协奏曲[EB/OL].[2016-10-08].https://baike.baidu.com/item/%E6%8B%89%E8%5%AB%E7%8E%9B%E5%B0%BC%E8%AF%BA%E5%A4%AB%E7%AC%AC%E4%BA%8C%E9%92%A2%E7%90%B4%E5%8D%8F%E5%A5%8F%E6%9B%B2/5208875?fr=aladdin.

与钢琴旋律的交织之中形成第二主题的素材要素。而后,钢琴插入一段平静而有所起伏的抒情性乐段和富有流动性的安逸而和煦的组合,这种不做作的起伏后,第一主题再现,较第一次更深沉、暗涩。

发展部在第一主题各种调性中变化,钢琴发出铿锵的搏击声,和乐队达到最高亢的音高,有力而坚定,之后音色渐渐消沉,在短暂的宁静后,钢琴以极快的快板奏出华彩。作者本人写了两个华彩,其中,标记有"Ossia Cadenza"的华彩将第一主题以拉氏代表性的厚重和弦形式咆哮地奏出,难度相对较大,而另一版本的华彩则采用 Toccata 风格,轻快又富于跳跃性。1909 年此曲首演时,拉氏演奏的是 Toccata 版本的华彩。这两种华彩虽然风格和长度迥然,但最后都回归为夹杂悲观情绪的和声,消逝在孤寂的琶音之中。再现部极似华彩,如回忆般婉美,缓和进入第一主题,最后在钢琴和乐队变奏中结束。

第二乐章:间奏曲,柔板,A 大调,变奏曲式,三段体。间奏曲大量存在着与协奏曲第一主题的关联。第一段在弦乐空灵而哀愁的暗示下,双簧管表现出主题的材料即与第一主题婉转相仿,突然间,钢琴以三连音的狂想曲形式乐念加入,转为降 D 大调,钢琴演奏出浪漫、和煦的音乐,夹杂些许孤独和寂寞。进入更活泼的中段,钢琴左手展开半音阶的滑奏,右手为强有力的和弦,淋漓尽致中饱含热情与狂放,单簧管、低音管奏第一乐章第一主题衍生出的旋律,之后渐渐转为慢板,钢琴配合以半音阶性音型如歌却踟蹰不前的旋律。

随着乐章织体的不断扩大,关联性愈加凸显。钢琴以厚重和弦奏出稍快的主题,与乐队发展成雄壮的乐念,在仿佛稍做休整的短暂停顿后,钢琴进入华彩乐段,灵巧的装饰奏后趋于平静,乐队重现悲伤婉转的无声述说,在这种气氛中,钢琴带领乐队毫不间断地直接进入第三乐章。

第三乐章:终曲,d 小调,奏鸣曲式。整个乐章是全曲的顶峰。在乐队进行曲节奏中,钢琴有力而精确地奏出第一主题,灵活但精神抖擞,反复几次后速度更快,在乐队坚定的节奏里配以艰深繁杂的快速和弦,来回几次。高亢又顽强的音乐进程在表面的暂停后,由钢琴以极快的切分节奏向前推进,最终进入抒情的第二主题,在浪漫但高昂的层层徘徊中形成极快板的快速音群,之后缓和下来,紧接乐队引起的发展部,出现降 E 大调的谐谑曲风,直到乐队奏第一主题的变形,钢琴做高音装饰。

之后出现第一乐章精练后的旋律,情绪加深,钢琴单独发展,速度更快,乐队和钢琴交织的短暂的广板后,钢琴更抒情地还原第一乐章主题,接着活泼的快速音群,直到钢琴音色如跳舞的少女在迷惑细纱中消散,音乐又出现转机,变奏了乐章第一部分的所有变奏,只是更为热烈,音乐被再次抬高,在乐队和钢琴和弦忘情交织中骤然停止。

进入终结部,于乐队节奏性的衬托中,钢琴演奏铿锵的八度急板,乐曲达到高潮。全曲急促而强有力地结束。

文化驿站

电影《萨特阔》

苏联电影《萨特阔》由莫斯科电影制片厂于1952年出品。该片改编自俄国神话故事,由普图式柯执导,斯道里亚洛夫、拉里奥诺娃、特洛亚诺夫斯基、马里舍夫斯基、苏洛夫柴耶夫、列奥尼道夫等领衔主演。

主要剧情是:诺夫哥罗德的萨特阔是个贫穷的古斯里琴手。他在城里富商的宴会上弹琴助兴,却因直言不讳而被赶走。他来到伊尔门湖畔弹唱散心,感动了海王的女儿伊尔明。在伊尔明的帮助下,他通过打赌从富商手里赢来一大笔钱,但他并不感到满足。于是,他召集了一批好汉和他一起游历世界,寻找传说中的幸福鸟。他们先后去了北欧和印度,终于找到了幸福鸟,但幸福鸟并没有给他们带来幸福。当历尽艰险,终于回到故乡时,他们才知道幸福原来并不遥远,幸福就在祖国的土地上。①

阿·蒂·格列恰尼诺夫

人物生平

阿·蒂·格列恰尼诺夫(Александр Тихонович Гречанинов,1864—1956),俄国浪漫主义作曲家。他的作品是浪漫主义时期与20世纪的过渡期作品,体现了俄国浪漫主义和民族乐派的深厚传统,其交响曲、宗教性合唱作品以及室内乐等都十分动听。

格列恰尼诺夫于1864年10月25日出生于卡卢加州的一个商人家庭,出生后不久,随父母迁居莫斯科。他的父母都热爱音乐,经常在家给孩子们唱歌。格列恰尼诺夫从事音乐非常晚,他在自传中回忆道,在14岁时,第一次见到真正的钢琴,在这之前只知道吉他和管风琴。但受父

阿·蒂·格列恰尼诺夫

---

① 百度百科.萨特阔[EB/OL].[2016-10-16].https://baike.baidu.com/item/%E8%90%A8%E7%89%B9%E9%98%94/954938?fr=aladdin.

母影响,格列恰尼诺夫从小喜欢唱歌,中学时参加了教会的合唱班。

1881年,格列恰尼诺夫开始了他在莫斯科音乐学院9年的学习,师从尼古拉·卡什津、塔涅耶夫等人。这一时期,他开始对创作感兴趣。在塔涅耶夫的指导下,他创作出十几首歌,其中的两三首得以广泛流传,格列恰尼诺夫的名字也逐渐为大家熟知。相比原来流行的摇篮曲,他创作的摇篮曲融入了日常生活和家庭音乐,这令他获得了"摇篮曲"作曲家之称。

格列恰尼诺夫的第一部作品是弦乐四重奏《第五浪漫曲》,于1894年获圣彼得堡室内音乐奖。其早期作品深受里姆斯基-科萨科夫和柴可夫斯基的影响。保守派不喜欢他,但格列恰尼诺夫强硬地坚持着自己的看法,经常和保守派进行争论。

格列恰尼诺夫最具代表性的作品《多勃雷尼亚·尼基季奇》(1896—1902)耗时6年完成。这部歌剧在壮士歌题材和修辞的基础上,根植于传统文化的土壤。为了创作这部作品,格列恰尼诺夫积极收集民族志材料,并请教"强力集团"的成员,最终使歌剧得以完美呈现。1903年,这部作品在大剧院上演时,并没有引起大的反响。一般认为,它的辉煌迟到了30年。

格列恰尼诺夫对民族音乐感兴趣,他收集了大量的民族音乐,包括俄罗斯民族音乐、白俄罗斯民族音乐、鞑靼民族音乐、巴什基尔民族音乐等。他长期积极参加莫斯科大学的民族音乐委员会,并从1903年起成为委员会的副主席。他还自1910年起开始参加演唱会,主要是为歌手伴奏。

格列恰尼诺夫的创作生涯并非一帆风顺,例如,他的第二部歌剧《别特里萨姐妹》,在1912年首演成功不久,便因为违背《圣经》而被禁演。此后他的创作开始转向现代主义。

在20世纪莫斯科的音乐家中,格列恰尼诺夫的创作保持了一定的传统性,这是因为他的音乐与当时的音乐体裁相比更丰富和充满善意。他独有的毅力和坚持使他从不改变自己的音乐信仰,特别是当事情涉及他或他的创作时。

像大多数俄罗斯知识分子一样,格列恰尼诺夫对二月革命报以极大热情。1917年革命后的几年里,格列恰尼诺夫继续以指挥家和钢琴家的身份参加音乐会,甚至指导儿童合唱团,但国内战争使他的生活日益艰难。

1925年,60岁的格列恰尼诺夫和家人移民欧洲,在巴黎生活了十多年。1939年,他迁居美国,直至去世。

代表作品

交响曲:《第一交响曲》《第二交响曲》《第三交响曲》《第四交响曲》《第五交响曲》等。

歌剧:《多勃雷尼亚·尼基季奇》《别特里萨姐妹》《结婚》,儿童歌剧《枞树之子》等。

室内音乐:弦乐四重奏、钢琴三重奏、钢琴奏鸣曲、钢琴独奏曲等。

宗教作品集:《弥撒》《受难周》《彻夜祈祷》,两首宗教合唱曲《幸福的男人》《我的青春》,《节日弥撒曲》《普世弥撒曲》《圣灵弥撒曲》等。

文化驿站

莫斯科音乐学院

莫斯科音乐学院创建于1866年,是继圣彼得堡音乐学院之后俄罗斯成立的第二个音乐学院,是俄罗斯举世闻名的音乐教育重镇,由杰出的钢琴家、指挥家兼音乐推广者尼古拉·鲁宾斯坦创立。创建初期,柴可夫斯基在此任教。后为了纪念柴可夫斯基,莫斯科音乐学院更名为莫斯科国立柴可夫斯基音乐学院。

莫斯科国立柴可夫斯基音乐学院是目前全球最优秀的音乐学院之一,欧洲音乐学院联盟成员,以培养大师级音乐家为宗旨。学校为学生提供5年制专家学位教育,归国后认证为硕士文凭。获得专家学位后,学生可继续申请副博士学位。

很多杰出的音乐家在这里学习和工作过,如塔涅耶夫、拉赫玛尼诺夫、斯克里亚宾、斯维什尼科夫、尼科莱·格洛凡诺夫、涅高兹、戈登威泽尔、伊古姆诺夫、塞缪尔·费恩伯格、吉列尔斯、大卫·奥伊斯特拉赫、里赫特、列夫·奥博林、罗斯特罗波维奇、罗杰斯特文斯基、普列特涅夫、波格雷里奇等。

学院的学生们获得的是专业的教育,其音乐风格和流派有古典传统的,也有流行的。综合的人文知识教育有助于学生们开展音乐活动,学院还举办各种专业的创作比赛。①

阿·尼·斯克里亚宾

人物生平

阿·尼·斯克里亚宾(Александр Николаевич Скрябин,1871—1915),俄罗斯作

---

① 百度百科.莫斯科柴可夫斯基音乐学院[EB/OL].[2016-10-19].https://baike.baidu.com/item/%E8%8E%AB%E6%96%AF%E7%A7%91%E9%9F%B3%E4%B9%90%E5%AD%A6%E9%99%A2/2564023?fromtitle=%E8%8E%AB%E6%96%AF%E7%A7%91%E9%9F%B3%E4%B9%90%E5%AD%A6%E9%99%A2&fromid=8477216&fr=aladdin.

阿·尼·斯克里亚宾

曲家、钢琴家,是交响乐和钢琴音乐的大师。

斯克里亚宾生于莫斯科的一个贵族家庭。他的母亲是钢琴家,因肺疾早逝,父亲常年在外服役,斯克里亚宾从小由奶奶和姑妈抚养。少年时代,斯克里亚宾在兹伐尔钢琴学校学习,在那里遇见了日后与他比肩的另一位俄国音乐巨匠拉赫玛尼诺夫。

1888—1892年,斯克里亚宾在莫斯科音乐学院学习,师从塔涅耶夫和阿连斯基学习作曲,师从萨福诺夫学钢琴。1895—1896年,他在欧洲举行巡回音乐会,游历了柏林、巴黎、布鲁塞尔、阿姆斯特丹等地。1898—1903年,在莫斯科音乐学院教钢琴,同时从事创作。他于1903年前往瑞士,1908年移居布鲁塞尔,1910年返回莫斯科,此后仍常出国演出。1915年4月27日,他因败血症逝于莫斯科,年仅43岁。

斯克里亚宾自幼敏感、好沉思冥想,易冲动。其早期创作深受肖邦影响,富于浪漫色彩和幻想性,也不乏戏剧性的激情,他尤其擅长写抒情性的钢琴小品。早期作品均系钢琴曲,除1部钢琴协奏曲(1894)外,还有10首马祖卡(1888—1889)、12首练习曲(1894)、24首前奏曲(1888—1896)、2首即兴曲(1894)等。

1900年起,斯克里亚宾主要创作交响音乐,作品有3部交响曲:《第一交响曲》(1890—1891),终乐章有歌颂艺术的合唱,自作歌词;《第二交响曲》(1901—1902)采用贯穿性主题,气势趋于宏伟;《第三交响曲》(又称《神圣之诗》,1903),由"斗争""喜悦""圣游"三个乐章组成,体现人同敌对力量斗争的艰辛与欢乐,气势磅礴。1903年起,在俄罗斯托雷平反动势力占统治地位的社会思潮影响下,他日益潜心探讨唯心主义哲学,同时逐步形成独特的和声体系。和弦结构常由三度改为四度叠置,以此构成的某一和弦作为其和声基础,如基于五个四度(C、E、A、D)的"神秘和弦"。

1908—1910年,斯克里亚宾住在布鲁塞尔时,与神智学家交往,更倾向于神秘主义、唯我主义。晚年,他抱着艺术能"通神"的思想,醉心于表现神秘主义的哲学命题,认为艺术与宗教存在本质的联系,力图创作一种"神秘剧"(只完成了部分草稿)。晚期作品亦试图使音乐综合其他艺术,如管弦乐《狂喜之诗》(1905—1908)、交响诗《普罗米修斯》(又名《火之诗》,1908—1911),后者应用管风琴、合唱、乐队及一种由英国人里明顿于1895年发明的"色彩风琴",即演奏时能同时在银幕上呈现各种与音乐相联系的色彩,求得音与色的通感。他的10首钢琴奏鸣曲中,自第六首(1911—1912)起放弃任何调号,调性模糊,属晚期代表作。斯克里亚宾对1905年革命前俄国社会的深刻感受均在其创作中有所反映,体现了不安的思绪以及个人美好的幻想,而他晚期的作品更多体现出恍惚的精神状态和神秘的思想幻境。

斯克里亚宾的作品对20世纪的欧洲音乐产生过重大影响,成为俄罗斯典范音乐作品的一部分。[①]

代表作品

三部交响曲、管弦乐曲《狂喜之诗》等。

作品赏析

《普罗米修斯》(《火之诗》)

这是斯克里亚宾创作的最后一首,也是他最伟大的一首管弦乐作品,又称《第五交响曲》,完成于1911年。普罗米修斯是希腊神话中的英雄,因从天上偷火种给人类而被宙斯锁在高加索山岩上,并被恶鹰啄食肝脏。在创作中,作者用钢琴声部表现人类,用乐队表现宇宙,表现人类在混沌初开时陷于黑暗。火是光、生活、斗争、发展、丰富和思想。由于没有火,人类没有意志,也没有自我。普罗米修斯给人类送来了神的火种,也给人类带来了自我意识和创造性的意志。但是,火既是福,又是祸。音乐家努力在"火之诗"中表现福与祸两种力量的冲突。

全曲充满神秘气氛,是由乐曲开始时碎弓在琴的指板上奏出的一个典型的斯克里亚宾式和弦造成的,即一组连续上升四度音程组成的和弦,整首作品变化着许多和声色彩,都是作者运用各种方法变化这个和弦而产生的,其中包括各种和弦和主题音乐。因此,正如音乐家本人所述的那样,这部作品的旋律和和声是一致的,创作手法是精练而严谨的。他还曾把这部作品构思成管弦乐与色彩光一起表演的作品。在总谱上有一个带键盘的色彩光机装置。他制作了色彩表,表示平均律的半音阶十二个音中每个音的颜色。他打算在演奏过程中,把色彩打到银幕上,但演出效果不好,色彩光分散了听众对音乐的注意力。因此,后来的演出一般不加色彩光,只在最后部分加入简短的合唱。[②]

[①] 度百科.斯克里亚宾,A.N.[EB/OL].[2016-10-21].https://baike.baidu.com/item/%E6%96%AF%E5%85%8B%E9%87%8C%E4%BA%9A%E5%AE%BE%EF%BC%8CA.N./55482535?fr=aladdin.
[②] 亚诺德拉塞尔.【交响诗】普罗米修斯 BY 斯克里亚宾[EB/OL].(2014-08-14)[2014-08-26].https://tieba.baidu.com/p/3230398043.

文化驿站

神秘主义

"神秘主义"一词从拉丁文"occultism"（意为"隐藏或隐蔽"）派生而来，其基本含义是能使人获得更高的精神或心灵之力的各种教义和宗教仪式。神秘主义包括诸多经卷和主观验证方法，例如玄想、唯灵论、"魔杖"探寻、数灵论、瑜伽、自然魔术、自由手工匠、共济会纲领、巫术、星占学和炼金术等。这许许多多的神秘主义对西方文明持续产生影响。神秘主义的基本信条是世上存在着秘密的或隐藏的自然力，能够理解并操纵神秘的自然力的人，必须接受神秘知识的教育。神秘主义富有浓重的唯心主义色彩。[①]

谢·谢·普罗科菲耶夫

人物生平

谢·谢·普罗科菲耶夫

谢·谢·普罗科菲耶夫（Сергей Сергеевич Прокофьев，1891—1953），苏联作曲家、钢琴家。他出生于乌克兰顿涅茨克州，父亲是一个庄园管家，母亲会弹钢琴，他早年就显示出音乐才华，三岁即随母亲学习钢琴，5岁时写出第一首钢琴小曲，6岁时创作了一首进行曲、一首圆舞曲和一首回旋曲，9岁时，他编写了歌剧《巨人》。

1902—1903年，普罗科菲耶夫在作曲家格里埃尔身边接受家庭授课，1904年初，老师介绍他认识了格拉祖诺夫，后者立刻促成了普罗科菲耶夫在圣彼得堡音乐学院的学习。他在那里的老师是里姆斯基-科萨科夫和里亚多夫。他学习了作曲、对位法、配器、钢琴和指挥，7年后以优异成绩毕业，在毕业演奏会上独奏自己创作的《降D大调第一钢琴协奏曲》，并获安东·鲁宾斯坦奖。

1914年，他写的《斯基夫组曲》以不协和音响使23岁的作曲家引人瞩目。1918年

---

① 百度百科.神秘主义[EB/OL].[2016-05-04].https://baike.baidu.com/item/%E7%A5%9E%E7%A7%98%E4%B8%BB%E4%B9%89/3350408? fr=aladdin.

之前,他一直在俄国,不定期旅游,还进行过不少演出。

1918—1932 年,普罗科菲耶夫侨居国外,先住在美国,尔后去了欧洲,大部分时间住在法国。他在日本、美国、法国、英国、德国、比利时、意大利和西班牙等国演奏自己的作品,成为蜚声国内外的著名作曲家。侨居国外期间,他曾回国进行过三次演出,并与旧友保持着原有的交往。1926 年,在列宁格勒上演了他在俄国构思、在国外创作的舞剧《对三个橙子的爱》(1919)。在这次演出的一年之前,他还创作了舞剧《钢的步伐》,内容是歌颂苏联社会主义建设的成就。

1933 年,普罗科菲耶夫回到苏联。面对全新的社会环境和音乐会听众,他开始选取一些新主题,以表现爱国主义思想、反映俄罗斯命运的重大历史事件及重要哲学问题的文学名著为题材进行创作,都取得了令人瞩目的成就。例如,他创作了大合唱《亚历山大·涅夫斯基》(1939),歌剧《战争与和平》(1941—1952),舞剧《罗密欧与朱丽叶》(1936),为影片《伊凡雷帝》配乐(1945),根据卡达耶夫的小说《我是劳动人民的儿子》创作了歌剧《谢苗·科特科》,以波列伏依的小说《真正》为题材创作了歌剧《真正的人》(1948)等。普罗科菲耶夫还创作出许多儿童作品,如交响童话《彼得与狼》(1936),为诗人马尔夏克的诗写的组曲《冬日的篝火》(1949)等。在这段时间里,普罗科菲耶夫还创作了他最著名的交响乐曲,包括《第五交响曲》(1944)、《第七交响曲》(1952)和《大提琴交响协奏曲》(1952)等。

1943 年,苏联政府为表彰普罗科菲耶夫在音乐创作方面的贡献,授予他劳动红旗勋章;1947 年,又授予他俄罗斯苏维埃联邦社会主义共和国人民艺术家的称号。他还多次获斯大林奖金。普罗科菲耶夫在国际上引起很大反响,被选为意大利"桑塔·西西里业"研究院、瑞典音乐研究院、伦敦爱乐协会和布拉格"作家讲演会"等组织的名誉成员。世界各国艺术界进步人士一致认为他是 20 世纪最著名的作曲家之一。

普罗科菲耶夫晚年身患重病,仍专心致志地创作歌剧《战争与和平》。这部歌剧既表现出他塑造典型民族肖像的大师才能,又表现出他把群众场面自由组合在一起的纪念碑式的创作禀赋,还显露出他塑造诗意的女性形象的非凡抒情才能。

普罗科菲耶夫去在世前的几个月,还在改写《战争与和平》的第二稿和修改歌剧《宝石花》。他渴望看到这两部作品上演。遗憾的是,他的愿望未能实现。作曲家在写完《宝石花》的最后一场音乐后,于 1953 年 3 月 5 日与世长辞。他还留下了一些未完成的乐曲。[①]

[①] 谢尔盖·普罗科菲耶夫的人物简介[EB/OL].(2016-05-18)[2016-05-26]. https://zhidao.baidu.com/question/1897433429931141140.html.

代表作品

管弦乐曲:交响曲七首,交响童话《彼得与狼》,钢琴协奏曲六首,小提琴协奏曲两首,《大提琴协奏曲》,室内管弦乐序曲《美国人》,小乐队曲《秋天的素描》,军乐队进行曲。

室内乐曲:弦乐四重奏曲,单簧管、弦乐四重奏和钢琴序曲《希伯来主题》,《第一小提琴奏鸣曲》,钢琴奏鸣曲十一首等。

钢琴曲:《老祖母的故事》等。

芭蕾舞剧:《丑角的故事》《钢的步伐》《浪子》《罗密欧与朱丽叶》《灰姑娘》《宝石花》。

歌剧:《赌徒》《对三个橙子的爱》《火天使》《战争与和平》等。

作品赏析

舞剧《罗密欧与朱丽叶》组曲

《罗密欧与朱叶丽》这部莎士比亚的名著一向吸引着世界各国的音乐家。许多人都曾以它为题材进行创作,如柏辽兹的带合唱的交响曲、柴可夫斯基的幻想序曲,以及包括古诺的著名作品在内的14部歌剧等。在舞剧创作方面,虽然从19世纪起就有人不断尝试,却从未获得成功。普罗科菲耶夫在创作这部舞剧时也遇到了不少困难,但他最终找到了独特的创作形式,用主导动机、场面的尖锐对置及人物音乐形象塑造等手法,创造出莎士比亚戏剧在世界音乐舞台上最完美的展现之一。舞剧保持了莎士比亚悲剧的基本人物和情节。它的音乐继承并发展了柴可夫斯基舞剧音乐的交响性原则,以特有的深层抒情性和戏剧性著称。美妙动人而丰富多彩的旋律与和声,变化多样的节奏及雄伟壮阔、精致华丽的配器,把舞剧音乐提高到一个崭新的创作时代。1940年,这部舞剧首次在列宁格勒的基洛夫舞剧院上演,由苏联最著名的舞蹈家乌兰诺娃扮演朱丽叶。这成为苏联音乐生活中的一件大事。

1936年,在舞剧创作完成后,普罗科菲耶夫立即从舞剧音乐中选出最有价值和形象最鲜明的乐曲,编成两套管弦乐组曲。其中,最为人们熟悉和喜爱的是《蒙太古与凯普莱特》。它是第二组曲中的第一个乐曲。与第一组曲相比,第二组曲更偏重写人,重点在于描绘《罗密欧与朱丽叶》中的几个主人公:蒙太古、凯普莱特、罗密欧、朱丽叶等。乐曲的标题一目了然地点明了维洛那街头有世仇的两大家族的对立和他们之间尖锐的矛盾。乐曲的背景沉重而威严,预示着某种悲剧的发生。实际上,这两大家族的世仇正是罗密欧与朱丽叶爱情悲剧的根源。这段音乐在舞剧中原本是凯普莱特家舞会的骑士之舞的舞曲,普罗科菲耶夫给它加上了"蒙太古与凯普莱特"的标题,是为了突出中世纪那种令人窒息的沉重悲剧气氛。音乐由圆号和打击乐引出,从一段沉重而威严的慢板开始,很快转入骑士之舞的音乐。第二年,他又把十段乐曲编为钢琴组曲。

文化驿站

斯大林奖金

斯大林奖金是根据1939年12月苏联人民委员会的决议设立的一项奖金,旨在鼓励科学技术发明和文学艺术创作,从1941年起开始颁发,一年一次。有关单位和各方面的著名人士组成委员会,对已提名的候选人进行评选,在十月革命节时颁发。

其中一等奖奖金为10万卢布,二等奖奖金为5万卢布,三等奖奖金为2.5万卢布(旧币)。托尔斯泰的历史小说《彼得大帝》、肖洛霍夫的长篇小说《静静的顿河》等10人的11部作品获得首次颁发的斯大林奖金。1950年,中国与苏联合拍的大型彩色纪录片《解放了的中国》曾获该奖金。

1953年,斯大林逝世,这项奖金随之停发。1966年4月,斯大林奖金更名为苏联国家奖金。

1952年3月17日,4位中国作家荣获1951年科学和文学艺术斯大林奖金。丁玲的获奖作品是长篇小说《太阳照在桑干河上》;周立波的获奖作品是长篇小说《暴风骤雨》;贺敬之和丁毅的获奖作品是歌剧《白毛女》。

伊·菲·斯特拉文斯基

人物生平

伊·菲·斯特拉文斯基(Игорь Фёдорович Стравинский,1882—1971)是20世纪世界现代音乐领域最重要的音乐家之一,西方现代派音乐的重要人物。他对传统作曲技法的改革和对音乐艺术的全新观点对同时代及其后的音乐家产生了巨大影响。

斯特拉文斯基于1882年6月17日生于俄罗斯圣彼得堡附近的奥拉宁堡,他的家庭酷爱音乐,父亲是著名的歌剧演员。但在他年幼时,父母并不想让他学习音乐,他本人对音乐的兴趣产生得也比较迟。中学毕业后,他没有报考音乐学院,而进入圣彼得堡大学攻读法律。在大学期间,他师从里姆斯基-科萨科夫学习作曲。

伊·菲·斯特拉文斯基

1909年，斯特拉文斯基认识了俄罗斯芭蕾舞团创始人佳吉列夫，先后为该团创作了多部舞剧的音乐，包括《火鸟》(1910)、《彼得鲁什卡》(1911)和《春之祭》(1913)。这三部舞剧成为斯特拉文斯基最广为人知的作品。《火鸟》是关于凶恶的老瘦鬼卡谢伊和他的黑暗王国毁灭的童话故事。《春之祭》的主题是古代多神教的仪典，是为庆祝春天生命的复生和纪念大地母亲而进行的祭祀。《彼得鲁什卡》表现的是作曲家的一些童年印象，这部舞剧尤其流行。20世纪初期，圣彼得堡在谢肉节还举行民间游园活动，人们乘雪橇出来游玩，观看临时搭起的舞台上的各种引人发笑的表演。《彼得鲁什卡》的主人公就是当时表演的木偶戏中的传统人物：彼得鲁什卡、黑人和女舞蹈演员。但作曲家赋予了这些主人公活生生的人物形象，使舞剧充满现实生活气息，他也把谢肉节游园的欢快气氛描绘得十分逼真，观众似乎听得到狂欢中的大街上嘈杂的声音。为突出舞剧音乐的民族特点，作曲家还采取了一些当时流行的俄罗斯民歌主题，如《沿着彼得大街》《哎，穿堂，我的穿堂》等。

1910年至1914年间，斯特拉文斯基全家多次前往瑞士，他一边在那里疗养，一边为演出事宜出入巴黎，后来长住瑞士。即使在瑞士这个永久中立国，战争也给斯特拉文斯基带来了伤害，他的音乐出版商多数都属于敌对国家，俄国的庄园也不再能够为他带来收益，他的生活变得相当拮据。迫于生计，他组建了"袖珍剧院"公司，在瑞士的乡村巡回演出。《士兵的故事》也由此诞生，在瑞士洛桑首演并获得巨大成功。其呈现的新古典主义风格和在代替序曲的第一段进行曲《士兵进行曲》中发明的、避免重音突出的"双重节奏"，都成为日后这位作曲家延续多年的创作特征。

20世纪20年代，经过一系列探索，斯特拉文斯基创立了新古典主义，喊出了"回到巴赫"的口号。之后，他较少创作芭蕾舞剧音乐，而将创作重心移到歌剧及室内乐上，并与其他艺术门类的艺术家密切交往。其中，对他影响最大的是艺术大师毕加索。斯特拉文斯基在进行新古典主义创作的同时，也对爵士乐产生了兴趣。

1938年，斯特拉文斯基的女儿、妻子和母亲相继去世，再加上希特勒侵占波兰和二战的爆发，他被迫前往美国谋生。加入美国国籍之后，他乐曲中爵士乐的风格越发浓郁，他又重新开始创作大型作品。在完成了歌剧《浪子的历程》之后，斯特拉文斯基开始对序列主义产生兴趣。

20世纪50年代初，斯特拉文斯基开始运用十二音体系创作。1956年，他开始运用整体序列主义,将勋伯格及其弟子韦伯恩的作曲技法加以改造,形成了他个人的风格。

20世纪60年代之后,斯特拉文斯基的作品逐渐减少。1962年,他重新回到祖国,随后出版了大量的访谈录、回忆录。1970年,由于健康原因,他回到纽约,1971年4月6日于美国去世,死后葬于威尼斯。

斯特拉文斯基一生创作的作品数量众多,除早期作品以外,中期作品有舞剧《普尔西奈拉》(1920)以及许多管乐交响曲和钢琴协奏曲等,晚期的代表作为舞剧《仙女之吻》(1928)、《阿贡》(1957),歌剧《浪子的历程》(1951),小提琴协奏曲和三个乐章的交响曲等。他的创作风格多种多样,早期作品带有俄罗斯民族主义和原始主义色彩,对古代生活习俗、宗教仪式和艺术有浓厚兴趣,后又接触印象主义音乐。以《火鸟》等三部芭蕾舞剧音乐为代表,逐步形成被称为"原始主义"的极有个性的音乐风格。中期作品属于新古典主义的范畴,他对巴洛克音乐以来的各种体裁曲式进行创作实验,不断改变作品样式,音乐变得质朴。晚期的一些作品又属于"表现主义"的十二音体系音乐。[①]

代表作品

管弦乐曲:《第一交响曲》、《第二交响曲》、《第三交响曲》(《管乐交响曲》)、《三乐章交响曲》、《幻想谐谑曲》,幻想曲《焰火》,交响诗《夜莺之歌》,室内乐队《协奏舞曲》,单簧管协奏曲《乌木协奏曲》等。

钢琴曲:奏鸣曲,《马戏团波尔卡》,小夜曲,探戈舞曲等。

芭蕾舞剧:《火鸟》《彼得鲁什卡》《春之祭》《婚礼》《普尔西奈拉》《众神之领袖阿波罗》《仙女之吻》《牌戏》《奥尔菲斯》《阿贡》等。

戏剧配乐:《列那狐》《士兵的故事》《帕塞芬尼》《洪水》等。

歌剧:《夜莺》《玛弗拉》《俄狄浦斯王》《浪子的历程》等。

合唱曲:康塔塔《群星之王》,俄罗斯农民歌曲四首,《诗篇交响曲》《圣歌》等。

---

① 百度百科.伊戈尔·菲德洛维奇·斯特拉文斯基[EB/OL].[2016-08-20].https://baike.baidu.com/item/%E4%BC%8A%E6%88%88%E5%B0%94%C2%B7%E8%8F%B2%E5%BE%B7%E6%B4%9B%E7%BB%B4%E5%A5%87%C2%B7%E6%96%AF%E7%89%B9%E6%8B%89%E6%96%87%E6%96%AF%E5%9F%BA/6097324?fr=aladdin.

作品赏析

舞剧《春之祭》组曲

斯特拉文斯基在这部舞剧中要表现的是俄罗斯的生活和人们的观念,通过远古迎接春天、以少女献祭的异教仪式反映古代俄罗斯人对土地的崇拜。作曲家以一种极富想象力的、原始的、复杂多变的节奏和令人眩晕的管弦乐音响、强烈的不和谐和弦、粗犷的旋律以及多调性等手法,形象地表现了传说中古罗斯原始时代的民族风俗。前所未有的表现手法和题材使人产生粗犷狂暴之感,无疑给听惯了传统音乐的听众造成强烈的刺激,有人甚至把它称为"恶魔的春之祭"。这部舞剧1913年在巴黎首演时,听众简直被激怒了,它丝毫没有被听众理解。但无论舞剧最初上演时遭到何种非议,它如今仍然在世界各地不断上演,受到越来越多欣赏者的喜爱。

现在经常在音乐会上演奏的是《春之祭》组曲,组曲由白昼和黑夜两部分构成。前一部分有八段,后一部分有六段。

第一部分:大地的崇拜

引子——舞剧以独奏大管在高音区吹出的一支阴郁的立陶宛民间曲调开场,神秘的音响把人们带到了史前时期的一座孤寂的山谷中。在这里,春天即将来临,大地渐渐苏醒,一群男女在静静地沉思。

大地回春;少女舞曲——这一段以模仿沉重踏步的节奏作为开始,少女们和着这种粗野的节奏跳舞。这是"春天到来"的欢乐宣告。

诱拐之舞——这是整部舞剧中最粗野、最恐怖的一段,舞蹈激烈而粗犷。整个乐队变得越来越喧闹,不时还传来雷鸣般的爆裂声。

春之轮舞——单簧管奏起了似乎无始无终的抒情旋律,像一支牧歌,充满质朴的思慕之情,同时表达出强烈的愿望。

对垒游戏——一场描写部落间战斗的舞蹈。在舞剧中,这是一段两人一组的体操般的舞蹈,而乐队则用一支受到"古怪而有力"的节奏交替支撑和推进的旋律,来为它伴奏。

长者的行列——四支法国号以不同的调性,庄严而有力地宣告长者的到来。这时,打击乐器用各种节奏来作伴奏,其中还有弦乐器的颤音,呈现了远古的献祭仪式上香烟缭绕的情景。

大地的崇拜——这一段仅四小节,以一个轻微而神秘的不协和和弦构成,是上一段突然刹住后的一个尾音,它与先前的轰然巨响形成鲜明对比。

大地之舞——这是一段气氛热烈、力度与配器变化多端的音乐。乐曲最后上升到极度狂乱的音响时,全曲的第一部分在乐队沉重的切分和弦音响中,以最强音结束。

第二部分:献祭

引子——斯特拉文斯基曾为这个引子取名为"异教徒之夜"。这段音乐描写出献祭前夜的沉思,长者和少女们围坐在篝火旁,他们沉思不语,因为要挑选一位少女作为牺牲者。牺牲者将不停地跳舞,直至死去,这就是对大自然的献祭。

少女神秘的环旋舞——为表现精细效果而细分成十三个声部的弦乐器组,奏起了一支阴沉的、忏悔似的旋律。这是青年们在舞蹈。

对被选少女的颂赞——这段表现被选中的少女与其他少女和男青年的两段舞蹈。音乐节奏复杂,节拍多变。

祖先的召唤——在低音单簧管和低音弦乐器低沉的长音背景下,木管乐器和铜管乐器的一连串蛮横和弦令人心焦地反复奏响。它们不时被定音鼓和低音鼓打断,鼓声仿佛在催促被选中的少女跳"献祭舞"。

祖先的仪式——英国管奏出一支粗野的歌,仿佛一个原始的咒语,全场为之震惊,并在这激发原始人举行神秘祭仪的咒语声中感到战栗。

被选少女的献祭舞——这最后一段音乐是整个献祭仪式的最高潮。被选中的少女经过前几段音乐的催促,在彷徨以及因惧怕而神思恍惚之后,终于跳起了献祭舞。少女在越来越粗野的音乐声中,精疲力竭地倒下——她终于将生命献给了大地和春天。[①]

文化驿站

序列主义

序列音乐是20世纪出现的一种音乐创作手法,进而发展为一种现代音乐类型和流派。其特征是将音乐的一些参数(一个或几个高音、力度、时值)按照一定的数学排列组合,称为一种序列,然后,这些编排序列或序列的变化形式在全曲中重复。

序列的概念最早用于音高方面,20世纪20年代出现的十二音音乐的创始人勋伯格在十二音音乐中将音高排列成一定的序列。1936年,他的弟子韦伯恩所作《变奏曲》(作品第27号)的第二乐章,将序列手法进一步发挥,其音高在各音区的分布及音的发声与休止也按预先确定的序列进行。

---

① 百度百科.斯特拉文斯基《春之祭》赏析[EB/OL].(2013-05-02)[2017-08-12].https://www.docin.com/p-644822615.html.

二战之后,序列主义作品不断涌现,同时出现了梅西安、布莱兹、施托克豪森等一批采用序列手法作曲的作曲家,他们将起奏法、速度、节奏、音色、力度、密度等因素都排列成序,从而形成了所谓整体序列主义。斯特拉文斯基、布里顿等人也尝试过序列主义音乐的创作。

序列主义摒弃了传统音乐的种种结构因素(主题、乐句、乐段以及它们的逻辑发展等)和创作规律,使音乐创作成了数学演算的过程,最终形成的乐曲有很多偶然的成分。序列主义在电子音乐中得到应用,各种音乐要素被编成序列输入电脑,并通过电子合成器表现出来。①

伊·奥·杜纳耶夫斯基

人物生平

伊·奥·杜纳耶夫斯基

伊·奥·杜纳耶夫斯基(Исаак Осипович Дунаевский,1900—1955),苏联著名音乐家,俄罗斯联邦共和国人民演员,曾两次荣膺斯大林奖,还获得过劳动红旗勋章、荣誉奖章和红星奖章。

杜纳耶夫斯基于1900年1月18日出生在乌克兰的洛赫维察市(现波尔塔瓦州)。祖父是唱诗班的歌手,父亲是银行职员、果汁厂老板,母亲歌唱得很好,还会几种乐器。家里经常举行即兴创作晚会,他总是聚精会神地听大人们的演奏。他6岁学弹钢琴,8岁学拉小提琴。每逢星期日,他都去市立公园里听乐队演奏,回家后便把自己听过并记住的曲子用钢琴弹奏出来,亲戚朋友们因而都叫他"洛赫维察的莫扎特"。杜纳耶夫斯基在家排行老三,两个弟弟也名气不小,分别是季诺韦伊,乌克兰功勋艺术活动家、顿巴斯歌舞团艺术指导,和谢苗,俄罗斯人民演员,铁路儿童歌舞团的艺术指导。杜纳耶夫斯基一家可谓"音乐之家"。

1910年,杜纳耶夫斯基举家迁往哈尔科夫。他在读中学的同时,还在音乐学校学

---

① 百度百科.序列主义[EB/OL].[2017-09-08].https://baike.baidu.com/item/%E5%BA%8F%E5%88%97%E4%B8%BB%E4%B9%89/9403509.

小提琴和作曲，师从伊·阿赫隆教授和音乐家谢·博加特廖夫。他1918年中学毕业，毕业作品获得金质奖章，1919年毕业于哈尔科夫音乐学院。起初，他在乐队里担任首席小提琴手。1920年，他曾在哈尔科夫俄国剧院担任作曲和指挥，在部队教音乐课，在省人民教育厅音乐部工作。

1924年杜纳耶夫斯基前往莫斯科，开始了他的音乐创作生涯，先后供职于埃尔米塔什剧院和讽刺剧院，任埃尔米塔什剧院的音乐指导，为歌舞剧、芭蕾舞剧和戏剧作曲。1929年，他被聘为列宁格勒音乐厅的作曲家和总指挥，并与列·乌乔索夫的爵士剧院合作，写了许多音乐作品。之后，他担任过列宁格勒少年宫艺术团艺术指导和列宁格勒作曲家协会主席。20世纪30年代初，杜纳耶夫斯基开始转向电影音乐创作，为白俄罗斯电影制片厂拍摄的电影《第一排》配乐。苏联群众歌曲走上银幕并进入辉煌的新时期，与他的努力分不开。

卫国战争年代，杜纳耶夫斯基担任中央铁路工人文化宫歌舞团领导职务，率领艺术团全国巡回演出。他们的演出极大地鼓舞了军民的斗志，增强了他们战胜德国法西斯的信心和勇气。

战争期间，杜纳耶夫斯基根据自己的所见所闻，饱含深情地谱写了许多受到前方将士喜爱的勇猛威严的歌曲，如广为流行的进行曲《我的莫斯科》，讴歌了莫斯科保卫战中，苏军某师一个班的全体战士顽强阻击德军五十辆坦克而英勇牺牲的壮举。后来，这首歌成了莫斯科市的市歌。

战后，杜纳耶夫斯基积极投身和平事业。1947年8月，他创作的颂扬和平的轻歌剧《自由的风》在莫斯科演出，获得巨大成功。热爱和平的主题在他配乐的文献纪录片《我们争取和平》（1951）中也得到了充分体现，其插曲《飞吧，鸽子》名扬世界，成了莫斯科第六届世界青年联欢节的象征。

杜纳耶夫斯基是苏联轻歌剧的创始人之一。20世纪30年代到50年代，他创作了不少轻歌剧，著名的有《金色的山谷》（1937）、《自由的风》（1947）和《洋槐》（1955）。

杜纳耶夫斯基也是苏联音乐喜剧片的创始人之一。1934年，他和电影导演格·亚历山德罗夫合作的第一部电影《快乐的人们》受到了广大电影观众的热烈欢迎。

杜纳耶夫斯基最主要的成就在于歌曲创作。他是苏联群众歌曲创始人，是标志苏联群众歌曲进入一个重要阶段的代表人物。他创作的歌曲基本上围绕着"热爱祖国，保卫祖国"这一主题，歌曲充满乐观主义精神，深受广大人民群众的喜爱。

杜纳耶夫斯基为苏联电影艺术，特别是苏联音乐片的发展作出了重要的贡献。他为《大马戏团》《光明之路》《格兰特船长的儿女》《寻找幸福的人》《守门员》等影片配乐，成就卓著。杜纳耶夫斯基具有非凡的音乐才能，继承了柴可夫斯基、格林卡、拉赫玛尼诺夫等人的俄国音乐爱国主义传统。他创作了许多苏联人民喜闻乐见的电影歌曲,例如《祖国进行曲》《我的爱情》《红莓花儿开》《快乐的风》《华尔兹之夜》等。

1955年,杜纳耶夫斯基向人民奉献了自己的最后一部作品——轻歌剧《洋槐》。这是作曲家由心灵深处发出的一支"天鹅之歌",但是这支歌没能唱完,7月25日,杜纳耶夫斯基突发心脏病猝死(另一种说法是他因大儿子叶甫根尼的缘故自杀)。可以告慰杜纳耶夫斯基英灵的是,作曲家基尔·莫尔恰诺夫根据他留下的草稿,用很短的时间完成了他的遗作。1955年11月15日,轻歌剧《洋槐》在莫斯科首演,轰动全国,被公认为苏联抒情轻歌剧的代表作。[1]

代表作品

电影插曲:《快乐的人们进行曲》(电影《快乐的人们》插曲),《祖国进行曲》(电影《大马戏团》插曲),《快乐的风》(电影《格兰特船长的儿女》插曲),《哎,多么好》(电影《贝多芬音乐会》插曲),《青年之歌》(电影《伏尔加-伏尔加》插曲),《劳动先锋进行曲》(电影《光明之路》插曲),《丰收之歌》(电影《库班的哥萨克》插曲),等。

抒情歌曲:《月光圆舞曲》《摇篮曲》《雁群歌》《和平鸽》《红莓花儿开》《船长的小歌》等。

作品赏析

《祖国进行曲》和《红莓花儿开》

杜纳耶夫斯基有两首获大奖的歌曲:《祖国进行曲》(影片《大马戏团》的片尾曲)和《红莓花儿开》(影片《库班哥萨克》的插曲)。

> 我们祖国多么辽阔广大,
> 它有无数田野和森林,
> 我们没有见过别的国家,
> 可以这样自由呼吸。
> ……
>
> ——《祖国进行曲》

---

[1] 百度百科.杜那耶夫斯基[EB/OL].[2017-09-09].https://baike.baidu.com/item/%E6%9D%9C%E7%BA%B3%E8%80%B6%E5%A4%AB%E6%96%AF%E5%9F%BA/9238326.

电影《大马戏团》(1936)首映的当天晚上,苏联中央广播电台就播放了《祖国进行曲》这首歌。很快,这首歌在苏联各地传唱开来,家喻户晓,特别是在后来的卫国战争中,成为激励战士奋勇杀敌、捍卫祖国的强大的精神武器。《祖国进行曲》歌颂了苏联社会主义制度下的幸福生活,表达了人民对祖国的自豪感。歌曲以宽广的旋律、铿锵的音调和豪放的风格淋漓尽致地抒发了人民对祖国的热爱。这首歌几乎成了苏联的"第二国歌",它的开始曲被用作苏联中央广播电台的呼号。1941年,杜纳耶夫斯基因电影《大马戏团》的配乐荣获斯大林一等奖。[①]

> 啊,田野小河边红莓花儿开,
> 有一位少年真使我心爱,
> 可是我不能对他表白,
> 满怀的心腹话儿没法讲出来!
> ……
>
> ——《红莓花儿开》

电影《库班哥萨克》是苏联1949年拍摄的一部音乐喜剧片,反映了集体农庄里哥萨克人的幸福生活。该片于1951年荣获斯大林二等奖,后又在捷克斯洛伐克的卡罗维发利国际电影节获得音乐奖。影片的几首插曲中,描写青年男女爱情的《红莓花儿开》和《从前你这样》在听众当中反响最大,流行最快,《从前你这样》在两个星期内就唱遍了整个苏联。该片1951年下半年开始在中国上映。这两首歌从20世纪50年代起一直在中国流传,影响最深远的是《红莓花儿开》。

德·德·肖斯塔科维奇

人物生平

德·德·肖斯塔科维奇(Дмитрий Дмитриевич Шостакович,1906—1975)是苏联最著名的作曲家之一,他与斯特拉文斯基、普罗科菲耶夫并列为20世纪俄罗斯音乐的三位大师。他还是一位杰出的钢琴家和音乐教育家。音乐评论界称肖斯塔科维奇为"伟大的音乐巨人"、一座"不朽的艺术丰碑"。

---

① 百度百科.《大马戏团》[EB/OL].[2017-07-09].https://baike.baidu.com/item/%E5%A4%A7%E9%A9%AC%E6%88%8F%E5%9B%A2/15839038.

德·德·肖斯塔科维奇

肖斯塔科维奇于1906年9月25日出生在圣彼得堡的一个工程师家庭里，父母都有良好的音乐禀赋。良好的家庭音乐环境使肖斯塔科维奇自幼受到熏陶。9岁时，母亲开始教他学钢琴。他的音乐才能令父亲吃惊。为了发挥他的特长，父母把他送进格拉瑟尔音乐学校去学习。入学后第一年，他便创作了钢琴曲《主题与变奏》《自由颂》等，显示出不同寻常的创作天赋。

13岁时，肖斯塔科维奇进入列宁格勒音乐学院学习钢琴与作曲。其间，他对斯特拉文斯基、勋伯格等现代作家的音乐产生兴趣，自己的创作也倾向于现代潮流。他以毕业作品《第一交响曲》的演出而成名，1927年在华沙肖邦钢琴比赛中获荣誉奖，此后专事创作。

1937年，肖斯塔科维奇创作了《第五交响曲》，表现的是在苏联的现实生活条件下一个人个性的形成。这部作品获得了极大成功。1939年，作曲家完成了《第六交响曲》。在这部交响曲中，他创造了一种新形式：一个延伸的、基本上是悲剧性的广板乐章，继之是两个快板乐章——一个活泼的诙谐曲乐章和一个急驰般的终曲乐章。

第二次世界大战期间，肖斯塔科维奇创作了《第七交响曲——献给列宁格勒》（1941）和《第八交响曲》（1943）。这两部交响曲被称为"战争交响曲"，前一部直接描写战争，表现苏联人民反法西斯的英勇斗争；后一部反映战争带来的痛苦和对战争的反思。1945年，为庆祝战争的胜利结束，作曲家创作了《第九交响曲》，真实地反映了战后苏联人民的心情。20世纪40年代末，苏联还不能接受任何现代主义因素，作曲家常因借鉴西方现代音乐创作技法而受到批评。

此后，肖斯塔科维奇在音乐创作中主要采用两种语汇：一种是简单而易于理解的，以清唱剧《森林之歌》（1949）为代表；另一种是比较复杂而抽象的，以《第一小提琴协奏曲》（1948）和《第四弦乐四重奏》（1949）为代表。之后，作曲家又创作了《第十交响曲》（1953）、《第十一交响曲》（又名《1905年》，1957）和为纪念列宁而写的《第十二交响曲》（又名《1917年》，1957）。这些交响曲的音乐都带有描写性，音乐语汇较易于理解。

1957年，肖斯塔科维奇当选为苏联作曲家协会和俄罗斯联邦作曲家协会书记处第一书记。此后，他创作出《第十三交响曲》（1962）、《第十四交响曲》（1969）、《第十五交响曲》（1971），修改了歌剧《姆钦斯克县的麦克白夫人》，并将其改名为《卡捷琳娜·伊兹迈洛娃》。他对电影音乐也十分感兴趣，先后为电影《哈姆雷特》《李尔王》《牛虻》

《攻克柏林》等配乐,其中一些主题歌成为流行全世界的佳作。肖斯塔科维奇还长时间从事音乐教育工作,曾在列宁格勒音乐学院和莫斯科音乐学院任教。他培养出许多音乐家,如斯维里多夫、哈恰图良、季先科等。

总体而论,肖斯塔科维奇的创作可分为三个时期:早期(1924—1936),继承柴可夫斯基的"交响曲是内心活动的戏剧"的观念和穆索尔斯基讽刺歌曲的表现手法,并进行反学院派尝试,部分作品有近似马勒的手法;中期(1937—1966),倾向于将巴赫、穆索尔斯基和现代生活音调融为一体;晚期(1967—1975),内容更加复杂,音调的歌唱性增强,戏剧性浓厚,写作手法更加简朴。

肖斯塔科维奇曾经荣获苏联人民演员称号(1954)、社会主义劳动英雄称号(1966),还曾经被授予苏联国家奖章(1941、1942、1946、1950、1952、1968)、俄罗斯社会主义联邦国家奖(1974)、西贝柳斯奖以及国际和平奖(1954)。此外,世界上许多国家的大学和科学院都曾授予他荣誉称号。

代表作品

管弦乐曲:交响曲15首,序曲《俄罗斯和吉尔吉斯民间主题》《节日》,钢琴协奏曲2首,小提琴协奏曲2首,大提琴协奏曲2首。

室内乐曲:弦乐四重奏曲15首。

钢琴曲:钢琴奏鸣曲2首,前奏24首,前奏曲和赋格曲24首。

芭蕾舞剧:《黄金时代》《螺丝钉》。

戏剧和电影音乐:为15部戏剧和36部电影配乐。

合唱曲:清唱剧《森林之歌》,合唱音诗《斯捷潘·拉辛之死》。

作品赏析

《第七交响曲——献给列宁格勒》

这是肖斯塔科维奇最宏大的一部交响曲,演奏时间长达一个小时。1941年6月,希特勒发动了对苏联的侵略战争,苏联人民奋起反抗,保卫祖国。在列宁格勒遭到敌人围困期间,肖斯塔科维奇产生了崇高的使命感,创作了《第七交响曲——献给列宁格勒》,于1941年7月开始创作,同年12月完成。作品于1942年3月5日在古比雪夫首次公演,取得了轰动性的成功。

在这部交响曲中,作曲家的创作意图不是表现战争的残酷,而是主要表达人民必胜的信念。结构上看,全曲约70分钟,是肖斯塔科维奇所有交响曲作品中最长的,而且有些"不均衡",第一乐章占了全曲的近三分之一。根据肖斯塔科维奇1951年一篇文章的说法,这是一部以列宁格勒为标题、每乐章各有主题的交响曲,分别是:"战争""回忆""祖国的原野""胜利"。依循这些主题聆听,的确相当容易和作者产生共鸣。换句话说,第七交响曲的主题都相当明确,几乎让人一听就知道作曲家想要表达什么意图,因此有评论者认为"与其说本曲是交响曲,倒不如说比较接近大型的组曲",这句话可以说为这部交响曲的特性做了颇为精准的诠释。这部交响曲分为四个乐章。

第一乐章:中庸的稍快板。首先呈示出"人的主题",描绘的是战争之前安宁的生活。小提琴明朗平稳地奏出主题,接着是肖斯塔科维奇作品中常见的气息很长的木管独白。突然,远方传来的鼓声击碎了和平的美梦,进行曲风格的"战争主题"出现了。

第二乐章:稍快的中板,三段体诙谐曲乐章。乐章主部由第一小提琴轻松奏出的主乐念,由此产生的弦乐器强烈的节奏背景,及双簧管优雅的副乐念等构成。双簧管的副乐念由低音竖笛接替,低音伴奏部分很有特色。此乐章堪称最具肖斯塔科维奇风格的音乐。

第三乐章:慢板至最缓板。自古以来,人们都说,俄罗斯人对自己的祖国和土地有着一种深厚的挚爱。这一乐章在于表现"对自然美的敬意",犹如俄罗斯大地上郁郁葱葱、无边无际的原始森林一般。

第四乐章:不太快的快板转中板。定音鼓呈示类似贝多芬"命运主题"动机的短暂导入部后,主题由弦乐器齐奏展示,然后进入自由发展的主部。依照肖斯塔科维奇的本意,终乐章要表现"胜利之来临"。最后,第一乐章"人的主题"由铜管乐器强有力地奏出,在排山倒海般的凯歌之后,定音鼓奏出乐章的中心主题,结束全曲。

这部交响曲对反法西斯战争中的苏联人民起到了巨大的鼓舞作用。[①]

文化驿站

社会主义劳动英雄称号

社会主义劳动英雄称号(镰刀锤子奖章)于1938年12月设立,是对表现出劳动英雄主义,在促进国民经济、文化、科学发展方面建立特殊功勋者的最高表彰。该称号是苏联经济及社会文化领域内的最高荣誉奖。

早期获得社会主义劳动英雄称号的人会被授予一份由苏联最高苏维埃主席团签发的证书和苏联等级最高的奖章——列宁勋章。后来为了区分"社会主义劳动英雄"

---

① 百度百科.第七交响曲[EB/OL].[2018-08-26].https://baike.baidu.com/item/%E7%AC%AC%E4%B8%83%E4%BA%A4%E5%93%8D%E6%9B%B2/18527301.

和其他获得列宁勋章的人,主席团便于1940年5月22日通过了一份行政命令,此后获得社会主义劳动英雄称号的人在领取列宁勋章和证书的同时,还可以获得一面星形金牌,金牌上的图案是铁锤与镰刀。

如果获得社会主义劳动英雄称号的人再次为苏联的发展作出重要贡献,最高苏维埃主席团可以向他授予另一枚铁锤与镰刀奖章,并会在他的家乡竖立一尊铜像,以纪念他对苏联的贡献。

罗·康·谢德林

人物生平

罗·康·谢德林(Родион Константинович Щедрин,1932—),俄罗斯作曲家。1932年,谢德林出生于莫斯科一个音乐家庭,他父亲是作曲家、乐理教师。谢德林是在聆听父亲的演奏中度过童年的。

罗·康·谢德林

1941年,谢德林进入中央音乐学院学习,十年后进入莫斯科音乐学院学习。1941年10月,谢德林一家被疏散到萨马拉,他在那里结识了肖斯塔科维奇,并得到这位音乐家的帮助和指导,这让谢德林受益终身。1944—1950年,谢德林继续在莫斯科合唱学院学习。1950—1955年,他在莫斯科国立柴可夫斯基音乐学院学习钢琴和作曲,师从沙波林和米亚斯科夫斯基,1959年研究生毕业。1965—1969年,他在莫斯科音乐学院教授作曲,后因与其政治活动的冲突而辞职。1973年,谢德林开始担任苏联作家协会主席。在任期间,谢德林致力于作曲的创新,并取得了极大的成果。谢德林还获得了许多荣誉,包括全苏联奖、全苏联列宁奖、俄罗斯国家勋章奖、肖斯塔科维奇奖等。

谢德林早期的作品是有调性的,配器色彩丰富,并且经常攫取民间音乐的精华,后期的作品逐渐带有先锋派手法,比如偶然音乐和序列音乐。按谢德林自己的说法,他的风格是"后前卫"的,"鸟儿已经飞出笼了,人们喜欢怎么写就怎么写……"比如他的《第二号乐队协奏曲"钟"》(1968),如果要用一个词语来形容,那就是骇人听闻。听到乐曲的开头,人们脑海里浮现的是这样的景象:沉寂不安的黑夜,大地在压抑中颤抖,逐渐怪异惊恐的声音躁动起来,随着一声霹雳,一只"哥斯拉"从地底涌出,从此天地大乱……

代表作品

芭蕾舞剧《神驼马》《卡门组曲》《安娜·卡列尼娜》《海鸥》,歌剧《不仅是爱情》《死魂灵》。

清唱剧《列宁活在人民心中》,3部钢琴协奏曲,2部交响曲,管弦乐协奏曲《顽皮的对句歌》《钟声》,管弦乐曲《苏联60周年庄严序曲》,为管风琴及长笛、大管、长号写的题献给J. S. 巴赫的《音乐的奉献》等。

作品欣赏

谢德林的《卡门组曲》

谢德林的这部作品的创作源泉是他的妻子——玛娅·普丽谢茨卡娅。普丽谢茨卡娅是俄罗斯传奇的芭蕾皇后,其地位就相当于歌剧界的卡拉斯。谢德林为她写了《驼背的小马》(1955)、《卡门组曲》(1967)、《安娜·卡列尼娜》(1968)和《海鸥》(1979)等多部芭蕾舞剧配乐。

《卡门组曲》的诞生源于一次苏联和古巴的文化交流合作活动。《卡门组曲》是芭蕾舞剧《卡门》的配乐,由于这个配乐经常直接作为组曲在音乐会中演出,所以按照惯例,这组配乐就被称为《卡门组曲》。起初,《卡门》是由古巴国家芭蕾的总监阿隆索编舞的。苏联对阿隆索来莫斯科与大剧院共同创作《卡门》相当重视。按原计划,配乐是由肖斯塔科维奇或者哈恰图良负责,但他们拒绝了。于是,创作任务就落在谢德林身上。谢德林是看了阿隆索与自己妻子的排练才开始动笔的。所以,谢德林的配乐相当恰当而生动,充分烘托出《卡门》火辣浓烈的氛围和悲剧的情节,甚至观众直接通过听《卡门组曲》,卡门的整个故事便能了然于心。

谢德林的创作是源于歌剧原作的,然而为了突出芭蕾的效果,音乐常常要写成适合舞蹈用的音乐。另外,《卡门》这种现代芭蕾的配乐也应该加入一些现代元素,所以,他着重使用改变音色的手段来创新,这促使他突出了弦乐和打击乐的使用。由此,《卡门组曲》以纷繁复杂的打击乐凸显了其现代性的特征,而精彩的打击乐配器又为芭蕾《卡门》起到了强烈的烘托作用。打击乐的精彩表现在大家心中留下了强烈的印象,"敲击卡门"这一称呼似乎成为其最贴切的名字了。

1967年4月20日在大剧院首演后,芭蕾舞剧《卡门》被禁演。原定的演出档期由

《胡桃夹子》填补。然而,作曲家们对《卡门组曲》的评价是肯定的。肖斯塔科维奇称赞道:"这样有技巧地处理大家熟悉的旋律,比写一首成功的原创作品还要难。"肖斯塔科维奇这番话对谢德林无疑是莫大的安慰。后来,首演的指挥罗日杰斯特文斯基把《卡门组曲》录制成唱片。由于肖斯塔科维奇的帮助,《卡门组曲》慢慢回到了演出的节目单中。《卡门组曲》因其音乐艺术性而越来越受到世界各国欣赏者的称道和喜爱。另外,也由于其突出的音响效果,"敲击卡门"也成了音响发烧友的超级试音碟的代名词。

文化驿站

谢德林访华

2008年4月8日—13日,著名俄罗斯作曲家、钢琴家、音乐活动家谢德林应中央音乐学院和中国交响乐团的邀请,携其夫人、俄罗斯著名舞蹈家普丽谢茨卡娅女士到中央音乐学院讲学,并参加"中俄当代交响对话"音乐会。

肖斯塔科维奇音乐大奖

肖斯塔科维奇音乐大奖是国际顶级音乐艺术奖项,是最具权威性及国际影响力的音乐大奖之一。该奖项的创始人及评委会主席是尤里·巴什梅特,大奖旨在表彰当今世界在音乐艺术领域作出卓越贡献的音乐家与艺术家。在历届的获奖名单中不乏国际音乐巨匠的身影,如德国小提琴家安妮·索菲·穆特、俄罗斯指挥家瓦列里·捷吉耶夫等,2012年,中国艺术家谭盾亦获此殊荣。

弗·谢·维索茨基

人物生平

弗·谢·维索茨基(Владимир Семёнович Высоцкий,1938—1980)是苏联著名诗人、戏剧演员、音乐家。维索茨基于1938年出生在莫斯科一个知识分子家庭。1955年,他考进莫斯科古比雪夫建筑工程学院,但对艺术的爱好使他在一年后退学,转而考入莫斯科艺术剧院演员训练班,1960年毕业后去莫斯科普希金剧院做演员,1964年转入莫斯科塔甘卡剧院,在这里工作到去世。

在20年的表演生涯中,维索茨基总共扮演过六十余个戏剧角色和影视角色。在塔甘卡剧院的舞台上,他先后在《当代英雄》《震撼世界的十天》《普加乔夫》《罪与罚》《哈姆雷特》《樱桃园》《伽利略》和《四川好人》等剧目中担任主角。他所扮演的哈姆雷

弗·谢·维索茨基

特尤为成功,他曾在俄罗斯和世界各地的舞台上217次出演此角,成为"20世纪70年代世界上最优秀的扮演哈姆雷特的演员之一"。因在电影中的出色表演,维索茨基荣获国际电影节大奖和苏联国家奖。

1959年起,他先后与斯托尔佩尔、海菲茨、什维采尔、穆宣托夫等著名电影导演合作,扮演过近三十个影视角色。他曾因在影片《不好的人》中的表演获得意大利特尔尼国际电影节最佳男主角奖,因在电视剧《接头地点不变》中的表演获埃里温全苏电视艺术节特别奖。他在电视剧《小悲剧》中扮演的唐·胡安一角,引起过广泛的反响。另外,他还是一个用声音塑造角色的艺术家,多次在广播剧中担任主角,由他领衔录制的广播连续剧《爱丽丝漫游奇境记》使无数的少年和成年听众为之倾倒。

维索茨基更是一位杰出的歌手。提起维索茨基这一名字,人们首先想到的便是他怀抱吉他忘情歌唱的形象。从1967年1月18日在列宁格勒举办的首场个人演唱会算起,到1980年7月16日在加里宁格勒的最后一次演唱会,他举办过的个人大型演唱会多达数百场,他的歌声回响在音乐厅、工厂、军营、校园和广场。苏联人为了听到维索茨基的歌声而专门购买录音机(在当时,录音机属于奢侈品,价格甚至高于月工资),当时的歌名如今甚至已经演变为日常用语。

维索茨基起先只是为一些戏剧和影视作品创作插曲,那些插曲都是由他自己作词、谱曲、演唱的。这些插曲是如此成功,以至于若干年后人们都已经将影视和戏剧作品淡忘了,可维索茨基的歌却保留了下来,它们超越了银幕和舞台被人们传唱。广受中国观众喜爱的苏联故事片《办公室的故事》的电影音乐就是维索茨基创作的。

维索茨基起初并不是一个人演唱,而是与塔甘卡剧院的几位演员结伴歌唱,后来,他开始在歌唱事业中独自奋斗。1968年推出第一张唱片后,他的唱片接连不断地在苏联和欧美多国发行。其中,由苏联的"旋律"唱片公司推出的以"维索茨基演唱会"为题的系列专辑唱片陆续出了十余辑,每辑的出版量均高达十几万张。

维索茨基于1980年去世,同年,苏联各界为他举办了一系列浩大的告别纪念活动。1985年10月12日,维索茨基的墓地立起纪念碑,1989年,莫斯科建成维索茨基国家文化博物馆,1995年7月25日,莫斯科斯特拉斯特内街心公园举行维索茨基纪念碑落成典礼。截至1998年维索茨基60周年诞辰,在俄罗斯、乌克兰、乌兹别克斯坦等国已有12条街道以他的名字命名,俄罗斯境内有8座维索茨基纪念碑,1974年俄罗斯天文学家发现的一颗小行星也以维索茨基的名字命名。①

代表作品

哲理诗:《走马比赛》《天堂苹果》《地平线》《任性之马》《讲小人物的诗》《奔赴天堂》《中断的飞行》等。

参演剧作:《当代英雄》《震撼世界的十天》《普加乔夫》《罪与罚》《哈姆雷特》《樱桃园》《伽利略》《四川好人》《马雅可夫斯基》等。

歌曲:《惩戒营》《群星》《在野战医院》《病历》《施弗曼小熊》《电视前的闲话》。

文化驿站

影片《维索茨基:生而无憾》

《维索茨基:生而无憾》是讲述俄罗斯传奇诗人、歌手维索茨基生平事迹的传记电影。

维索茨基的名字之于俄罗斯,就像约翰尼·卡什或者鲍勃·迪伦之于美国一样。2011年12月1日上映的电影《维索茨基:生而无憾》不仅讲述了他曾经的一段传奇经历,也揭示了他成为全民偶像的原因。

这部由哥伦比亚影业公司投拍的大作耗时5年,投资约1300万美元,由康斯坦丁·恩斯特担任导演,编剧则是维索茨基的儿子尼基塔·维索茨基。尼基塔在一次新闻发布会上透露,虽然电影情节做了艺术化的处理,有些虚构成分,但大部分情节都是基于维索茨基的一段真实的惊心动魄的旅程——1979年的乌兹别克斯坦之旅创作的。

除了讲述诗人和音乐家一面的维索茨基,电影还着力还原、刻画了苏联20世纪70年代的社会氛围。为了达到最佳的拍摄效果,剧组甚至租用了不少罕见的苏联时期的珍品镜头,有些镜头甚至来自世界范围内的一些大收藏家。于是,摄影师的工作量随之增大,在拍摄的同时,他们还要努力将新型的摄影设备加以改造,以匹配老式的镜头。

---

① 吴鞑靼.关于维索茨基的论文[EB/OL].(2018-09-27)[2009-10-10].https://www.douban.com/group/topic/8153909/?_i=5195692LgE9Fot.

第五章 芭蕾舞

概 述

一、俄罗斯芭蕾舞发展简史

芭蕾,欧洲古典舞蹈,由法语"ballet"音译而来。芭蕾舞起源于15世纪下半叶的意大利,形成于法国,17世纪晚期传入俄国。俄罗斯芭蕾是俄罗斯艺术的骄傲和象征之一,其博采众长,民族色彩浓郁,饱满的力度和灵动的优雅融为一体,高超的舞蹈技巧与细腻的人物刻画相得益彰,在世界芭蕾舞台上占据着重要的位置。

进入18世纪,俄国皇室对芭蕾舞产生了更大的兴趣。1738年,圣彼得堡建立了俄国第一所舞蹈学校——圣彼得堡戏剧学校,1773年和1776年,在莫斯科相继成立芭蕾舞班和芭蕾舞团。这些学校和舞团不仅成功训练出许多出色的芭蕾舞蹈家,还培养了众多杰出的芭蕾编导,为后来俄国芭蕾舞的繁荣奠定了基础。

19世纪40年代,外国舞蹈家频繁访俄,对俄国芭蕾艺术的发展起到了极大的促进作用。19世纪下半叶开始,欧洲芭蕾的中心逐渐移到了俄国。这一时期,俄国的舞台上演出了一大批诸如《堂吉诃德》《舞姬》《天鹅湖》《睡美人》《胡桃夹子》等优秀剧目,浪漫主义芭蕾的发展达到了新高峰。俄罗斯芭蕾后来居上,从此在世界芭蕾史上占有重要一席。

瓦加诺娃是苏联古典芭蕾教育体系的奠基人,她不仅培养了包括乌兰诺娃在内的整整一代优秀的芭蕾演员,还将其教学思想和方法系统地阐述汇编成书,即后来的《古典舞蹈基础》。

而米·米·福金则被誉为芭蕾艺术的革新家,他主张在继承古典芭蕾传统的同时要有所创新,每部作品都应创造出符合情节、能体现时代精神和民族性格、最有表现力的新形式。他在编导手法上吸收了交响音乐的主题、变奏、复调、对位等技法,加强舞蹈的表现力和哑剧的动态感。福金对芭蕾的革新,对芭蕾艺术的发展有极为深远的影响。20世纪初,在俄罗斯芭蕾舞剧编导阿·阿·戈尔斯基、福金及谢·帕·佳吉列夫等人的努力下,俄罗斯芭蕾佳作频出,在世界范围内享有盛名。伟大的芭蕾舞演员巴甫洛娃塑造的"天鹅之死"成为20世纪初俄罗斯芭蕾的象征。

苏联芭蕾继承和发展了俄罗斯芭蕾的优秀传统,并进行创新,逐步形成了在新的历史条件下崭新的艺术形式。但由于政治原因,一批优秀芭蕾舞艺术家离开苏联,这一时期的芭蕾舞艺术发展受到了一定的限制。苏联解体以后,俄罗斯对艺术创造不再有现实主义要求的限制,芭蕾舞创作更加自由。特别是20世纪90年代初,俄罗斯境内出现了大量独立的、不从属于国立剧院的芭蕾舞团体。在这些独立的芭蕾舞团里,芭蕾舞艺术更加个人化,更多地使用了现代舞、自由舞和其他舞蹈语言,也因此出现了很多新的作品。[1]

二、芭蕾舞艺术的美学特征

经过几百年的发展,芭蕾舞形成了一整套科学、系统、完整、规范、严谨的训练体系,并且具有独特的美学特征。芭蕾舞的形体及动作姿态符合几何构图的科学性,它遵从"黄金分割律",用几何构图的抽象线条来设计动作。传统的芭蕾舞技术建立在外开、伸展、绷直的基础上,包括五种脚的位置和三种基本舞姿,它的审美标准可归纳为"开、绷、直、立、轻、准、稳、美"八个方面。

"开"——最大限度地延长肢体的线条,扩大舞蹈动作的范围,增强表现力,同时也增强了身体的平衡能力和动作的灵活性。

"绷"——舞者只有将身体各部位"绷"直,才能使观众产生肢体原有线条延长了的视觉感,并且芭蕾是一种放射性的艺术,必须通过"绷"才能将肢体放射到舞台当中,在有限的空间内使能量聚集在肢体末梢部位,使舞姿更加舒展。此外,"绷"还可以使肢体各部位的肌肉能量向身体的中轴线上凝聚,从而产生上升的动作态势,呈现舞姿轻

---

[1] Memory.俄罗斯芭蕾舞发展史[EB/OL].(2011-06-09)[2018-12-14].https://www.docin.com/p-218098407.html.

盈飘逸的艺术魅力，这也符合芭蕾曾在一段时期内追求"灵空"的理念。

"直"——双腿膝盖伸直以及后背垂直，也就是将身体拉长，使舞姿舒展、优雅，达成完美的长线条视觉造型。

"立"——"立"是在"直"的基础上的升华，是芭蕾从形体美到动作美的整体概念。"立"具有一种延伸感，演员在脚踩向地面的同时，脖子向上拉长，有种脚踩地、头顶天的感觉。"立"会给人带来一种提升感，同时塑造轻盈、敏捷、精神、高贵的气质，而这些正是芭蕾所需要的。

"开、绷、直、立"这四大审美标准是基本，而"轻、准、稳、美"则是在前者基础上对舞者更高的要求。

芭蕾舞的要求是极高的。首先，芭蕾舞演员的身材是非常美的；其次，舞蹈是"看得见的音乐、活的雕塑和绘画"，它像音乐一样受时间的限制，也像雕塑和绘画一样受空间的影响；最后，芭蕾舞需要运用美的舞蹈形式反映美的生活，使观众通过对舞蹈美的感知进行再创造，从而在情感上引起共鸣。

艺术的审美往往存在共通之处，纵观同为艺术领域一大重要角色的美术的发展史，可以发现在西方古往今来的绘画作品中有不少表现芭蕾主题的传世佳作。芭蕾所体现的对轻盈、空灵、优雅、高贵的美感的追求，在一定程度上与美术的艺术追求有着高度相似之处：芭蕾和绘画同样追求一种介于真实和虚幻之间的美感。具体来说，芭蕾通过舞者的肢体语言展现整个舞蹈的神韵、主题和美，通过舞台这一介质与观众互动，结合优美的音乐给观众以美的感受，使其产生一系列的认知和遐想；而绘画则是画家通过纸张或画布这类媒介，以真实的色彩、笔触、造型等元素传达所要表达的内容以及精神层面的信息。

芭蕾艺术与设计美学也有着一定的联系和共通点。芭蕾舞的形体及动作姿态完全符合几何构图的科学性，芭蕾舞中存在的"黄金分割比"原则也是设计美学中的重要原则。此外，在芭蕾舞剧的观赏过程中，舞蹈的编排、舞台的灯光效果、舞者的服饰妆容，甚至每一个动作的展现效果，都是为达到最终的展示目的而精心设计的。现代设计中也能见到源于芭蕾艺术美学的设计作品，例如，一些服装设计、产品设计等借用芭蕾艺术典型的形态语言或视觉元素进行再创作。因此，从美学角度分析芭蕾舞的审美特征，了解掌握其艺术规律，能够帮助我们鉴赏芭蕾舞艺术，提高我们的艺术素质。①

---

① 豆丁网.浅谈芭蕾的美学特征[EB/OL].(2017-08-16)[2018-09-01].https://www.docin.com/p-1996397403.html.

第一节　19世纪芭蕾舞

阿·阿·戈尔斯基

人物生平

阿·阿·戈尔斯基（Александр Алексеевич Горский，1871—1924），1871年8月6日出生于圣彼得堡，是苏联现实主义戏剧芭蕾的奠基人之一，苏联的芭蕾史学家公认他作为芭蕾改革家的历史地位不低于米哈依·福金。

戈尔斯基的父亲是商行职员。在他8岁时，父母希望把他送到商业学校，而他也接到了商业学校的录取通知。但当他与就读于圣彼得堡帝国芭蕾舞学校的妹妹一起来到该芭蕾舞学校时，学校的官员坚持说，他和他的妹妹一样，也可以成为舞校的学生。1880年，父母同意兄妹二人一起成为帝国芭蕾舞学校的学生，师从普拉东·卡尔萨文（塔玛拉·卡尔萨文娜的父亲）。一年后，戈尔斯基就获得了奖学金。

阿·阿·戈尔斯基

1889年，戈尔斯基毕业后加入帝国剧院芭蕾舞团，成为一名舞蹈演员，在《关不住的女儿》《魔笛》和《苏醒的花神》中饰演角色。1895年，他晋升为独舞演员，翌年开始作为芭蕾大师帕维尔·安德烈维奇·盖尔德的助手从事教学工作，并和他的朋友、舞谱专家弗拉基米尔·斯捷潘诺夫创建了一个舞谱系统。斯捷潘诺夫去世后，他完善了斯捷潘诺夫的舞谱系统。后来，戈尔斯基被帝国芭蕾舞学校聘为教师，将这个舞谱体系完整地编入该校的教学体系中。帝国剧院芭蕾舞团利用斯捷潘诺夫舞谱系统保存了许多芭蕾舞团保留剧目。

1898年，帝国剧院决定上演《睡美人》。戈尔斯基被选中前往莫斯科，同年12月，他根据舞谱系统记录，在莫斯科艺术剧院复排了圣彼得堡版本的《睡美人》，并于1899年1月17日首演。但戈尔斯基对这部复排的芭蕾舞剧并不满意，他想证明可以用这种方式上演一部新的芭蕾。回到圣彼得堡后,他决定根据舞谱系统记录,使用"纸上谈兵"的方式编排独幕芭蕾舞剧,之后再根据纸面上的设计进行现场排练。其结果是1899年4月11日在芭蕾舞学校上演的《山中仙女之王》与《克洛林达》都大获成功。

1900年9月1日,戈尔斯基被圣彼得堡帝国剧院升为首席舞者,但8天后他因为对斯捷潘诺夫舞谱系统感兴趣而被选中正式迁居莫斯科,出任莫斯科大剧院芭蕾舞团的首演舞者和编导,这意味着一个临时的念头成了永久性的选择。

马里于斯·佩蒂帕

莫斯科大剧院所属学校培养了许多有才华的学生,但其芭蕾舞团的水平在下降,芭蕾创作力量薄弱,没有著名的编导,保留剧目更是少得可怜,甚至舞团的花名册上只有70名舞者。当时,莫斯科大剧院上座率连年下降,出现了经营危机。为了改变这一状况,帝国剧院管理处决定抽调戈尔斯基为大剧院移植圣彼得堡的保留剧目。戈尔斯基复排了使自己名声大噪的经典剧目《堂吉诃德》。他对原有马里于斯·佩蒂帕的版本进行了创造性的改编,着力于情节的完整度和逻辑性,做了更好的导演处理。完成改编后,戈尔斯基委托画家柯罗文和戈勒文——他经常委托舞蹈界以外的艺术家创作布景和服饰——来设计该剧的布景和服饰。

戈尔斯基的芭蕾舞剧非常重视现实主义与史实的展现,他编导的《古杜尔的女儿》(即以前的《爱丝美拉达》)就是最好的例子。这部接近电影情节和现实环境的芭蕾舞剧改编自雨果的长篇小说《巴黎圣母院》。

到1904年底,戈尔斯基定期在学校教学。他注重对个人创造力的培养。受美国舞蹈家伊莎多拉·邓肯的启发,他试图在教学过程中用"自由的舞蹈动作取代学院派的呆板的程式",以改变过往的古典芭蕾风格,但遭到舞团的抵触。同时,他有许多创新的想法,比如他认为舞蹈应该是一个灵魂的自然表达,还认为可以用小提琴替代传统的钢琴类伴奏。戈尔斯基还深受话剧导演康斯坦丁·斯坦尼斯拉夫斯基的影响,并采用斯坦尼斯拉夫斯基体系的方法编导芭蕾舞,努力追求戏剧性,并尤其注重历史细节。他在芭蕾舞剧中加入戏剧成分,用话剧和造型艺术的成就充实和丰富芭蕾。但他对哑剧的作用估计过高,而对交响情节舞蹈则重视不足。

1910年,他编导了根据福楼拜的小说《萨朗波》改编的同名芭蕾舞剧。这部舞剧极具划时代意义,著名芭蕾舞演员叶夫杰琳娜·盖尔特森因出演了《萨朗波》而达到事业的高峰。值得一提的是,叶夫杰琳娜·盖尔特森和她的丈夫瓦西里·迪莫特里维奇·蒂霍米罗夫都曾是大剧院芭蕾舞团的首席舞者。虽然他们出演了戈尔斯基新排演的剧目,但他们认为大剧院还是应该恢复学院派的舞蹈风格。作为一位强势的女性,盖尔特森不止一次使戈尔斯基做出让步,以遵守传统芭蕾风格。

1911年1月,戈尔斯基复排了《天鹅湖》。这部剧的原作自1877年在莫斯科上演以来并不成功。戈尔斯基选择了佩蒂帕的版本,修改了第一幕和第三幕。他除去了舞蹈的对称性,创作出强烈体现性格的舞蹈与具有鲜明对比的抒情场景,以增加经典舞蹈的表现力。

戈尔斯基因编导、修订、复排了马里于斯·佩蒂帕许多芭蕾舞剧而知名,几乎每一部戈尔斯基版本的作品都在俄罗斯和西方国家上演了几十年。他成功地复排了马里于斯·佩蒂帕的《葛蓓莉娅》(1901)、《天鹅湖》(1901、1912),马里于斯·佩蒂帕、列弗·伊凡洛维奇·伊万洛夫版本的《关不住的女儿》(1903),又与瓦西里·季霍米罗夫合作复排了《舞姬》(1904、1917)、《雷梦达》(1905)、《魔镜》(1905)、《法老的女儿》(1905)、《吉赛尔》(1911)、《海盗》(1912)。在对这些作品的重新改编中,戈尔斯基打破了他认为僵化的编舞结构,加入新元素,用更自然主义、现实主义的方法塑造人物。他强调佩蒂帕的芭蕾舞剧情节的连续性,并在不涉及改动故事的前提下取消之前过多的编排。除去改编,他自己也创作了许多芭蕾舞剧。

戈尔斯基的创作活动给莫斯科大剧院芭蕾舞团带来了新气象。在他任职期间,莫斯科大剧院芭蕾舞团蜚声国际,舞团里的明星们迅速被全欧洲熟知。芭蕾舞的力量吸引着年轻有为的舞者,俄罗斯出现了一批有才华的演员,包括阿萨弗·米蔡洛维奇·梅谢列尔这样的世界一流的艺术家。

戈尔斯基的创新振兴了莫斯科大剧院芭蕾舞团。但很多人,尤其是西方观众,却无法欣赏这样的革新,他们认为那些作品既不是马里于斯·佩蒂帕的原创,也不是全新的作品,只是拙劣的修补。

1924年9月,戈尔斯基在莫斯科去世。[①]

主要作品

参演芭蕾舞:《关不住的女儿》《魔笛》《苏醒的花神》《睡美人》。

编导芭蕾舞:《小驼马》《古杜尔的女儿》《萨朗波》《葛蓓莉娅》《舞姬》《雷梦达》《魔

[①] 百度百科.斯捷潘诺夫[EB/OL].[2018-02-19].https://baike.baidu.com/item/%E6%96%AF%E6%8D%B7%E6%BD%98%E8%AF%BA%E5%A4%AB/20796240.

镜》《法老的女儿》《吉赛尔》《海盗》等。

作品赏析

《舞姬》

《舞姬》，又称《印度寺庙的舞女》，改编自印度著名诗剧《沙恭达罗》，原剧的编导是俄罗斯学派的奠基人佩蒂帕。《舞姬》是古典芭蕾舞最辉煌时期俄罗斯古典芭蕾的经典之作，它的出现比《天鹅湖》还要早，对世界芭蕾的发展影响深远，许多芭蕾经典作品都是在其基础上变化衍生而来的，《舞姬》堪称世界芭蕾的奠基作品之一。《舞姬》的音乐使古典芭蕾迎来了交响芭蕾的时代，这部作品也被芭蕾舞界称为难度最大的芭蕾舞剧，是考验一个芭蕾舞团实力的剧目。复杂的戏剧性与难度极高的舞蹈技巧尤其考验编舞者与舞团的艺术实力。《舞姬》中的独舞、群舞设计得非常漂亮。群舞行云流水，独舞曼妙灵动。其中，"幽灵王国"的段落是芭蕾舞坛不可多得的精彩片段。该剧共分为六场：

第一场 古印度神殿

一队武士在外狩猎，来到一座神殿饮水休憩。神殿的舞姬上前伺候。武士首领被一个舞姬的美色和仪态吸引。大祭司看出领队的心意，催他和部下离开，同时警告众舞姬不可和神殿外的人来往，她们必须对神忠心耿耿。武士返回，向等候他的舞姬表明心意。而武士和舞姬却不知大祭司已窥见他们的爱情盟誓。

第二场 皇宫

夜晚，国王对女儿即将举行的婚礼感到高兴，对未来的女婿赞不绝口，却不知道女儿的未婚夫最近和神殿的舞姬幽会过。大祭司赶到皇宫，告诉公主武士不忠之事。公主不信，让他带舞姬来宫中。公主和舞姬当面对质后，舞姬被关押。

第三场 宫殿

第二天，为了庆祝女儿将要结婚，国王决定举办盛大的庆典。在庆典中，大祭司请求释放舞姬。国王不知道这一切，询问女儿后，才发现女儿确实囚禁了舞姬。舞姬被释放，立即冲向心爱的武士，但武士并不愿意接纳她。舞姬痛苦地退开，不敢相信那晚发生的一切已不复存在。公主认为根除舞姬的时机已到，她递给舞姬一个藏有毒蛇的花篮。毒蛇发现目标后，立即攻击了舞姬，但在混乱当中毒蛇也咬了公主。毒蛇迅速被杀死，国王唤人拿来解药给公主。大祭司也给了垂死的舞姬同样的解药，但她宁愿死。

第四和第五场 皇宫寝室

武士深深地被白天的事困扰，吸食鸦片麻痹自己。在昏迷中，他梦到舞姬的灵魂进入了一个幽灵王国。他进入那个王国祈求，并得到了原谅。在梦中，他再次重复对她爱的誓言,但被他的朋友叫醒——去神殿完婚的时辰到了。

第六场 神殿

神殿里气氛肃穆,舞姬们默默地怀念死去的朋友。一对新人和急着举行婚礼的国王一起进入神殿。仪式中,武士被舞姬的幻影所烦扰,行为变得怪异。那个幽灵提醒他别忘记在金色神像前说过的誓言,他惊恐万分。国王强制婚礼进行下去,大祭司祈求金色神像让武士和公主完成婚礼,但是神灵发怒了,一阵强烈的地震摧毁了神殿和其中的一切。一个白色的温柔的幽灵悲哀地俯瞰着这最后的场景。①

文化驿站

莫斯科大剧院

莫斯科大剧院位于莫斯科市中心的剧院广场,是俄罗斯历史最悠久的剧院,是世界上最著名的剧院之一。它是一座淡黄色的俄罗斯古典建筑,正门上方三角形的外立面上矗立着古希腊神话人物的浮雕,建筑风格雄伟壮丽、朴素典雅,内部设施完善,具有极佳的音响效果。在苏联时期,莫斯科大剧院的正式名称为"苏联国立荣获列宁勋章的示范大剧院"。该剧院拥有世界一流的歌剧团、芭蕾舞团、管弦乐团和合唱团,是最具代表性的俄国剧院。

莫斯科大剧院

---

① 百度百科.《舞姬》[EB/OL].[2018-04-13].https://baike.baidu.com/item/%E8%88%9E%E5%A7%AC/4938761.

第二节　20世纪芭蕾舞

米·米·福金

人物生平

米·米·福金

米·米·福金（Михаил Михайлович Фокин，1880—1942）生于圣彼得堡的一个商人家庭，他的母亲十分喜欢戏剧艺术，支持儿子学习舞蹈。1889—1898年，他在圣彼得堡戏剧学校学习舞蹈，毕业后加入玛丽亚剧院芭蕾舞团（又称基洛夫剧院芭蕾舞团），后被破格提升为独舞演员。他扮演过《帕基塔》《雷蒙达》《睡美人》等古典芭蕾舞剧的主角，表演风度典雅，跳跃高而轻盈。他第一次做编导是为圣彼得堡戏剧学校排演实习剧目——独幕舞剧《阿喀斯和伽拉忒亚》(1905)，同年，他又为巴甫洛娃编排独舞《天鹅之死》。他在1907年正式受聘为玛丽亚剧院芭蕾编导，排出了舞剧《阿尔米达的帐篷》，次年应佳吉列夫之聘为在巴黎举行的俄罗斯芭蕾舞演出季编导一批舞剧和舞蹈，这些作品赢得了很高的声誉。1909—1912年以及1914年，福金担任俄罗斯演出季和佳吉列夫俄罗斯芭蕾舞团的舞蹈编导兼主要演员。1921年起，福金侨居美国，主持纽约的舞蹈讲习所，并先后在巴黎歌剧院、蒙特卡洛俄罗斯芭蕾舞团担任舞剧编导。由于远离祖国，他长期处于苦闷忧郁之中，晚期作品也很少有成功之作。

福金热心于俄国古典芭蕾舞剧的改革，主张芭蕾舞的具体动作应从属于作品主题的全面表达，在继承古典芭蕾传统的同时有所创新。在《给〈泰晤士报〉主笔的公开信》(1914年7月16日)中，他阐述了新舞剧的五项原则，主张舞剧中舞蹈和模拟都要为表现剧情服务，演员要利用整个人体而不仅仅是面部来表现，以至群舞演员的分组队形和舞蹈也应成为表情手段。他认为舞剧是一个艺术整体，其中各成分（舞蹈、音乐、美术等）应该充分发挥各自的作用，每个合作者都享有创作自由。福金具有罕见的音乐感，很高的文学和绘画修养，因而有可能将上述理论付诸实践。他在前人对舞蹈交响化探索的基础上,创立了一种新型的舞剧形式——交响芭蕾,将舞蹈、音乐、美术、文学诸要素融为一体,服从于统一的构思并贯穿行动。这些作品大都是独幕舞剧。有的作品还采用最初并非为舞蹈写作的交响乐曲作为音乐基础。他在编导手法上吸收了交响音乐的主题、变奏、复调、对位等技法,通过加强舞蹈的表现力和哑剧的动态感,打破了旧舞剧中舞蹈和哑剧的严格界限以及用舞蹈抒情、用哑剧叙事的刻板程式。福金的革新对20世纪欧美以至全世界的芭蕾艺术的发展产生了深远影响。[1]

主要作品

舞剧:《埃及之夜》《仙女们》《狂欢节》《天方夜谭》《火鸟》《玫瑰幽灵》《彼得鲁什卡》等。

歌剧插舞:歌剧《伊戈尔王子》中的波洛维克人之舞、《鲁斯兰与柳德米拉》中的舞蹈等。

作品赏析

《彼得鲁什卡》

四幕滑稽芭蕾舞剧《彼得鲁什卡》由伊戈尔·斯特拉文斯基作曲,米·米·福金编舞,1911年6月,由佳吉列夫的俄罗斯芭蕾舞团于巴黎首演。《彼得鲁什卡》讲述了一个拥有"人心"的木偶的故事。

故事描写的是在圣彼得堡的狂欢节广场上,农民、吉卜赛人、士兵、小商贩、卖艺人和精心打扮过的市民熙熙攘攘,处处洋溢着欢快的气氛。一位东方魔术师在小剧场里表演木偶戏,三个木偶——彼得鲁什卡、摩尔人和芭蕾舞女演员——令人吃惊地活了起来,在广场上随着一支旋律活泼的俄罗斯舞曲移动步子。彼得鲁什卡爱上了芭蕾舞女演员,而女演员对他不屑一顾,彼得鲁什卡只好向赋予他生命与情感的魔术师诉说自己的烦恼。女演员喜欢愚蠢、凶恶但长相漂亮的摩尔人,并且想得到他。彼得鲁什卡嫉妒得发狂,破坏了他们的爱情,摩尔人恼羞成怒,举起马刀砍死了彼得鲁什卡。集市上的人们发现了这里的谋杀案,魔术师赶来告诉大家这是一场误会,彼得鲁什卡只是个没有生命的木偶。人群慢慢散开,天几乎全黑了,在剧场屋顶上,彼得鲁什卡的鬼魂正在向一切不相信他拥有真实生命的人挥动拳头。

---

[1] 百度百科.福金[EB/OL].[2018-07-20].https://baike.baidu.com/item/%E7%A6%8F%E9%87%91/8095055.

文化驿站

福金的芭蕾变革

福金在20世纪初的芭蕾变革中起了领头羊的作用。他不迷信古典芭蕾，而是用邓肯的造型去丰富和拓展芭蕾的语汇，大胆进行改造，使之具有符合现代审美潮流的新形式，并提出了建立现代芭蕾的五项编导原则，对现代芭蕾的发展起了重要的引领作用。

第一，现代芭蕾不应编排现成既定舞步的组合，而应根据主题需要，创作相应的新形式，以此表现某个特定的时代，体现内容为形式服务的原则。例如，在福金编排的舞剧《埃及之夜》中，他为了营造异国情调，采用了与古典芭蕾出入很大的埃及舞蹈动作和姿态，如双臂屈肘屈腕、手掌朝下的奇特造型，表现发生在埃及的故事。这一准则最大的贡献是将编导的思路从古典芭蕾动作的框架中解放出来，探索广袤的动作语言空间。

第二，哑剧手势只有在表示戏剧情节时才能出现在新兴芭蕾中。福金并未否定哑剧手势，只是限制了哑剧手势出现的范围，由此揭示美国交响芭蕾与苏联交响芭蕾的区别。交响芭蕾大师巴兰钦开拓了一条无情节的芭蕾之路，而苏联交响芭蕾的实质是交响化的戏剧芭蕾，福金的思想可以说影响了芭蕾的发展趋势。

第三，程式化动作只有在重现某种时代的风格时才能出现在新型舞剧中。古典芭蕾舞剧中充斥着大量的程式化语言，这是古典芭蕾在达到巅峰后停滞不前的重要原因。福金并未否定程式化语言，他的思想为后来的编导提供了芭蕾语言的另一种选择。这一点在《仙女们》这一重现浪漫主义风格的舞剧中得到了很好的体现。

第四，组舞、群舞应与独舞一道为表现作品服务，不应继续扮演装饰性的角色。古典芭蕾中，组舞、群舞多是舞剧中的蕾丝花边，而在福金的舞剧中，它们却成为表达作品的重要手段，如在《波洛伏齐人之舞》中，群舞的表演激动人心，使人为之振奋。

第五，提倡舞蹈与音乐、舞美建立起平等互利的关系，确保彼此享有充分的创作自由。在《火鸟》中，福金没有把特殊的"芭蕾"条件强加于作曲家和美术家，而是以舞蹈为手段讲述这个童话故事，并且这部舞剧中的音乐富有革新精神，具有很高的造型性，美术设计也别具一格，有所突破。三者没有所谓的核心，在平等的关系中达到和谐统一，各有突破，可谓三赢。

安·巴甫洛娃

人物生平

安·巴甫洛娃（Анна Павловна，1881—1931）是20世纪初芭蕾舞坛的一颗巨星，她为芭蕾作出了无法估价的贡献，素有"芭蕾女皇"之称。

安·巴甫洛娃1881年1月31日生于圣彼得堡的一个贫民家庭。巴甫洛娃对芭蕾艺术的热爱，源自母亲带她观看的一场在帝国玛丽亚剧院演出的《睡美人》。那场演出豪华的景象给了小巴甫洛娃深刻的印象，从此，她立志学习芭蕾。

8岁时，她被母亲带到著名的圣彼得堡帝国芭蕾舞学校面试，却因年龄和被认为有一个"病态"的身体被拒绝。1891年，她终于进入圣彼得堡帝国芭蕾舞学校学习。在校期间，她第一次表演是在芭蕾大师佩蒂帕编导的《一个仙女的故事》中饰演爱神丘比特。

安·巴甫洛娃

巴甫洛娃的古典芭蕾训练并非一帆风顺，她过弯的足弓、瘦弱的脚踝、修长的四肢看起来与她小小的身体很不协调，以至于同学都嘲笑她是"小野人"。巴甫洛娃并不气馁，反而比其他人练得更努力，并获得了多位名师的特别训练。1898年，她在圣彼得堡玛丽亚剧院前首席女舞者叶卡捷琳娜·瓦泽姆的训练下完善了古典芭蕾的技术。

在帝国芭蕾舞学校的最后一年，她既出演过许多主要角色并担任独舞，也在许多大芭蕾舞剧中出演小角色。她于1899年毕业，进入帝国芭蕾舞团，成为群舞领舞演员。她首次在帝国芭蕾舞团演出了由帕维尔·盖尔德编导的《冒充的森林女神》（又称"假森林女神"），音乐选自塞萨尔·普尼为朱尔斯·约瑟夫·佩罗作曲的浪漫芭蕾《埃奥利亚》。她的表演得到了评论家的好评，尤其是伟大的评论家、历史学家尼古拉·别佐勃拉佐夫的赞誉。

1902年，巴甫洛娃进入玛丽亚剧院成为第二独舞，次年晋升为第一独舞。在恩里科·切凯蒂的指导下，巴甫洛娃于1905年升为芭蕾舞女首席，又于1906年升为主要芭蕾舞女首席，同年演出由佩蒂帕修订的芭蕾舞剧《吉赛尔》。佩蒂帕为这位芭蕾舞女首席修改了大量的古典双人舞，并补充了许多变奏。巴甫洛娃主演了该剧院几乎所有的保留剧目，如《天鹅湖》《唐·吉诃德》《睡美人》《胡桃夹子》等。

1907年，她与其他几名舞者在里加、斯德哥尔摩、哥本哈根、柏林和布拉格进行了一次欧洲巡演。

1909年，巴甫洛娃加入佳吉列夫俄罗斯芭蕾舞团，与瓦斯拉夫·尼金斯基合作参与巴黎的演出季，演出了《埃及艳后》《仙女们》和《阿尔米达宫》。尤其是《仙女们》，给观众留下了深刻印象。1911年，她又与佳吉列夫俄罗斯芭蕾舞团一同参与了伦敦的演出季，共演出7场。后来，因为佳吉列夫偏好男舞者，巴甫洛娃离开了该舞团，不过仍经常以客座首席的身份参加英、美等国芭蕾舞团的演出。直到1913年，巴甫洛娃都保留着玛丽亚剧院的舞者身份，但很少在俄罗斯的舞台上演出。

1910年，巴甫洛娃组织了自己的小型芭蕾舞团，开始在世界各地巡演。上演的剧目主要包括佩蒂帕作品的删节版或片段、福金芭蕾的选段、委托尼古拉亚·莱加特编导的《夜》、伊万·克鲁斯蒂内的《仙女娃娃》，以及她自己专门编排的作品。在长达二十年之久的旅行演出中，她到过中国、埃及、南非、乌拉圭、智利、加拿大、澳大利亚、瑞典等44个国家，共演出数千场，只为向人们传播、介绍俄罗斯芭蕾，唤起人们对芭蕾的爱。

巴甫洛娃将毕生精力献给了芭蕾艺术。1931年，她在荷兰海牙巡演时，染上了肺炎，之后病情迅速恶化。巴甫洛娃于1931年1月23日溘然逝去。临终前，她只留下了一句遗言："把我的天鹅裙准备好！"

当天晚上，按照古老的芭蕾传统，节目像往常一样正常演出，乐队指挥宣布由巴甫洛娃表演《天鹅之死》——帷幕徐徐拉开，乐队奏起卡米尔·圣桑的乐曲，台上空无一人，只有一束追光缓缓移动。巴甫洛娃这只不朽的"天鹅"，永远为人们所怀念。

代表作品

《天鹅湖》《睡美人》《胡桃夹子》《天鹅之死》《舞姬》《吉赛尔》《仙女们》《埃及之夜》等。

作品赏析

《天鹅之死》

在宁静皎洁的月色下，一只白天鹅忧伤地抖动着翅膀，立起足尖缓缓移步出场，在湖面上徘徊，大提琴奏出忧郁的旋律。白天鹅身负重伤，将与世长辞，但她渴望重新振翅高飞。她轻轻抖动翅膀，艰难地立起足尖，一次又一次地尝试着飞离湖面。生命在呼唤着她奋力与死神拼搏,她终于奇迹般地展翅旋转飞翔起来了,生命的光辉重新闪现。但由于精疲力竭,白天鹅缓缓屈身倒地,渐渐合上双眼,一阵阵战栗似闪电扫过她全身。最后,她在颤抖中竭尽全力地抬起一只翅膀,遥遥指向天际,表现出她对生的渴望。随后,她慢慢地闭上双眼默默死去。

芭蕾独舞《天鹅之死》表现了人类与命运、死亡搏斗的坚忍与顽强,表现了人类对生命的渴望。《天鹅之死》由俄国舞蹈编导福金在1905年为巴甫洛娃创作。此独舞最初定名为"天鹅",其内容犹如一首感人的诗篇,描述一只濒临死亡的天鹅最后的美丽姿态。内容虽然简单,但巴甫洛娃的演绎令此舞剧成为所有女舞者梦想尝试的作品。垂死的天鹅常和巴甫洛娃的名字连在一起,这不单因为这作品是福金为她而编的,更因为她以美丽的舞姿表现出天鹅如何安静地接受即将来临的死亡。

20世纪初,巴甫洛娃应圣彼得堡皇家歌剧院的邀请,在贵族会馆举行的一次音乐会上的独舞表演。音乐选用了法国作曲家圣桑《动物狂欢节》组曲中的第十三曲,即由大提琴与钢琴演奏的《天鹅》。由于当时的芭蕾作品常以"天鹅"为标题,故此作品改名"天鹅之死"以示区别。舞蹈忠实地保持了古典芭蕾的传统,以诗一般的灵感使表演与技巧有机地结合,通过描绘濒死的天鹅渴求重新振翅,在平静的湖面上艰难挣扎,最终默默死去时的神情,以象征人类在现实生活中与死亡和命运不懈反抗的精神。

《天鹅之死》一直作为巴甫洛娃最成功的代表作在全球流传,闪烁着不息的光辉。福金也曾评价说:"没想到,这部作品后来竟成了新俄国舞蹈的象征……它实际证明了舞蹈不单纯是悦目的艺术,而应该是通过眼睛进入灵魂深处的艺术。"[1]

文化驿站

玛丽亚剧院

玛丽亚剧院是俄罗斯圣彼得堡著名的歌剧和芭蕾舞剧院,其观众席设计了意大利式的剧院U形环绕舞台,可容纳观众2000余人。剧院始建于1783年,历经1811年、1859年的两次火灾,在著名的建筑设计大师——汤姆·德·托蒙和阿尔贝托·卡沃斯精心设计下两次重建,再放异彩。它与海军总部、喀山大教堂一样,被称为涅瓦河上的建筑地标之一。

剧院1783—1859年名为"大石头剧院",简称"大剧院"。1860年10月2日,由俄罗斯歌剧院首席卡佩尔迈斯特·康斯坦丁·利亚多夫执导的格林卡的《沙皇的生

---

[1] 百度百科.《天鹅之死》[EB/OL].[2018-08-13].https://baike.baidu.com/item/%E5%A4%A9%E9%B9%85%E4%B9%8B%E6%AD%BB/14039.

活》在新楼首演,为向沙皇表示敬意,剧院以亚历山大二世的妻子玛丽亚·亚历山德罗夫娜皇后的名字命名为"玛丽亚剧院",这个称谓延续到了1917年11月。

十月革命后,苏维埃政府将剧院收归国有,1920年,剧院被命名为"国家歌剧院和芭蕾舞学院剧院"。1935—1991年,剧院又被命名为"基洛夫剧院"。1992年1月16日至今,剧院恢复了其历史名称——"玛丽亚剧院"。

玛丽亚剧院

玛丽亚剧院在俄罗斯文化史中占有重要的一席之地,普希金是这家剧院的常客,他用不朽的诗句描绘了剧院;威尔第的《命运的力量》于1862年在此首次公演,作曲家亦亲临现场。大量被译成俄文的西方作品迅速出现在剧院的舞台上,与此同时,俄罗斯民族音乐杰作,包括首批俄罗斯民族歌剧相继在这里上演,俄罗斯许多重要艺术家的佳作的首映式在这里举行:格林卡、穆索尔斯基和柴可夫斯基的所有歌剧均在此成功首演,如《睡美人》《胡桃夹子》《天鹅湖》等。

剧院的芭蕾舞学校培养了许多卓越的芭蕾舞蹈家,如巴普洛娃、尼金斯基、乌兰诺娃、普利谢茨卡娅等。

如今,玛丽亚剧院赢得了广泛的赞誉,成为世界上经营最成功的大剧院之一。

瓦·弗·尼金斯基

人物生平

瓦·弗·尼金斯基（Вацлав Фомич Нижинский，1890—1950）1890 年 3 月 12 日出生于乌克兰基辅，为波兰裔。尼金斯基是被誉为"世界第八奇观"的男舞者，其高超的舞技和丰富的内心世界令他成为西方舞蹈史上最有传奇色彩的人物之一，被西方人称为"舞蹈之神"。

尼金斯基的父母都是波兰籍舞蹈家。母亲出生在一个宗教和文化气息浓郁的家庭，父亲有个流动的舞蹈团。他们四处表演，4 岁的尼金斯基在父亲剧团里首次公演就获得了成功。

1900 年，尼金斯基从 150 多名申请入学者中脱颖而出，成为圣彼得堡帝国芭蕾舞蹈学校录取的 6 名学生之一。

瓦·弗·尼金斯基

1906 年，尼金斯基在福金的作品《阿西斯和卡帝》中饰演牧神，开始受到大众瞩目。

1907 年，尼金斯基从圣彼得堡帝国芭蕾舞蹈学校毕业，成为帝国芭蕾舞团的成员，在玛丽亚剧院献艺，于 4 月 29 日表演了舞剧《唐·吉奥华尼》，后又参演大多数固定的保留剧目的轮演。他还不到 20 岁，却已在圣彼得堡成名。

1908 年，他为了生计尝试做私人舞蹈教师。这时，他结识了著名的艺术经纪人佳吉列夫——这是尼金斯基生命的转折点。

1909—1911 年，尼金斯基参加佳吉列夫组织的巴黎、伦敦"俄罗斯演出季"，这次演出使俄罗斯芭蕾舞及歌剧在西方舞台大放异彩。尼金斯基在福金新编的舞剧《狂欢节》《达夫尼斯和赫洛亚》中担任主角。虽然他只有 19 岁，但他的舞姿一夜之间征服了整个巴黎，成为贵族沙龙和街谈巷议的热门话题。此后，尼金斯基在巴黎演出季中成功地塑造了一系列令人难忘的形象：《希哈拉扎》中欲火焚身的埃及奴隶，《玫瑰花魂》中的花魂，《彼得鲁什卡》中受尽歧视的木偶，《狂欢节》中的丑角等。他腾空下降时的速度比上升时的更为缓慢，他能在一次腾空跳跃中两腿迅速完成 12 次前后交叉击打。

1910年,尼金斯基回到玛丽亚剧院,但由于在演出《吉赛尔》时未根据惯例在紧身衣内穿上端庄的短裤,被投诉为猥亵而被辞退。

1912年5月29日于巴黎首演的独幕舞剧《牧神的午后》是尼金斯基编导的处女作,标志着尼金斯基编导生涯的开始。1913年,他编导了《春之祭》。依据俄国原始雕像的造型,尼金斯基为《春之祭》设计了"双脚呈内八字,膝盖微屈,脊背弯驼"的基本姿势,且包括旋转、跳跃在内的所有动作均由这个姿势衍生设计。这让当时把"外八字"当基本训练与身体特征的芭蕾舞者吃尽了苦头,也引来她们的不满和消极怠工。经过130次排练后,这部有着鲜明俄罗斯风格和强烈原始表现主义色彩的作品于1913年5月29日被搬上巴黎香榭丽舍剧院的舞台。[①]

尼金斯基与匈牙利女演员罗莫拉·普尔斯基相爱、结婚,造成了他与佳吉列夫关系的彻底破裂。离开芭蕾舞团后,尼金斯基自己组织了一个小型芭蕾舞团在伦敦演出,并与伦敦的宫廷剧院签订了周薪一千英镑的巨额合同。1914年3月2日,他带着自己的舞团演出了《仙女们》和《玫瑰精灵》,但剧团由于经营不善亏损严重,双方两周后便解除了合同。

1916年,当佳吉列夫剧团去美国巡回演出时,他又回团担任主角,并编导了舞剧《梯尔·欧伦施皮格尔》。1917年9月26日,他最后一次演出《玫瑰花魂》《彼特鲁什卡》等作品。此后,尼金斯基的精神疾病越来越严重。他开始写日记,也就是后来的《尼金斯基手记》,以记录他对事物和生活的看法。

1919年,因患精神分裂症,尼金斯基被送入疗养院,从此告别芭蕾舞台。他于1950年4月8日在伦敦去世。

代表作品

《牧神的午后》《狄尔恶作剧》等。

作品赏析

《牧神的午后》

独幕舞剧《牧神的午后》是尼金斯基编导的处女作。音乐为德彪西作曲的《牧神的午后前奏曲》。全剧仅由8名演员完成,表演时间为10分钟。舞蹈讲述了一个发生在夏日午后的故事:在夏日树荫的河岸,半人半兽的牧神抚弄牧笛,采摘葡萄,在阳光下

[①] 舞蹈中国.春之祭:从八卦开始的传奇[EB/OL].(2016-11-19)[2019-02-01].https://www.sohu.com/a/119404593_482903.

懒洋洋地舞动。七个美丽的宁芙仙女，相继来到河中沐浴。牧神不由萌动春情，本能地闯入了她们中间。众仙女惊恐四逃，只留下一位胆大的宁芙出于好奇立足未动。舞蹈中，牧神的非分行为和粗野的求爱，终使她难以抵挡，她也慌忙离去。牧神失意地吻着她丢下的头巾，席地躺下，进入了午后的睡梦。

《牧神的午后》是一部手法和舞蹈语言崭新的作品，它预示了20世纪中叶现代芭蕾时代的到来。在该剧以后的演出中，表演者出于不同理解曾对其做了各种改动。

《牧神的午后》在巴黎首演时，部分观众认为某些舞蹈动作有色情含义，剧场内发生骚乱，继而引起各界的激烈争论，但该剧最终还是赢得了人们的认可，如今已是世界各大芭蕾舞团的保留节目。[①]

文化驿站

佳吉列夫

佳吉列夫是俄国艺术活动家，1872年3月31日生于诺夫哥罗德省，1929年8月19日卒于威尼斯。他在音乐、绘画、戏剧、舞蹈等方面的艺术修养都很高，创建并经营俄罗斯芭蕾舞团，促使芭蕾成为20世纪一种主要的艺术形式。佳吉列夫认为芭蕾舞应该是舞蹈、音乐和美术的综合。他把当时杰出的舞蹈家、编导、作曲家和画家都招至麾下，其中不乏福金、尼金斯基、斯特拉文斯基、毕加索等顶级大师。

加·谢·乌兰诺娃

人物生平

加·谢·乌兰诺娃（Галина Сергеевна Уланова，1910—1998）1910年1月8日出生于俄国圣彼得堡的一个芭蕾世家，苏联女芭蕾演员，芭蕾舞教师。

乌兰诺娃的母亲是一位芭蕾演员，父亲是芭蕾导演和舞台监督。父母起初并没有想让乌兰诺娃也成为专业舞蹈演员，但母亲发现童年时期的乌兰诺娃表现出了一些与众不同的特质：她的动作轻松灵巧，对一切美的事物特别敏感，尤其偏爱音乐。后来，乌兰诺娃上了舞蹈学校。

1926年的一天，乌兰诺娃的母亲去观赏由学生演出的《护身符》。一群女生扮演

---

① 百度百科.牧神午后前奏曲[EB/OL].[2019-08-15].https://baike.baidu.com/item/%E7%89%A7%E5%9E%E5%8D%88%E5%90%8E%E5%89%8D%E5%A5%8F%E6%9B%B2/7177547.

加·谢·乌兰诺娃

"星火"在满台上飞舞,其中有一个女孩的造型特别吸引人、表演很有激情——那就是她的女儿。母亲因此发现了女儿的天赋。

乌兰诺娃很快转到瓦冈诺娃的班上,跟随这位俄国杰出的女子芭蕾教育家学习。但是,乌兰诺娃身体很弱,经常生病。瓦冈诺娃也感觉到了乌兰诺娃体质柔弱,因此她帮助乌兰诺娃平衡发展整个形体造型,使乌兰诺娃逐渐形成自己的风格。

1928年,乌兰诺娃从列宁格勒舞蹈学校毕业。毕业后,她先后在基洛夫歌剧舞剧院芭蕾舞团(1928—1943)和莫斯科大剧院芭蕾舞团(1944—1960)任主要演员。其间,她在世界各地演出,还曾两次访问中国(1953、1959)。

1951年,乌兰诺娃获苏联人民演员称号。1960年12月23日,以《肖邦组曲》作告别演出,退出台前。1962年退休后,从事排练工作。

乌兰诺娃对苏联芭蕾事业作出了卓越贡献,她曾两次获得苏联"社会主义劳动英雄"称号,多次获得列宁奖金和苏联国家奖金,还荣获了苏联"艺术科学院通讯院士"和美国"科学院与艺术科学院名誉院士"等称号。此外,她还曾担任第一届到第六届瓦尔纳国际芭蕾舞比赛和第一届莫斯科国际芭蕾舞比赛的评委会主席。

1998年,乌兰诺娃逝世后,人们以她的名字为一颗重达164.7克拉的钻石命名。而乌兰诺娃在世时,俄罗斯及世界各地就已经为她立了纪念像,斯德哥尔摩艺术广场、圣彼得堡胜利公园、俄罗斯芭蕾舞学院等处都有她的纪念像。

乌兰诺娃享有很高的国际声誉。她在《天鹅湖》《泪泉》《罗密欧与朱丽叶》等著名芭蕾舞剧中所塑造的女主角始终是芭蕾表演艺术的典范,她本人也被称赞为"非凡的女神"。

乌兰诺娃的舞蹈颇具特色,富于抒情诗意,她刻画人物细腻,善于表现复杂的人物性格。在她的表演中,舞蹈技艺、戏剧表演、造型姿态三者水乳交融,又都服从于形象塑造的要求。她反对为技术而技术,不单纯雕琢动作,而追求表现人物内心的激情,将难度很大的动作表现得自然而流畅,将日常化的简单动作表演得典雅而富有音乐感。她的舞蹈艺术从一般的抒情逐渐发展成具有深刻悲剧性的抒情,其晚期表演的角色内心世界更为丰富。

在许多人眼里,最让人感动的是乌兰诺娃那极其朴实和谦虚的风度。她没有一点大演员的架子,也没有一点矫揉造作的姿态。低沉的声音,安静的动作,凝神注视的双眼,难得的却因真诚而显得更美丽的笑容——这一切都使人为她折服。[①]

代表作品

《巴赫切萨拉伊的泪泉》《天鹅之死》《罗密欧与朱丽叶》《灰姑娘》《天鹅湖》《吉赛尔》等。

作品赏析

《罗密欧与朱丽叶》

《罗密欧与朱丽叶》是威廉·莎士比亚的代表作。俄国人热爱莎士比亚。1940年,苏联邀请作曲家谢尔盖·普罗科菲耶夫完成《罗密欧与朱丽叶》这一部作品。普罗科菲耶夫凭着对莎翁诗篇的理解,将19世纪末柴可夫斯基创作的片段整合成流传数代的芭蕾舞整剧音乐。1940年1月11日,芭蕾舞剧《罗密欧与朱丽叶》由基洛夫芭蕾舞团首演,乌兰诺娃和康斯坦丁·瑟基耶夫担任主角。演出取得了巨大的成功。

"朱丽叶"是乌兰诺娃出演时间较长而且性格特色浓郁的角色,是她最杰出的角色。她本人就是集精粹于一身的朱丽叶。当提到普罗科菲耶夫创作的音乐时,乌兰诺娃说是他使编导编出了展现她舞蹈天赋的作品。

文化驿站

瓦冈诺娃

瓦冈诺娃,乌兰诺娃的老师,苏联古典芭蕾教育体系的奠基人。她吸取法兰西芭蕾学派和意大利芭蕾学派之长,创造性地发展了俄罗斯芭蕾的优秀传统,对俄罗斯芭蕾的训练方法进行了一系列改革,建立了一套完整的芭蕾教育体系。她根据俄罗斯民族豪放、开朗的性格,对意大利和法国学派的手的造型、舞姿和动作做了不少变动。她特别强调芭蕾的思想性和表现力,反对为技术而技术。她要求学生在完成一个舞蹈句子时要有立体感,善于突出其中的主要动作,并把舞蹈与音乐融为一体。她反对灵感式的教学方法,主张每堂课、每个训练组合都具有目的性,使课堂教学组织得更加合理和严谨。

瓦冈诺娃培养了包括乌兰诺娃在内的整整一代优秀的苏联芭蕾演员,著有《古典舞蹈基础》(1934)一书,这本书系统阐释了她的教学理论和方法,被誉为芭蕾舞校的

---

① 百度百科.加林娜·乌兰诺娃[EB/OL].[2019-12-25].https://baike.baidu.com/item/%E5%8A%A0%E6%9E%97%E5%A8%9C%C2%B7%E4%B9%8C%E5%85%B0%E8%AF%BA%E5%A8%83/54856695.

《圣经》。这本著作已被译成英、中、德、意等多语种版本出版。①

玛·米·普利谢茨卡娅

人物生平

玛·米·普利谢茨卡娅

玛·米·普利谢茨卡娅（Майя Михайловна Плисецкая，1925—2015）出生于莫斯科的一个犹太艺术世家，是继巴甫洛娃、乌兰诺娃之后，又一位俄罗斯"国宝级"的艺术家、世界闻名的芭蕾舞大师，是俄罗斯和世界芭蕾舞艺术史上最伟大的女演员之一。

普利谢茨卡娅的妈妈是演员，爸爸是工程师。舅舅是著名的演员、教师和编舞者，姨妈也是芭蕾舞女演员。普利谢茨卡娅的外公是一名热爱艺术的牙医，给子女营造了很好的艺术氛围。在家人的影响下，普利谢茨卡娅9岁时便考入舞蹈学校学习芭蕾舞。

学生时代的普利谢茨卡娅经常在大剧院演出，1943年从莫斯科芭蕾舞学校毕业后，进入莫斯科大剧院芭蕾舞团任独舞演员。她很快就成了主要演员，主演了《天鹅湖》《睡美人》全剧。20世纪五六十年代是她舞蹈事业的巅峰期。

当时的苏联舞蹈家以卓越的技巧和严格的训练闻名于世，但普利谢茨卡娅以自己的表现力、热情甚至是舞台上的大胆而与众不同。她追求的是最完美、最富创造性、最深刻的艺术，而非仅仅取悦感官的娱乐。她的每一次演出都力图把新的情感和对角色的理解注入舞蹈中，因为她真诚地爱恋着芭蕾舞中这些美好的人物。这些角色从抒情典雅如《天鹅之死》中的天鹅、《天鹅湖》中的奥杰塔，到粗犷威猛如《巴赫切萨拉伊的泪泉》中的扎列玛、《堂吉诃德》中的吉特莉和《宝石花》中的铜山公主，再到美丽而多愁如《斯巴达克斯》中的日泽尔、热情活泼如埃基娜，她都演得恰到好处，富有各自的人物特色。也因此，普利谢茨卡娅与乌兰诺娃、巴甫诺娃并称为苏联芭蕾舞史上的"三大瑰宝"。

---

① 百度百科.瓦冈诺娃[EB/OL].[2019-12-27].https://baike.baidu.com/item/%E7%93%A6%E5%86%88%E8%AF%BA%E5%A8%83/2136200.

30多年来,她总共表演了800多场《天鹅湖》。此外,她还主演了舞剧《卡门组曲》(1967),编导、主演了《安娜·卡列尼娜》(1968)以及《海鸥》(1980)。普利谢茨卡娅曾先后访问过中国、美国、法国、捷克、印度等国。

1958年,普利谢茨卡娅获苏联人民艺术家称号。同年,她与俄罗斯著名作曲家罗蒂翁·康斯坦丁诺维奇·谢德林结为伉俪。

1960年,乌兰诺娃告别舞台,此后直到20世纪90年代初,普利谢茨卡娅一直作为莫斯科大剧院的顶尖明星活跃在舞台上。

1972年,谢德林为《安娜·卡列尼娜》这部作品的芭蕾版谱曲,普利谢茨卡娅再次饰演女主角安娜。普利谢茨卡娅在主演这部舞剧的同时,还首次担任导演。

20世纪80年代开始,普里谢茨卡娅和丈夫谢德林大部分时间在俄罗斯以外的地方工作,她曾担任罗马歌剧院和西班牙国家芭蕾舞团的艺术总监。普里谢茨卡娅曾多次与西欧北美的大师合作,如罗兰·佩蒂,莫里斯·贝嘉等。这是同时代的俄罗斯演员少有的机遇。

1990年,她正式从莫斯科大剧院首席演员的位置上退休。退休后,她依然从事芭蕾舞有关的工作。

2005年11月20日,普利谢茨卡娅在80岁生日当晚亲自登台,表演了一段约3分钟的芭蕾舞《万福,玛娅》,这是5年前法国著名编舞家莫里斯·贝雅特别为她创作的。已是80岁高龄的她依旧苗条,看起来还和年轻时一样优雅。

2015年5月2日,普利谢茨卡娅于德国去世。

代表作品

《卡门组曲》《天鹅湖》《睡美人》《安娜·卡列尼娜》《海鸥》《巴赫切萨拉伊的泪泉》等。

作品赏析

《睡美人》

《睡美人》是俄罗斯作曲家柴可夫斯基将戏剧性标题交响乐的创作手法运用于舞剧音乐创作的卓越成果,被誉为芭蕾音乐宝库中的珍品。1829年4月,巴黎歌剧院曾上演过一部《睡美人》。1889年,"睡美人"在俄国芭蕾舞台上又苏醒过来,唤醒睡美人的是马里乌斯·彼季帕。1890年1月15日,《睡美人》在玛丽亚剧院首次公演,沙皇和一批显贵出席观看,休息时,沙皇还接见了舞剧的创作者。从此,《睡美人》成为俄罗斯芭蕾的经典,再也没有离开过世界芭蕾舞坛。

《睡美人》的主要剧情是:阿芙罗拉公主的命名日仪式上,罪恶的仙女卡拉包斯发出了诅咒,公主会在长大后因被纺锤刺破手指而永远昏睡。16年后,公主长成美丽的少女,但在王子来求婚的舞会上,从没有见过纺锤的公主好奇地从装扮成老太婆的卡拉包斯手中接过纺锤而被刺破了手指,咒语应验了。在她沉睡百年后,杰齐林王子爱上了阿芙罗拉,用吻解除了魔咒,两位年轻人得到了幸福。①

文化驿站

俄总统向85岁女芭蕾演员授予勋章

普利谢茨卡娅是继巴甫洛娃、乌兰诺娃之后,俄罗斯和世界芭蕾舞艺术史上最伟大的女演员。2010年11月20日,这位俄罗斯"国宝级"的艺术家迎来了她的85岁生日。当天,俄罗斯总统梅德韦杰夫亲自发来贺电并为普利谢茨卡娅献上了特殊的"生日礼物"——一枚"四级祖国勋章"。

在贺电中,梅德韦杰夫对普利谢茨卡娅所取得的成就给予了高度评价,他说:"您把毕生的精力都奉献给了芭蕾事业,您精湛完美的芭蕾技艺赢得了全世界观众的喜爱和认可。众所周知,您为俄罗斯芭蕾舞的发展作出了巨大贡献并获得过许多重大的国家级奖励。今天您已经'桃李满天下',您的学生们一定会为有您这样一位老师而感到自豪。"②

奥·列别申斯卡娅

人物生平

奥·列别申斯卡娅(Ольга Лепешинская,1916—2008)1916年9月15日出生在俄罗斯一个普通家庭,是世界著名的舞蹈艺术教育家、芭蕾舞演员、芭蕾舞艺术家,被誉为"在战火中舞动的芭蕾舞天才"。

1933年,列别申斯卡娅从莫斯科舞蹈学院芭蕾舞专业毕业后,凭借着美丽的外表和优美的舞姿,顺利进入了著名的莫斯科大剧院芭蕾舞团,开始了其富有传奇色彩的

---

① 百度百科.《睡美人》[EB/OL].[2020-03-12].https://baike.baidu.com/item/%E7%9D%A1%E7%BE%8E%E4%BA%BA/3464509.
② 芭蕾世界.她把生命的90%给了芭蕾!她80岁生日时,俄罗斯人为此庆祝一周![EB/OL].(2021-09-06)[2021-09-07].https://www.artdesign.org.cn/article/view/id/54235.

芭蕾舞生涯。

1934年,初出茅庐的列别申斯卡娅出演了一系列芭蕾舞剧,在《胡桃夹子》《天鹅湖》《吉赛尔》《巴赫切萨拉伊的泪泉》等舞剧中担任主演。这个美丽的女孩凭借超人的芭蕾舞天赋,很快成为莫斯科大剧院最耀眼的明星。二战期间,她冒着德军的炮火,为红军战士演出了多场芭蕾舞剧。在莫斯科被围困的最危险、最艰苦的日子里,她和其他苏联艺术家一起演出,鼓舞了民众的斗志和信心,因此获得了广泛赞誉。

奥·列别申斯卡娅

列别申斯卡娅的成名引起了斯大林的关注,斯大林还成了她的忠实"粉丝"。斯大林不仅对这位芭蕾舞天才关照有加,还给予她特殊的照顾:她是当年为数不多的可以进入克里姆林宫直接给斯大林演出的艺术家之一。

20世纪50年代起,列别申斯卡娅相继参与创作并出演了莫斯科大剧院的一系列芭蕾舞剧,其中,她改编的《红色吉赛尔》成为经典舞剧。

1933—1963年,列别申斯卡娅相继获得了"苏联功勋演员"、列宁勋章、人民艺术家等荣誉,她将这一时期称为自己艺术生涯的"黄金时期"。

20世纪70年代起,列别申斯卡娅将主要精力转向芭蕾舞教育和艺术研究。她在大学、中学开展芭蕾舞的普及教育,先后出版多本芭蕾舞初级教育专著,并在莫斯科成立了芭蕾舞艺术研究中心,还出资在德国和法国先后建立了多所芭蕾舞学校。此外,她先后带领莫斯科大剧院芭蕾舞团出访中国、美国、法国、日本等国家。

2008年12月20日,列别申斯卡娅在莫斯科的家中逝世,享年93岁。12月23日,她的葬礼在莫斯科隆重举行,人们纷纷悼念这位伟大的芭蕾舞艺术家。[1]

代表作品

《胡桃夹子》《天鹅湖》《吉赛尔》《巴赫切萨拉伊的泪泉》等。

---

[1] 百度百科.奥尔加·列别申斯卡娅[EB/OL].[2020-07-08].https://baike.baidu.com/item/%E5%A5%A5%E5%B0%94%E5%8A%A0%C2%B7%E5%88%97%E5%88%AB%E7%94%B3%E6%96%AF%E5%8D%A1%E5%A8%85/9005679.

作品赏析

《胡桃夹子》

芭蕾舞剧《胡桃夹子》是世界上最优秀的芭蕾舞剧之一,有"圣诞芭蕾"的美誉。它之所以能吸引千千万万的观众,一方面是由于它有华丽壮观的场面、诙谐有趣的表演,但更重要的是因为柴可夫斯基的音乐赋予了舞剧强烈的感染力。

《胡桃夹子》剧本是根据德国作家霍夫曼的童话《胡桃夹子和鼠王》改编的,全剧分两幕,描绘了儿童的独特天地。舞剧的音乐充满了单纯而神秘的神话色彩,具有强烈的儿童音乐特色。剧情大致为:圣诞节,女孩玛丽得到一只胡桃夹子。夜晚,她梦见胡桃夹子变成了一位王子,领着她的一群玩具同老鼠兵作战。后来,王子又把她带到果酱山,他们受到糖果仙子的欢迎,享受了玩具、舞蹈和盛宴带来的快乐。

《胡桃夹子》是典型的柴可夫斯基后期作品,他精巧地使用弦乐,使作品的背景光彩闪耀,展现出一般乐曲少见的逼真性,尤其是在《雪花圆舞曲》中加入了童声、第一幕其他乐曲中加入了儿童乐器。柴可夫斯基为传统乐器而谱写的音乐也创意十足,尤其是第二幕的插曲,以西班牙舞代表巧克力,以阿拉伯舞代表咖啡,以中国舞代表茶。但全曲最美妙之处是《糖果仙子》中的钢琴独奏片段,琴声依照剧本的描写表现出水滴从喷泉中溅出的场景。

在旋律较为平淡的地方,柴可夫斯基的处理方式仍然杰出。第二幕《双人舞》的动机不过是一个简单的下降音阶,然而,和声与分句方式以及温暖的弦乐音色赋予它强大的情感。柴可夫斯基的管弦乐在序曲中超越了题材,他不用大提琴和低音乐器,而以小提琴和中提琴划分六个声部,他加进三角铁和短笛来模拟古典乐派乐团的声音。这首序曲闪闪发亮、充满童趣,规模虽不大,却充满清亮的音色,非常适合圣诞夜前夕演奏。

《胡桃夹子》的首演于1892年3月19日在圣彼得堡举行,之前九个月,柴可夫斯基从中创造出一套组曲,让《胡桃夹子》中最具特色的曲子广受欢迎。组曲以序曲开始,之后是第一幕的进行曲和第二幕的双人舞《糖果仙子之舞》。接下来是第二幕插曲中的四首曲子:俄罗斯舞、阿拉伯舞、中国舞、芦笛舞,压轴的是第二幕的《花之圆舞曲》,这也是柴可夫斯基最知名的圆舞曲之一。[1]

---

[1] 百度百科.《胡桃夹子》[EB/OL].[2020-09-08].https://baike.baidu.com/item/%E8%83%A1%E6%A1%83%E5%A4%B9%E5%AD%90/2628435.

文化驿站

莫斯科大剧院芭蕾舞团

莫斯科大剧院芭蕾舞团是俄罗斯历史最久的芭蕾舞团。1773年,莫斯科孤儿院开设了舞蹈班,1776年,班主梅多克斯和贵族乌鲁索夫修建了彼得罗夫斯基剧院,1780年,舞蹈班与戈洛夫金娜农奴剧团在剧院联合演出了舞剧《幻想的玩具店》。19世纪40年代,著名舞蹈家塔利奥尼父女、佩罗等曾来剧团工作,对其影响很大。十月革命以后,该团得到各项优厚的条件,有了长足的发展。此后,成功地上演了一大批优秀剧目,如《天鹅湖》《天方夜谭》《红罂粟花》《巴赫切萨拉伊的泪泉》《高加索的俘虏》等。到第二次世界大战前夕,该团的演员阵容空前强大,包括梅谢列尔、乌兰诺娃这样世界一流的艺术家。二战后不久,该团上演了《罗密欧与朱丽叶》,获得巨大成功。但此后由于片面追求戏剧化,舞剧舞蹈被淡化,也出现过一些失败之作。20世纪50年代末,以格里戈罗维奇为代表的交响芭蕾主导该团的演出风格,产生了许多优秀作品,如《宝石花》《爱情的传说》《斯巴达克》《安娜·卡列尼娜》《海鸥》等。

芭蕾舞团附设有舞蹈学校,学制分6年制、9年制两种,以教芭蕾为主,另设5年制民间舞专修科。

鲁·哈·纽瑞耶夫

人物生平

鲁·哈·纽瑞耶夫(Рудольф Хаметович Нуреев,1938—1993,又译为纽里耶夫),苏联芭蕾舞蹈家,20世纪伟大的舞蹈巨星,他与尼金斯基、米哈尔科夫以及巴列仕尼科夫被并称为"20世纪最伟大的芭蕾舞男演员"。他扭转了芭蕾舞中男舞者仅作陪衬的现象,提升了男舞者的地位。他将俄国经典芭蕾引进西方世界,并创作改编芭蕾舞剧,将古典芭蕾提升至新的高度,缔造了一部部不朽的传奇之作。

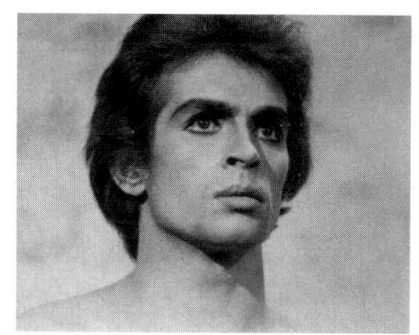

鲁·哈·纽瑞耶夫

1938年,纽瑞耶夫出生在伊尔库茨克的火车站附近,当时他的母亲刚刚横跨西伯利亚，准备前往俄罗斯东部某地，投奔驻守在那里的丈夫。父亲将妻子和孩子安顿在了巴什基里亚乌法附近的一个村庄，并很快就注意到早熟的孩子迷恋上了当地的民族舞蹈。

苏联的文化生活因第二次世界大战被打乱，纽瑞耶夫之前都无法在大型的芭蕾舞学校学习舞蹈，直到1955年，15岁的他才被送往列宁格勒瓦冈诺娃舞蹈学校。尽管起步较晚，但他很快就被认为是学校多年未见的、最有天赋的舞者。

1958年毕业后，他成为基洛夫芭蕾舞团的独舞者。1961年，他在欧洲巡演时离队未返，在西方舞台上达到了事业的新高峰。1962年，他和英国皇家芭蕾舞团合作，和该团首席女舞者玛歌·芳婷成为长期舞伴，演出了许多经典古典芭蕾。此外，他也和美国芭蕾舞剧院、玛莎葛兰姆舞团以及其他许多世界知名舞团合作过。他重新编排了《天鹅湖》《堂吉诃德》《睡美人》等编舞家马里于斯·佩蒂帕的许多作品。

1982年，他成为奥地利公民，并于1983—1989年出任巴黎歌剧院芭蕾舞团的艺术总监。1993年，纽瑞耶夫因艾滋病逝于巴黎。

纽瑞耶夫凭借一人之力，彻底改变了世界芭蕾男性舞者的地位。在别人眼里，他是欧美芭蕾舞台上叱咤一时的暴君，因为他始终率性、忠于自己。

代表作品

《天鹅湖》《堂吉诃德》《睡美人》《舞姬》等。

作品赏析

芭蕾舞剧《堂吉诃德》

芭蕾舞剧《堂吉诃德》改编自塞万提斯的同名小说。该剧由明库斯作曲、佩蒂帕编舞，1869年12月26日在莫斯科皇家大剧院首演。

首演版本为4幕8场。其后，佩蒂帕和明库斯为圣彼得堡皇家芭蕾舞团把该剧扩充至5幕11场，并在1871年11月21日在圣彼得堡皇家大石剧院首演了这个改编版。如今，该剧的大部分版本都源自亚历山大·戈尔斯基在1900年为莫斯科大剧院编排的版本，该版舞剧1902年也曾在圣彼得堡马林斯基大剧院上演。

《堂吉诃德》被誉为最喜庆的古典芭蕾舞剧，在嬉笑怒骂、娱乐观众的同时，仍有足够空间让主角表现高难度的技巧。其中，堂吉诃德的梦境以及大双人舞的段落尤为出名。舞剧与原著的主线有所不同，舞剧着眼琪蒂和巴西里奥的爱情故事，堂吉诃德和桑丘在剧中基本只是龙套。

文化驿站

玛格·芳婷

玛格·芳婷是英国女舞蹈家,生于萨里郡的赖盖特,童年时代曾在中国和美国生活过。她在1934年入英国萨德勒斯威尔斯芭蕾学校学习,成绩优异。学习期间,因在《胡桃夹子》中饰演小雪花而一举成名。毕业后,她与阿什顿、麦克米伦、纽瑞耶夫等人合作,先后在《仙女之吻》《玫瑰幽灵》《睡美人》《天鹅湖》《罗密欧与朱丽叶》《玛格利特与阿芒》等芭蕾舞剧中饰演主角,均有极为出色的表现。她舞姿轻盈,动作娴熟,她对音乐的内涵理解深刻,富有表现力。她对芭蕾艺术具有献身精神,1956年获女爵士封号,被英国皇家舞蹈学院聘为名誉院长。1979年访问中国期间,她对中国芭蕾事业的发展及成就给予高度评价。

米·尼·巴里什尼科夫

人物生平

米·尼·巴里什尼科夫(Михаил Николаевич Барышников,1948—),1948年1月28日出生于拉脱维亚的里加,美籍俄裔舞者。

巴里什尼科夫的父母都是俄国人,父亲是工程师,母亲是裁缝。巴里什尼科夫12岁时,母亲因不明原因自杀。但巴里什尼科夫回忆起童年时,觉得那时还是快乐的。他喜欢游泳、跑步和踢足球,并不特别喜欢芭蕾。但他母亲是个芭蕾迷。

12岁那年,他被母亲送到里加的歌剧院,开始系统学习芭蕾舞。在这里,他学习法语,迷上了在钢琴的伴奏下跳舞,由此开始了自己的舞蹈生涯。

米·尼·巴里什尼科夫

1963年,他来到列宁格勒瓦加诺娃芭蕾舞学院深造。跟随教导过纽瑞耶夫的名师亚历山大·普希金学习。普希金对巴里什尼科夫的早期影响非常大:一方面,在舞技上,普希金强调舞步连贯的练习令巴里什尼科夫的舞步更具协调感,而普希金课上针对大跳的练习训练出他大跳的幅度和高度。另一方面,普希金个人的艺术气质亦对巴里什尼科夫影响极大。是普希金令巴里什尼科夫对俄罗斯艺术产生兴趣,亦是他令巴里什尼科夫成长为一个对艺术永远保持好奇和探索态度的人,这种态度让他不满足于古典剧目,而去尝试当时苏联国内难以接触到的西方芭蕾艺术。巴里什尼科夫后来回忆说,普希金在他心目中相当于父亲,他总是希望自己能够做到最好给他看。

1966年,巴里什尼科夫加入基洛夫芭蕾舞团,同年,在保加利亚瓦尔纳国际芭蕾舞比赛中获得金奖,一举成名。回国后,他被剧团聘为独舞演员。

1969年,在莫斯科国际芭蕾舞比赛上,著名芭蕾舞艺术家普利谢茨卡娅给予巴里什尼科夫"爆分"的成绩(总分12分,普利谢茨卡娅给他13分),令他顺利得到冠军,也成了苏联当时最年轻的芭蕾舞比赛冠军。同年,巴里什尼科夫主演了佩莱·雅各布森编导的《吉赛尔》,广受好评。

1970年,在基洛夫芭蕾舞团的伦敦巡回演出中,巴里什尼科夫第一次为西方观众所熟知。在这次巡演中,他第一次遇到纽瑞耶夫这位十年前就流亡西方,并获得极大艺术成功的舞蹈家。

由于苏联舞蹈界一直坚持19世纪的传统并拒绝创新,巴里什尼科夫决定前往西方寻求突破。他先去了加拿大,后又辗转至美国。在离开俄罗斯的前两年里,巴里什尼科夫先后在13个舞团工作过。

1978年,巴里什尼科夫成了纽约城市芭蕾舞团的首席舞者。他凭借独特的个人风格获得了许多主要角色的出演资格。1980年,他完成了职业角色的转变,成为美国芭蕾舞剧院的艺术总监。1986年7月3日,巴里什尼科夫加入美国国籍。

后来,因为膝部的伤痛,以及烦琐的行政事务对他心志的消磨,巴里什尼科夫于1990年离开美国芭蕾舞剧院,开始发展商业事业,包括生产以自己名字命名的香水和舞蹈用品。

巴里什尼科夫不甘于在古典芭蕾舞台上的华美落幕,更不愿重蹈另外两名传奇俄裔舞者尼金斯基与纽瑞耶夫的覆辙——前者被送入精神病院,后者死于艾滋病。巴里什尼科夫选择了一条全新的道路。他彻底打破了芭蕾与现代舞之间的藩篱,赋予后者更丰富的内容与更广泛的意义。

1990年,在霍华德·吉尔曼基金会的支持下,巴里什尼科夫和编舞家莫里斯合作成立了标榜前卫风格的现代舞团"白橡树舞蹈团"。他们共同整理了20世纪60年代以来各流派的现代舞作品,再以莫里斯"极简主义"的理念及巴氏完美的肢体语言重新诠释。

作为舞者的巴里什尼科夫洗尽芭蕾巨星"炫技"的铅华,他的动作干净、简洁,始终保持"舞蹈家在说话"的信念。他要求"白橡树"的舞者舍弃绚丽的包装以及戏剧化煽情,全身心地投入肢体表述。他认为舞蹈应"平实如室内乐",且结构严谨、注重节奏。这个尝试不仅在现代舞界掀起轰动,也使剧团票房一路长红。

1990—2002年,巴里什尼科夫与莫里斯积淀下相当数量且风格各异的舞蹈作品。他们经常在世界各地巡回演出,吸取着不同的文化风格,被人们称作现代舞坛的"流动博物馆"。2000年,他在肯尼迪艺术中心获得终生艺术成就奖。2002年,"白橡树舞蹈团"解散。2004年,他在纽约西37街以自己的名字命名,开办了"巴里什尼科夫舞蹈艺术中心",各类跨领域的艺术家聚集此处,延续着他和许多有着各类背景的编舞家的合作。后来,他还成立了"巴里什尼科夫舞蹈基金会"。

2006年夏季,他和巴里什尼科夫舞蹈艺术中心的"地狱厨房舞蹈团"在北美和西班牙巡回演出,表演了艾苏雷·巴顿和本杰明·米利皮德的作品。他对舞蹈永不满足的尝试,带给观众一个又一个难以置信的惊喜。可以说,从没有一个舞者赋予过舞蹈这么多的自由。

除了在舞台上表演,巴里什尼科夫也在银幕上亮相。他主演过4部电影,包括获得奥斯卡金像奖提名的《转折点》(1977)和广为人知的《白夜逃亡》(1985)。他还曾获得美国托尼奖最佳男演员提名,并获过艾美奖。而在电视剧《欲望都市》中的演出,又为他赢得了一大批电视观众。[1]

代表作品

芭蕾舞剧:《吉赛尔》《天鹅湖》《戈里安卡》《维斯特里斯夫人》等。
电影:《转折点》《白夜逃亡》《舞蹈人》等。

作品赏析

《吉赛尔》

《吉赛尔》是浪漫主义芭蕾舞剧的代表作,有"芭蕾之冠"的美誉。这部舞剧第一次使芭蕾的女主角同时面临表演技能和舞蹈技巧两方面的严峻挑战。《吉赛尔》是既富传奇性,又具世俗性的爱情悲剧,体现了浪漫主义的两个侧面:光明与黑暗,生存与死亡。第一幕充满田园风光,而第二幕又以超自然的想象展开各种舞蹈,特别是类似幽灵的女子群舞更成为经典。一个半世纪以来,著名的芭蕾女演员都以演出《吉赛尔》为

---

[1] 百度百科.巴里什尼科夫[EB/OL].[2015-09-10].https://baike.baidu.com/item/%E5%B4%E9%87%8C%E4%BB%80%E5%B0%BC%E7%A7%91%E5%A4%AB/4662180.

最高的艺术追求。

《吉赛尔》的音乐格调新颖，充满旋律美和戏剧性，阿道夫·亚当为了在音乐中体现浪漫主义的意境、表达特定人物的情绪变化，首次在舞剧音乐中使用了主题旋律贯穿的手法。如第一幕中吉赛尔和阿尔伯特相恋的旋律，在吉赛尔发疯地回忆中反复再现，对人物内心活动起到画龙点睛的作用，这为后来的舞剧音乐创作树立了样板。

文化驿站

中国国家芭蕾舞团

中国国家芭蕾舞团，即现在的中央芭蕾舞团，成立于1959年12月。演职员均是专业院校培养的一流人才。剧团在俄罗斯学派的基础之上，不断汲取各不同流派之特长，除引进、排演《天鹅湖》《堂吉诃德》《吉赛尔》《卡门》《奥涅金》《火鸟》《小美人鱼》《舞姬》《灰姑娘》《珠宝》等世界经典名作外，还自创了《红色娘子军》《祝福》《黄河》《大红灯笼高高挂》《牡丹亭》《过年》《鹤魂》《敦煌》《九色鹿》等一大批极具鲜明民族特色的精品佳作，成功探索出一条古典与现代、民族与世界完美融合的中国芭蕾艺术发展创作之路。

60多年来，剧团在人才培养、剧目积累以及芭蕾普及教育等方面取得了骄人成绩，剧团有中外保留剧目200余部，有些剧目已被列为中国艺术经典和国际文化品牌。作为具有广泛国际影响力的知名剧团，中央芭蕾舞团一方面作为对外文化交流的使者和彰显中华人文情怀的窗口，发挥着重要作用，另一方面为提升国内芭蕾艺术水平和艺术普及程度而积极努力。

中央芭蕾舞团带着丰富的俄罗斯基因。1954年，俄罗斯芭蕾舞蹈家奥·亚·伊莲娜应邀来中国开办第一期"教师训练班"，拉开了中国芭蕾教育的序幕。1957年，被誉为"中国芭蕾舞之父"的彼得·古雪夫来到北京。在古雪夫的指导下，最负盛名且对中国芭蕾艺术影响至深的古典芭蕾舞剧《天鹅湖》成功上演。1959年，北京舞蹈学校附属实验芭蕾舞团成立了，它是中央芭蕾舞团的前身。同一时期，蒋祖慧、王锡贤先后到莫斯科国立戏剧学院进修，回国后改编、执导了《西班牙女儿》《泪泉》《巴黎圣母院》等多部芭蕾舞剧。

回顾中国的芭蕾教育，俄罗斯学派严格的训练程式深植于中国芭蕾艺术体内。中央芭蕾舞团广泛吸收、借鉴世界优秀芭蕾舞团的经验，培养出一代又一代艺术家。中央芭蕾舞团也成了具有世界影响的国家级芭蕾舞团。

附 录
本书俄罗斯艺术家名录

第一章　绘画

安·鲁勃廖夫　Андрей Рублёв

西·乌沙科夫　Симон Ушаков

伊·尼·尼基京　Иван Никитич Никитин

弗·卢·博罗维科夫斯基　Владимир Лукич Боровиковский

奥·阿·基普林斯基　Орéст Адáмович Кипрéнский

卡·巴·布留洛夫　Карл Павлович Брюллов

亚·安·伊万诺夫　Александр Андреевич Иванов

伊·叶·列宾　Илья Ефимович Репин

瓦·伊·苏里科夫　Василий Иванович Суриков

维·米·瓦斯涅佐夫　Ви́ктор Михáйлович Васнецо́в

伊·伊·希什金　Иван Иванович Шишкин

伊·伊·列维坦　Иссак Ильич Левитан

瓦·阿·谢罗夫　Валентин Александрович Серов

瓦·瓦·韦列夏金　Василий Васильевич Верещагин

瓦·瓦·康定斯基　Василий Васильевич Кандинский

阿·尼·别努阿　Алексáндр Николáевич Бенуá

马克·夏加尔　Марк Шагал

卡·谢·马列维奇　Казимир Северович Малевич

米·阿·弗鲁贝尔　Михаил Александрович Врубель

谢·瓦·格拉西莫夫 Сергей Васильевич Герасимов

阿·阿·杰伊涅卡 Алекса́ндр Алекса́ндрович Дейне́ка

叶·叶·莫伊谢延科 Евсей Евсеевич Моисеенко

第二章　戏剧

阿·彼·苏马罗科夫 Алекса́ндр Петро́вич Сумаро́ков

费·格·沃尔科夫 Фёдор Григо́рьевич Во́лков

杰·伊·冯维辛 Денис Иванович Фонвизин

亚·尼·奥斯特洛夫斯基 Николай Алексеевич Островский

康·谢·斯坦尼斯拉夫斯基 Константи́н Серге́евич Станисла́вский

安·帕·契诃夫 Антон Павлович Чехов

阿·马·彼什科夫 Алексей Максимович Пещков（马克西姆·高尔基是笔名 Максцм Горьжкцй）

弗·艾·梅耶荷德 Все́волод Эми́льевич Мейерхо́льд

阿·瓦·万比洛夫 Александр Валенинович Вампилов

维·谢·罗佐夫 Виктор Сергеевич Розов

第三章　电影

阿·阿·汉容科夫 Алекса́ндр Алексе́евич Ханжо́нков

谢·米·爱森斯坦 Сергей Михайлович Эйзенштейн

埃·阿·梁赞诺夫 Эльдар Александрович Рязанов

弗·伊·普多夫金 Всеволод Илларионович Пудовкин

安·阿·塔可夫斯基 Андре́й Арсе́ньевич Тарко́вский

尼·谢·米哈尔科夫 Ники́та Серге́евич Михалко́в

安·彼·萨金塞夫 Андре́й Петро́вич Звя́гинцев

安·尤·克拉夫库克 Андре́й Ю́рьевич Кравчу́к

卡·盖·沙赫纳扎罗夫 Каре́н Георгиевич Шахназа́ров

第四章　音乐

米·伊·格林卡 Михаил Иванович Глинка

阿·谢·达尔戈梅什斯基 Александр Сергеевич Даргомыжский

彼·伊·柴可夫斯基 Пётр Ильич Чайковский

米·亚·巴拉基列夫 Милий Алексеевич Балакирев

穆·彼·穆索尔斯基 Модест Петрович Мусоргский

尼·安·里姆斯基-科萨科夫 Николай Андреевич Римский-Корсаков

阿·波·鲍罗廷 Александр Порфильевич Бородин

凯·安·居伊 Цезарь Антонович Кюи

谢·瓦·拉赫玛尼诺夫 Сергей Васильевич Рахманинов

阿·蒂·格列恰尼诺夫 Александр Тихонович Гречанинов

阿·尼·斯克里亚宾 Александр Николаевич Скрябин

谢·谢·普罗科菲耶夫 Сергей Сергеевич Прокофьев

伊·菲·斯特拉文斯基 Игорь Фёдорович Стравинский

伊·奥·杜纳耶夫斯基 Исаак Осипович Дунаевский

德·德·肖斯塔科维奇 Дмитрий Дмитриевич Шостакович

罗·康·谢德林 Родион Константинович Щедрин

弗·谢·维索茨基 Владимир Семёнович Высоцкий

第五章　芭蕾舞

阿·阿·戈尔斯基 Александр Алексеевич Горский

米·米·福金 Михаил Михайлович Фокин

安·巴甫洛娃 Анна Павловна

瓦·弗·尼金斯基 Вацлав Фомич Нижинский

加·谢·乌兰诺娃 Галина Сергеевна Уланова

玛·米·普利谢茨卡娅 Майя Михайловна Плисецкая

奥·列别申斯卡娅 Ольга Лепешинская

鲁·哈·纽瑞耶夫 Рудольф Хаметович Нуреев

米·尼·巴里什尼科夫 Михаил Николаевич Барышников

参考文献

姚海.俄罗斯文化之路[M].杭州:浙江人民出版社,1992.

孙成木.俄罗斯文化一千年[M].北京:东方出版社,1995.

文池.俄罗斯文化之旅[M].北京:新世界出版社,2002.

朱达秋,周力.俄罗斯文化论[M].重庆:重庆出版社,2004.

蒋路.俄国文史采微[M].北京:东方出版社,2003.

泽齐娜,科什曼,舒利金.俄罗斯文化史[M].刘文飞,苏玲,译.上海:上海译文出版社,1999.

林精华.误读俄罗斯:中国现代性问题中的俄国因素[M].北京:商务印书馆,2005.

林精华.想象俄罗斯[M].北京:人民文学出版社,2000.

汤普逊.理解俄国:俄国文化中的圣愚[M].杨德友,译.北京:生活·读书·新知三联书店,1998.

利哈乔夫.解读俄罗斯[M].吴晓都,王焕生,季志业,等译.北京:北京大学出版社,2003.

梁赞诺夫斯基.俄罗斯史:第七版[M].杨烨,卿文辉,主译.上海:上海人民出版社,2007.

任光宣.俄罗斯文化十五讲[M].北京:北京大学出版社,2007.

格奥尔吉耶娃.俄罗斯文化史:历史与现代[M].修订版.焦东建,董茉莉,译.北京:商务印书馆,2006.

格奥尔吉耶娃.文化与信仰:俄罗斯文化与东正教[M].焦东建,董茉莉,译.北京:华夏出版社,2012.

周启超,王加兴.俄罗斯学者论巴赫金[M].南京:南京大学出版社,2014.

А.Барсенков,А.Вдовин.История России(1917—2004).Москва.,Аспект пресс,2005.

Н.Бердяев.Русская идея.Харьков.,"фолио",Москва.,"Аст",2002.

В.Бычков.2000 христианской литературы.в двух частях,Изд.Урао,1999.

Т.Георгиева.История русской культуры.москва.,Юрайт,1999.

Лев.Гумилев.От руси до России.Москва.,Айрис пресс,2004.

И. Есаулов. Категория соборности в русской литературе. Петрозаводск., Изд. Петрозаводского университета,1995.

А.Забияко.История древнерусской культуры.Москва.,Интерпракс,1995.

И.Кондаков.Введение в историю русской культуры.Москва.,Аспект пресс,1997.

В.И.Кулешов.История русской культуры 19－ого века.Москва.,Изд.МГУ.1997

Д.Лихачев.Раздумья о россии.Санкт－Петербург.,Изд.Logos,1999.

Г.Мелихов.Белый Харбин.Москва.,Русский путь,2003.

А.Орлов и др.Основы курса истории России.Москва.,Простор,1999.

С.Перевезенцев.Смысл русской истории.Москва.,"Вече",2004.

О.Платонов.Русская цивилизация.Москва.,"Роман－газета",1995.

Л.Пятецкий.По тропам российской истории.Москва.,Московский лицей,1998.

Л.Рапацкая.Русская художественная культура.Москва., Владос,1998.

Е.Скворцова.Теория и история культуры. Юнити,1999.

И.Скоропанова.Русская постмодернистская литература.Москва.,Флинта • Наука,1999.

Н.Струве.православие и культура.Москва.,Русский путь.,2000.

Т.Чередниченко.Типология советской массовой культуры.Между "Брежневым" и "Пугачевой". Москва.,культура,1994.

История русской культуры 9－20 вв.под редакцией Л.Климана,Москва.,Дрофа,2004.

История русской культуры 9－20.вв.под редакцией Л.Климана,Москва.,Дрофа,2004.

Культурология в вопросах и ответах.Москва.,Гардарики,1999.

Между двумя юбилеями,1998－2003.москва.,Русский путь,2005.

О России и русской философской культуре.Москва.,Наука,1990.

Памятники литературы древней Руси,вторая половина 16－ого века.Москва.,Художественная литература,1896.

Публикация русского зарубежья(1920－1945),Сборник статей,《Союзполиграфпром》,Факультет журналистики МГУ,Москва.,1999.

Русская литература 19－ого века. под редакцией Г. Н. Ионина. в двух частях. Москва., Мнемозина 2004.

Современный словарь－справочник по литературе.Москва.,Изд.Олимп,1999.

"YMCA－Press"в Архангельске.Архагельск.,Община Храма сретения Госпадня,2002.

后 记

时光荏苒,光阴似箭,《艺术俄罗斯》这本教材即将面世。从 2013 年春,通过学院和学校的审核,我在全校范围内开设了"俄罗斯艺术文化与戏剧影视赏析"校级公选课,经过多轮教学实践的探索和素材积累,师生共同探讨,精心打磨,将《艺术俄罗斯》一书呈现给我的学生们和喜欢俄罗斯艺术文化的读者们。

当时开课的初衷是为俄语学生弥补课时的不足。由于俄语专业第一、二年教学学时有限,学生们大三一学年前往莱蒙诺索夫国立莫斯科大学新闻系进修学习,大一、大二的俄罗斯国情课的课时只能勉强把俄罗斯地理、历史讲完,俄罗斯的艺术文化则来不及深入展开,但这部分却是俄罗斯社会重要的组成部分之一,更是俄罗斯文化内涵丰富和底蕴丰厚的体现,因此对俄语专业的学生来讲,本课程是俄罗斯国情课程的延伸和必要补充,对学生在国外一年俄罗斯文化精髓的吸收起到良好的铺垫和指导作用。对其他专业的学生来讲,则可开阔其视野,提高其文化素养,了解真实的独具魅力的俄罗斯艺术文化和经典的戏剧影视,培养学生对国际艺术文化的兴趣和素养。

俄罗斯文化博大精深,丰富多彩,但由于语言障碍,东西方信息流传播的不对等,同学们对真实的俄罗斯了解甚少,国内对俄罗斯的了解多数来自西方媒体的报道,有些偏颇。本课程以俄罗斯历史发展的轨迹为线索,对俄罗斯艺术文化形成与发展的内在逻辑、知名的艺术家及代表作、民族特色和历史变迁进行了梳理,全方位立体式地解析俄罗斯艺术文化,通过点与面的结合,使学习者对俄罗斯艺术文化独特性产生深刻的印象和深入的理解。通过本课程授课老师系统梳理和讲解,在图文并茂、影视及音响多媒体营造的氛围中,同学们不仅可以感受充满独特魅力的俄罗斯艺术文化,享受精神的愉悦,还会对俄罗斯有一个客观的评价和全新的认识!

本课程用中文授课,不受语言的限制,为普及性、通识性的文化课程,其任务是帮助学生了解俄罗斯艺术文化的历史及现状,加深学生对俄罗斯的了解,以丰厚他们的艺术素养。

经过实践的检验,这门课程的开设远远超出了预期,喜欢的学生越来越多,甚至还有旁听生。这门课的开设让我真正体会到了何为"教学相长",我利用俄语语言的优势,给学生提供素材,从文化历史方面给学生梳理出脉络,有了前期历史文化元素的铺垫,再加上学生们专业视角的解读,大家对绘画名作、电影蒙太奇、柴可夫斯基的音乐、斯坦尼斯拉夫斯基的导演体系等新的认知维度。文化元素的注入,也使学生提交的结课论文质量有了质的飞跃。每次课堂教学都是满满的享受和喜悦,就连北京雾霾天气带来的压抑心情都舒缓了许多。这也是我在教学和督导工作压力极大的情况下,仍然坚持下来的内在精神动力。

感谢外国语言文化学院李佐文院长对本书出版的经费支持;感谢我的学生们,授课中你们的意见、反馈,不断完善、丰富着我的教学内容;感谢我的研究生庞然、罗佳、刘雪、李嘉萌同学对教学前期准备工作的帮助与付出;感谢中国传媒大学出版社编辑们的辛勤劳作!

本书编者

2023 年 12 月 20 日

图书在版编目(CIP)数据

艺术俄罗斯/刘秀文,谢飞主编.--北京:中国传媒大学出版社,2022.12
ISBN 978-7-5657-3105-1

Ⅰ.①艺…　Ⅱ.①刘…②谢…　Ⅲ.①艺术史—俄罗斯　Ⅳ.①J151.209

中国版本图书馆CIP数据核字(2021)第264477号

艺术俄罗斯
YISHU ELUOSI

主　　编	刘秀文　谢　飞
副 主 编	成锦艳　顾世一
策划编辑	沈　悦
责任编辑	沈　悦
封扉设计	大鹏设计
责任印制	李志鹏
出版发行	**中国传媒大学**出版社
社　　址	北京市朝阳区定福庄东街1号　邮　编　100024
电　　话	86-10-65450528　65450532　传　真　65779405
网　　址	http://cucp.cuc.edu.cn
经　　销	全国新华书店
印　　刷	唐山玺诚印务有限公司
开　　本	787mm×1092mm　1/16
印　　张	18.25
字　　数	361千字
版　　次	2024年7月第1版
印　　次	2024年7月第1次印刷
书　　号	ISBN 978-7-5657-3105-1/J·3105　定　价　88.00元

本社法律顾问:北京嘉润律师事务所　郭建平